文化、创意产业与城市更新

唐燕　[德]克劳斯·昆兹曼（Klaus R. Kunzmann）等　著

清华大学出版社
北　京

版权所有，侵权必究。举报：010-62782989，beiqinquan@tup.tsinghua.edu.cn。

图书在版编目（CIP）数据

文化、创意产业与城市更新 / 唐燕等著. —北京：清华大学出版社，2016（2023.2重印）
ISBN 978-7-302-45059-7

Ⅰ.①文… Ⅱ.①唐… Ⅲ.①文化产业—关系—城市建设—研究 Ⅳ.①G114②F29

中国版本图书馆CIP数据核字（2016）第218988号

责任编辑：徐　颖
装帧设计：谢晓翠　彩奇风
责任校对：王凤芝
责任印制：杨　艳

出版发行：清华大学出版社
网　　址：http://www.tup.com.cn,　http://www.wqbook.com
地　　址：北京清华大学学研大厦A座　　邮　编：100084
社 总 机：010-83470000　　邮　购：010-62786544
投稿与读者服务：010-62776969, c-service@tup.tsinghua.edu.cn
质量反馈：010-62772015, zhiliang@tup.tsinghua.edu.cn
印 装 者：小森印刷（北京）有限公司
经　　销：全国新华书店
开　　本：185mm×250mm　　印　张：14.25　　字　数：327千字
版　　次：2016年12月第1版　　印　次：2023年2月第7次印刷
定　　价：78.00元

产品编号：071234-01

序言

从《创意城市实践》到《文化、创意产业与城市更新》

From *Creative city in Practice* to *Culture, Creative Industries and Urban Regeneration*

| 唐燕 著

| From *Creative city in Practice* to *Culture,*
| *Creative Industries and Urban Regeneration*

2013年10月,当汇集了世界各国学者智慧的著作《创意城市实践:欧洲和亚洲的视角》正式面世时,我们似乎已经预言了今天其姊妹篇《创意、文化与城市更新》的出版。我依然记得当时怀着怎样忐忑的心情,在《创意城市实践》的序言中写道:"出版合同确定的截稿日期来临时,我们仍然深感各方面工作完成的不足,只能寄希望于未来再版或者有可能撰写《创意城市实践(Ⅱ)》的时候再加以改进和完善。"现在看来,"改进和完善"并不是推动我们坚持跟进,并再次力邀来世界各地的学者共同撰写本书的目的——读者们对《创意城市实践》一书的反馈以及文化创意事业在中国的新发展,才是该姊妹篇诞生的真实原因。

2013年12月,在中国城市规划设计研究院举办完由中国城市规划设计研究院、《国际城市规划》编辑部、清华大学出版社联合组织的"创意城市实践主题研讨暨图书发布会"后,我们收获了两份重要的读者反馈:一份是中国城市规划设计研究院王凯教授为本书撰写的书评(发表于 *China City Planning Review*,2014年第2期),认为该书是全面系统的有关创意产业和创意城市的一本优秀学术论著;另一份是曼彻斯特的田英莹在 *Town Planning Review*(2015年第2期)上发表的书评,指出《创意城市实践》是一本"非常及时的文献"。

只要有机会,我们会时不时地和各个领域因为不同原因选择阅读这本书的读者们聊聊感受。很多城市规划或建筑专业的同学们获益于书中丰富的国际案例、多元的切入视角和实操性的策略途径,但也免不了会困惑地问:"为什么没有从书中读到更多的基于文化创意的空间规划方案和设计蓝图?"这个问题看似简单,实则深刻,它反映出在仍然盛行理性规划、技术之上和精英决策的我国城市规划领域里,试图将创意城市建设当作一种基于空间的"物质规划"来运作的常见想法——我们总是希望能够制定出一张翔实的规划总图,将一定地域的文化设施、艺术空间、休闲场所、市政设施、开放场地、建筑形式等进行统筹布局和整体设计,来实现以文化创意为导向的城市发展。然而,尽管我们可以为推进创意城市的发展有意识地做很多事情,但创意城市并非能简单地"规划"而来。创意城市不是静态的理想蓝图,而是一个跨越部门、组织、机构与学科领域,充分利用文化创意资源与灵感,多元主体参与推进的动态城市发展议程——它往往由一系列的文化政策、艺术文化活动、文创平台、城市艺术、融资交流和城市建设行为等组成。

图书的网络销售平台也是帮助我们获得不同反馈的重要途径。京东、当当和豆瓣网都是很好的信息来源,来自这些平台的读者评论可谓五花八门。一方面,这充分反映出《创意城市实践》一书具有的广泛读者群(正如我们所期望的),不是仅仅局限在城市规划和文化建设等专业领域;另一方面,也表明不同类型读者对著作持有的不同见解和诉求。我们发现,专注学术和理论研究的读者们期望能在书中看到更加深入的理论分析和文献讨论。然而,我们将著作聚焦在创意城市"实践"的初衷是填补理论研究的丰富与实践分析不足之间的鸿沟,由此才让著作游离在学术和科普之间,以便更加广泛地传播创意城市思想、影响到更多的人。

本书《文化、创意产业与城市更新》,从名字上就可以看出它与《创意城市实践》既紧密相关,又表现出相当的独立性。这是因为,我们不希望复制《创意城市实践》的模板,或者只是将第一部著作中的案例城市替换为其他城市或地方,我们期望增加新的立意和想法,这包括:研究对象在尺度上的变化,从城市到城区或者乡村;研究内容在侧重点上的变化,更加强调过程机制而非蓝图与结果。为了让没有接触过《创意城市实践》一书的读者们,在单独阅读本书时,不至于失去关于基本概念和理论基础的背景语境,本书还会在前言中对此略加总结和再次提及。书中所有的插图均来自旅居德国的中国摄影师王纺之手,她的作品为本书创造了丰富而又奇妙的如同身临奇境的城市创意氛围。

最后,要特别感谢为本书付出辛勤劳动的作者和译者们,感谢清华大学建筑学院祝贺同学对本书进行的辛苦统稿。感谢清华大学出版社徐颖女士为本书所做的一切,来自徐女士的持续支持是本书能够顺利完成的重要保障。七年前我敲开她办公室的大门,提出就创意城市出书的不着边际的构想时,意外得到了她的肯定——现在这个理想实现了,而且是两本。

目 录

导言   001

创意城市导向下的文化、创意产业发展与城市更新（唐燕，克劳斯·昆兹曼）
Culture, Creative Industrial Development and Urban Regeneration toward Creative Cities   **001**

第一章 文化、艺术与城市建设   009
The Arts, Culture and City Construction

1.1 卡塞尔：文化与创造力（尤·阿尔特拉克）
   Kassel: Cultural and Creativity   **015**

1.2 格拉茨：通向创意城市的成长之路（卡尔·斯托克）
   Graz: On the Way to Being a Creative City   **023**

1.3 成都：历史·商业·市井映照下的文化创意之都（麦贤敏，李永华，曹勇）
   Chengdu: A Cultural and Creative City Emerging from the History, Commerce and Tradition   **030**

1.4 釜山：甘川洞文化村：通过文化艺术改善居住环境（唐燕，魏寒宾，金世镛）
   Busan: Gamcheon Cultural Village: Improve the Living Environment through Culture and Arts   **043**

1.5 圣丽塔-杜萨普卡伊：巴西小镇的"创意城市，幸福城市"经验（保罗·塔度·雷特·阿兰 特斯）
   Santa Rita do Sapulai: "Creative City, Happy City" Lessons from a Small Brazilian Town   **053**

第二章 文化创意产业作用于城市发展   061
The Role of Cultural and Creative Industries on Urban Development

2.1 美国：城市如何孕育文化产业企业家（安·马库森）
   USA: How Cities Can Nurture Cultural Entrepreneurs   **067**

2.2 西雅图、明尼苏达双城、圣何塞：城市创意产业战略——艺术的地位（安·马库森）
   Seattle, Minnesota Twin Cities, San Jose: City Creative Industry Strategies–the State of the Art   **075**

2.3 伦敦：创意经济的政策与程序、过去与现在（安迪·C.普拉特）
   London: Policy and Process, Past and Present of the Creative Economy   **089**

2.4 北京朝阳：基于企业数据分析的文化创意产业城市空间布局研究（黄鹤）
   Beijing Chaoyang: Research on the Distribution of Cultural and Creative Industries Based on the Analysis of Enterprise Data   **096**

2.5 宜兴：历久弥新的创意制作城市（胡舒扬，罗震东）
   Yixing: An Enduring Creative City of Ceramics Craft   **112**

2.6 珀斯：对一个3—5年音乐节计划执行2年后停办的调查（克里斯汀·巴里克，莱利亚·格林）
Perth: An Examination of the One Movement for Music Festival Which Was a Three to Five Year Plan, But Stopped After Two **126**

第三章 创意与城市更新 **135**
Creativity and Urban Regeneration

3.1 鲁尔区：以文化为导向复兴老工业区的成就与局限（克劳斯·昆兹曼）
Ruhr: Achievements and Limits of Culture-led Regeneration in an Old Industrial Region **141**

3.2 纽卡斯尔：将工业遗产转变为文化与创造力（大卫·查斯）
Newcastle: Converting Industrial Heritage to Culture and Creativity **153**

3.3 维也纳：创意空间与城市开发（卡劳斯·欧文迈耶，鲁多夫·斯彻文斯，维罗妮卡·雷兹博克）
Vienna: Creative Spaces and Urban Development **168**

3.4 布达佩斯：创意城市再开发（爱哲迪·塔玛斯，史密斯·梅林·凯博士）
Budapest: Creative Urban Redevelopment **178**

3.5 多伦多：创意城市实践与休闲娱乐区再开发（塞巴斯蒂安·达钦）
Toronto: Creative City Practice and Redevelopment in the Entertainment District **189**

3.6 马尔默:通过文化再生城市（利亚·吉拉尔）
Malmö: Regenerating Cities Through Culture **198**

结语 **204**

城市发展与更新中的创意产业未来（克劳斯·昆兹曼）
Future of Creative Industries in Urban Development and Regeneration

作者简介 **209**

译者简介 **215**

案例城市位置示意图

GS（2016）1665号

弗罗茨瓦夫

观

行走在城市中,把生活放下,让心平静地去感受,让眼睛自由地去捕捉。

不管是漫步于维也纳,还是走在去米兰新开发区的路上,或信步在游人如织的德雷斯顿、纽伦堡、马德里、巴塞尔、弗罗茨瓦夫(Wroclaw),甚至是快步穿行于自己最为熟悉的北京或长春,我的眼睛都在自由的观、看、探,"煽动"着心灵的文字——令我驻足的色彩,引我发问的物体的集合,还有与这些景象互动着的人,使我产生欲望要按下快门!

那些能够给我带来新奇感的视觉景象,总是无意间闯进我的视线,吸引我的格外关注,并带给我久违的愉悦。时光是神奇的,穿行在北京前门大街东侧的改造区,人气虽然惨淡,街头装饰的伞面已经残败……但投射在墙上的它们的影,在每一年的相同时间,依旧没有改变。我感到变与不变其实是相对的,创意是否也是一个相对的概念?也许,这样理解能够看到的更多。

城市有别,视角未变。一如前册的《创意城市实践》,这组图片选自我的"城市行走",它们独立于本书的所有章节和文章。

王 纺
2016年8月于德国滕普林

导言

创意城市导向下的文化、创意产业发展与城市更新
Culture, Creative Industrial Development and Urban Regeneration toward Creative Cities

唐燕，克劳斯·昆兹曼（Klaus R. Kunzmann） 著

作为全球运动的创意城市

2004年联合国教科文组织（UNESCO）发起了"全球创意城市网络"，截至2015年中已有41座城市批准加入，包括我国的上海、北京、深圳、成都、哈尔滨和杭州（图0-1）。创意城市不仅成为城市发展竞相追捧的新范式，也开始成为调动全球不同地区城市发展激情的新运动。虽然"创意"一词听起来前沿、时尚而又前景光明，但进入创意的门槛似乎却并不像想象中那样高不可攀——贫穷的地区可以因为原生态的文化或手工工艺而获得创意；富足的地区可以从日常休闲娱乐的生活方式中挖掘和宣扬创意；发达地区则会因为时尚消费和高科技技术应用等而激发创意，基于文化和创意理念之上的"创意城市"为此成为受不同等级城市和地区热烈欢迎的新战略和新标签。

看起来，似乎任何一种旨在解决问题或改善现状的开创性行动都是"创意"的体现。英国学者兰德理强调创意城市构建是以问题为导向的，城市在发展中会有无数问题需要用创造力去处理和解决，如传统经济产业衰退、集体归属感缺乏、生活品质恶化、全球化挑战等（Landry, 2000），因此创意城市是一个不断以创新方式应对城市问题，努力改善居民生活品质，提升城市建设质量，吸聚文化、投资、商业、劳动力、游客、会议及活动举办方等的城市。广义的"创意城市"是指在不同时代背景下，人们为适应不同发展需求，通过创造性的思维和行动实现综合发展的城市（包括物质和非物质两个层面）；狭义的"创意城市"是指以创意经济为主导开展城市更新改造和拓展开发的城市，涉及产业发展、设施支撑、文化资本和地域营销等（徐玉红，唐勇，2007）。

创意城市与城市创新（urban innovation）具有天然的内在关联性，两者都强调通过前所未有的开创性途径或模式来推进城市的建设和发展，通常密不可分、互为因果，即一座城市会因为饱含创意而实现了创新，反之，一座创新之城也总是深具创意。如果一定要对它们加以区别，创意城市重在体现"创造力（creativity）"，它更多地与文化和艺

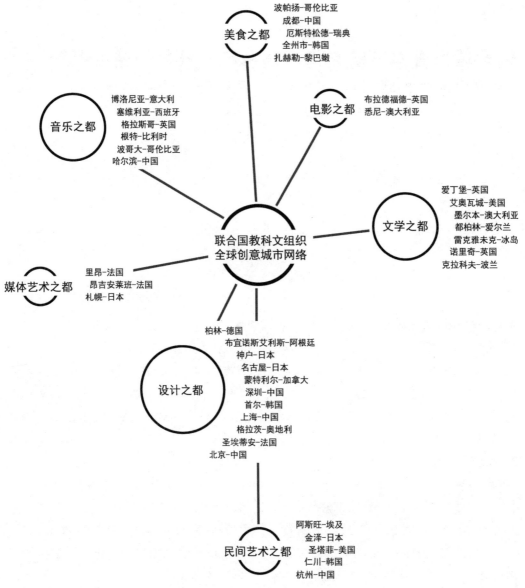

图0-1 "全球创意城市网络"的城市成员（截至2015年）
（根据联合国教科文组织相关资料绘制）

术领域紧密相关；城市创新则是一个更加宽泛的动态概念，可以是任何领域、技术、制度和人员等的重大变革所促发的城市新发展。从这个意义上来讲，创意城市是城市创新的一种动力和范式。

创意阶层、创意环境与创意场

在将创意城市研究逐步推向理论高点的过程中，三个重要的概念及相关理论引发了大范围的讨论，即创意阶层（creative class）、创意环境

（creative milieu）和创意场（creative field）。整体而言，这三者共同诠释了城市之所以具有创意的核心要素——人、环境和制度，是因为它们之间的支撑和互动孕育出了旨在推动城市的经济、文化、技术、空间等高品质发展的城市创意：

● 创意阶层。首次提出创意阶层的佛罗里达，开创了创意城市研究的"佛罗里达学派"（Floridian School），他这样定义道："对于创意的经济需求由一个全新阶层的兴起显示出来，我叫它创意阶层。美国人大约3800万，也就是30%的就业人口属于这一阶层。我把创意阶层的核心界定为以下领域的人员：科学与工程、建筑与设计、教育、艺术、音乐与娱乐……创意阶层还包括了围绕核心的更广泛的创意专业人士群体，分布在商业与金融、法律、医疗保健等相关领域……此外，创意阶层的所有成员，无论他们是艺术家还是工程师，音乐家还是计算机专家，作家还是企业家，都拥有一种共同的创意特质，就是重视创新、个性、差异和价值"（Florida，2002）。这一定义涵盖了所有在任意领域取得大学文凭的人，但是却将许多人拒之门外——尤其是那些没有学术证书的工匠，尽管他们通常比银行家、律师或医生更有创意。事实上，创意群体的跨度很大，既包括相对贫穷的艺术团体、低收入音乐家或演员等所谓"无产阶级"，也包括相对富裕的设计师和软件、游戏等行业中的创意个体。城市中，这些创意群体在经济和社会上的极化现象相当明显，但他们之间的网络是高度内部联系和链接着的（唐燕，克劳斯·昆兹曼，2013）。

● 创意环境。"创意城市"概念之父兰德理在其明星著作中提出了"创意环境"理论："创意环境是一个场所在'硬性'和'软性'基础设施方面（creative infrastructure）催生构思和发明所要拥有的必要先决条件。它可以是一个建筑组团、城市的一部分，一整座城市或者一个区域。它是这样的物质环境：为大量的企业家、知识分子、社会活动家、艺术家、管理者、政治掮客或学生提供一个思想开放的、世界性的环境；在那里，面对面的互动交流创造出新的构思、艺术品、产品、服务和机构，并因此带来经济效益"（Landry，2000）。在兰德利看来，美国硅谷和巴尔的摩港口区的艺术和创意产业集聚区提供了典型的"创意环境"，既包括丰富的建筑空间、道路设施、科研和教育机构、艺术机构、文化设施等硬件，也涵盖了创新人才、管理者、开放的交流平台、独特的城市气质、创新的文化氛围等软件。

● 创意场。斯科特在前两者的基础上探索了培育创意的系统性组织需求，并称之为"创意场"（图0-2）。"创意场"是产业综合体系内促进学习和创新效应的结构，或一组促进和引导个人进行创造性表达的社会关系（Scott，2006）。这种"社会组织结构/关系"，或者更加简单地说这种"制度"，既反映为不同决策和行为单位之间的互动交流，也反映为基础设施和社会间接资本（如学校、研究机构、设计中心等）的服务能力，是社会文化、惯例和制度在生产和工作的集聚结构中的一种表达（Scott，2006）。创意场是一种空间与制度在地理上呈现的网络系统，包含了创意培育与创意产出之间的交互过程，其系统的完整性将影响到城市的创新能力。"创意场"有三个圈层：第一圈层是城市文化经济的网络，又细分为文化经济部门、文化经济补充性活动、地方劳动力市场结构三个层次；第二圈层是更加广阔的城市环境，包括传统、习俗传承的记忆空间（如博物馆），视觉景观（都市意向），文化与休闲设施，适宜居住的生活环境，教育与培训机会，社交网络六个组成部分；

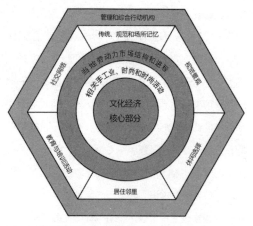

图0-2 斯科特(Scott)的"创意场"概念图解
资料来源：Allen J. Scott, 2010, Cultural economy and the creative field of the city, http://mpra.ub.uni-muenchen.de/32108/

第三圈层是城市管理制度和群众参与的支撑，经济部门、景观环境与管理制度的匹配程度决定了城市的"创意"表现。

文化与创意的关系

创意城市的基础是"创意经济（creative economy）"，2001年英国作家霍金斯（Howkins）在探讨"创造力"和"经济学"的关系时，最早使用了这个术语，并认为它涵盖了从艺术到科技的15种产业（Howkins, 2001）。"文化"与"创意"之间的这种关联性带来"文化创意产业（cultural and creative industry）"一词的流行，"文化产业"和"创意产业"也经常在各种场合中被混用。普拉特认为文化产业是创意产业的子集，创意产业中广告、设计等组分的文化属性并不强（Pratt, 2010）；斯科特则将创意产业定位为那些与文化的象征意义高度相关的产业（Scott, 2010）。联合国UNESCO和UNDP联合发布的《2013创意经济报告》认为文化创意产业的结构呈圈层式：文学、音乐、表演和视觉艺术等产业具有最高的文化属性，是最为核心的组成；对文化创作有直接支撑作用的影视、博物馆、画廊、图书馆、摄影等组成了次核心的文化创意产业圈；此外是内容更加广泛的遗产、出版、录音、电视、广播、电子游戏等文化性产业；以及广告、建筑、设计和时尚等相关产业（图0-3）。

可以想见，文化创意产业的构成组分尚存争议，不同国家有不同的界定。按照英美的定义，创意产业涉及所有生产创意产品的经济参与者，如设计、建筑时尚、音乐或电影，以及为这些产品提供相关服务的经济参与者，如培训、事件管理或艺术画廊等。这些产业通常由大型企业和独立、单个、自我经营的艺术家和设计者构成。在英国，文化创意产业包括：广告，建筑设计，手工艺与家具设计，时装，电影、视频及其他音像制品，平面设计，教育和休闲软件，现场和录制音乐，表演艺术和娱乐节目，电视、电台和互联网传播节目，视觉艺术和古董，写作与出版。在法国，高级烹饪包括在创意经济中，丹麦包括了体育，德国则涵盖了游戏和软件产业。《北京市文化创意产业分类标准》（2006）将文创产业设定为文化艺术，新闻出版，软件、网络及计算机服务，广告会展，艺术品交易，设计服务等九大类。有一些国家将公共部门设施包括在创意产业概念中（如博物馆、乐团或剧院），其他一些国家则有意将创意产业仅仅定位在需要纳税的行业范围内，它们认为公共设施只是一个不可或缺的背景环境（唐燕，克劳斯·昆兹曼，2013）。

总体上，文化创意产业的概念十分宽泛，这一经济部门包含了来自美术、音乐、设计，以及日益发展的创意IT技术等领域的企业与企业家。文化创意产业的不同定义背后反应的常常是该产业是否应当得到公共支持的潜台词。因此，根据本地的具体

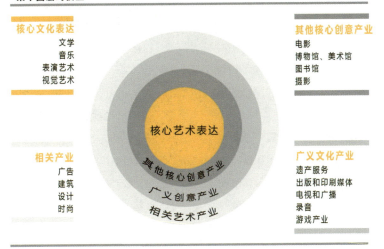

图0-3 文化创意产业构成的"圈层"模式
资料来源：UNESCO, UNDP.Creative Economy Report 2013，2013

情况和内在潜力，不同城市可以修正创意产业的定义以制定出符合本地特点的策略来促进城市和区域经济的发展。

文化、创意与城市更新

文化创意产业在很短的时间内受到了世界范围内政界与学界的广泛关注。对于这一曾长期遭到忽视的经济组分的重新发现，已经激发来自地方经济发展、城市旅游、娱乐和文化等领域的政策制定者与他们的智囊团纷纷去探求文化创意产业对促进城市发展的巨大潜力。很多城市已经开始创新、支持并实行不同的项目与计划来提升城市的文化与创意。联合国贸易和发展会议（UNCTAD）2013年公布的数据显示，创意产品和服务的国际贸易总量在2011年达到6420亿美元，自2002年来以年平均8.8%的增速翻了两倍，同期发达国家的年出口增幅更是高达12.1%（UNESCO, UNDP, 2013：9）。

文化创意产业在地方经济中的重要性已经得到了广泛的认同，不同社会群体针对创意文化产业开展实践与探索的原因则不相同：艺术家、音乐家、设计师和演员希望以此得到更多的社会认同、更好的治理支持，以及更多针对文化基础设施的公共投资；城市规划者将创意产业当作旧工业设施的创新利用途径及城市中心的更新驱动力；地方经济发展部门认为创意产业是新城市经济的先锋力量；传统产业意识到旧产品的创新不得不依赖于文化创意的贡献，创意产业在联系产业上下游和本地劳动力市场体系中至关重要；新生IT产业从新兴的文化氛围和不断优化的城市环境中获益；各种工艺品行业协会得益于他们的独有技艺而实现了意想不到的复兴；旅游部门喜于看到文化创意产业对旅游者和访客的吸引作用；城市市场管理者们看重本地创意氛围在提升城市特色和国际形象上的潜力，这可以引发访客、会议以及媒体的关注；地方知识产业认为创意潜力可以吸引学生和研究者并得到新领域的研究经费资助；媒体发现那些在创意与文化领域实现的个人成就有着极好的公众形象,可以呈现给读者、听众和观察者;市长们意识到对于创意产业和创意氛围的宣传可以美化城市的公众形象,以此吸引投资者和高水平劳动力、上述专业群体、决策领袖和游说者们通过文化创意探索来满足他们不同的既定利益。

文化创意影响下的城市更新与发展

本书的各个章节研究了很多案例,以解释文化创意行动是如何在产业升级、城市更新及城市发展中发挥作用的,这些案例为激发中国在城市经济可持续增长和城市更新等方面的灵感提供了丰富的源泉。这些案例研究并不能为中国城市的创意转型提供路线或是范本,但是它们无疑可以启发那些希望改善中国城市生活质量的城市规划者,为地方政府、规划技术人员和政策建议者提供不同的应对发展挑战的思考视角。

全书由3部分组成——"文化、艺术与城市建设","文化创意产业作用于城市发展"和"创意与城市更新",每部分包含了5—6个城市与地区的创意城市案例,其中少部分案例已在规划期刊上先期发表。总体上,三部分内容呈现出步步递进的关系:第一部分作为铺垫阐述了文化、艺术与城市建设发展之间的互动规律,打开话题;第二部分聚焦于城市发展最关键的经济动力,从产业视角探讨文化创意对城市发展的作用;第三部分结合创意城市建设的大趋势,重点探讨文化创意在城市更新中扮演的多元角色。

文化、艺术与城市建设

第一部分涵盖卡塞尔、格拉茨、成都、釜山、圣丽塔-杜萨普卡伊5个城市案例。具有上千年历史的德国城市卡塞尔,因作为汽车设备和军工制造基地在"二战"中几乎毁于战火,但文化和艺术却推动着这座城市在近期实现了令人吃惊的重振,5年一次的文献展、封建领地遗产、特色化的艺术品收藏、创意导向的城市再开发等,均在这个过程中做出了不可磨灭的贡献。卡塞尔的案例研究展现了城市在20世纪经历特征丧失、物质结构重创、经济实力下滑之后,如何用城市政策解决再定位困境、依托历史遗产和文化遗存克服去工业化时期各种危机的具体途径。作为世界遗产地的奥地利第二大城市格拉茨(Graz),是"欧洲文化之都"和联合国教科文认定的"设计之都",在申请和运作这两大文化创意项目的进程中,城市走出了一条新老并置、传统与创新结合、旧工艺与高科技交融的发展道路。在成都,开放与包容的历史文化特征、闲适与自由的市井文化吸引诸多优秀艺术家定居于此,他们聚集的市郊艺术文化区成为文创产业的萌芽,商业资本敏锐捕捉到文创产业的蓬勃前景,并积极介入,使得文化创意更自然与快速地融入市民的日常生活,推动更高端与更完善的产业链发展。釜山的甘川洞文化村,展示了通过公共艺术和公共设计改善居住环境、激发公众参与、带动地方综合发展的巨大潜力,也是韩国推行"村落艺术"项目的示范样板。圣丽塔-杜萨普卡伊是巴西一座曾经以咖啡种植和畜牧业为主的小镇,现在通过"创意城市、幸福城市"建设成为拉丁美洲文化欢庆活动、电子信息技术学校和电子信息产业发展的集聚地,这意味着文化、创意、革新和合作可以成为小城镇和其他地方最重要的发展驱动力。

文化创意产业作用于城市发展

这部分首先通过美国的例子,说明了文化产业企业家对于创意经济发展的重要性及其孕育途径。文化产业企业家的自我雇佣比例极高,其创新性质与工程师和科学家们有很大不同，往往既不属于传统劳动力，也不符合一般小企业的发展范畴。因此，美国城市探索出了支持艺术家发展的新方法，包括空间支持、面向艺术家的网站和销售项目、把艺术工作整合到城市企业中、针对艺术和设计的职业现状设定创业培训项目等。对比美国的"音乐之城"西雅图、"艺术家中心"明尼苏达双城、"双年展/车库展"城市圣何塞三地的创意产业政策，可以发现其成功之处均在于充分发挥所在区域的独特优势，强化网络构建以促进专业知识和创新意识的传播，艺术家、大企业内的小团体等创业者在该过程中扮演了重要角色，通过扩大化、专业化的艺术设计人才集聚，建立新的企业并获得回报，提升了地方创意产业的口碑。在英国，伦敦的创意产业主要表现在广告业、电视和广播业、电影业等门类上，不同的时代背景和执政理念导致创意经济的关联政策与程序不断变化，目前的创意产业和文化政策回归为福利文化政策，试图以此振兴出口和吸引国外直接投资。在中国，对北京市朝阳区文化创意企业数据与空间数据的整合分析，可以发现文化创意产业在空间布局上表现出一些典型特征，例如，以中小企业为主体的产业构成使得文化创意产业总体上对集中性的城市空间需求不显著，并呈现出与城市其他功能混合发展的空间特性；大量中小企业对成本敏感，因此低租金地区、税收优惠地区在文创产业承接方面具有优势等。"陶都"宜兴的案例研究全面展示了这座城市基于"陶瓷产业集群"的创意产业链及相关活动的演进和发展。除了传统文化和艺术氛围传承，宜兴城市政府与行业协会、民间组织、学校、企业、手工艺人共同构建的多方合作协同机制，是创造自由、包容、诚信的城市氛围和促成宜兴历久弥新的真正原因。最后，澳大利亚的珀斯（Perth）案例非常特别，是对一个3—5年音乐节计划执行2年后停办的调查，它从财政运作角度揭示了文化创意产业发展的障碍和阻力。

创意与城市更新

现阶段的城市更新与文化创意联系紧密。近半个世纪以来，德国鲁尔区一直是城市复兴的实验室，世界上没有其他的老工业区在保护工业遗址和利用文化创造积极的社会政治环境方面做出了如此多的努力。随着埃姆舍IBA公园的项目开展，鲁尔区的文化事件和不寻常的文化基础设施吸引了大量旅游者和媒体关注。英国作为第一个实现工业化的国家，城市拥有丰富的工业遗产，纽卡斯尔便是如此。然而，这些旧工业用地由于20世纪80年代初期的经济衰退而空置，又因为当地房地产市场疲软和需求低迷而开发缓慢。纽卡斯尔的案例探究了工业遗产保护与改造的变化，以及这种保护是如何与新兴的文化创意产业联系起来，更新和转型当地经济基础的。在文化资源丰富的维也纳，城市生产和城市空间之间的新型关系正在重塑，经过几十年的职能分化，生产、贸易、产地和文化的相互促进关系正在复兴。维也纳除了在高雅文化和古典音乐方面的历史优势，新生代的创意工作者们带来了他们自己的关于创新艺术、文化、经济和社会的想法以及项目和产品，他们需要并将创建出了遍布整个城市的创意空间。像布达佩斯这样位于欧洲中东部的城市，它们所处的情况和那些西欧城市完全不同，在这里的犹太社区，受当地人和游客喜爱的废墟酒馆得到推行，防火墙绘画、餐馆数目的增多以及节日庆典等文化活动，都表明了在以社区为中心的文化规划理念之下，地区的创业、创意和旅游产业正在蓬勃发展。在北美，加拿大的多伦多正在借助文化创意将"俱乐部岛"休闲娱乐区更新开发为有名的国际旅游地，创意城市概念被用作融合经济复兴、社区参与和场所塑造等多种元素的灵活框架，以保障行动的合法化，促进和提升地区的居住、工作和游憩功能。在瑞典的第三大城市和南部商业中心马尔默（Malmö），高新技术和知识密集型产业正在不断取代陈旧、传统的产业结构，其成功基于一系列因素的结合，包括：富有远见的领导者、创新综合的城市和文化战略、稳定获得独特筹资的机会、教育方案，以及可以保证并执行对当地社区的承诺的多方利益相关者。

未来展望

放眼世界，各个城市为打造创意城市所采用的实践方式是极其综合、复杂和多元的，既有通过旗舰项目建设与城市更新重塑都市形象的；也有积极发掘和培育城市创意空间与创意片区的；抑或借助综合的资金和政策措施支持和刺激文化创意产业发展的；还有举办或发起文化事件和文化活动扩大创意影响和参与程度的；以及推进文化创意集聚区开发、开展创意城市的研究和咨询、强化创意人才培养等。

显然，创意已经成为一个饱受赞誉的词汇，未来它将决定全球众多城市的话语权。城市必须更具创意以应对全球化带来的各种挑战，无论在欧洲、亚洲还是北美等地，均是如此。地方经济依赖于创意与创新才能在竞争越来越激烈的全球经济中生存下去，因此文化创意产业在本地经济向新经济的转型路上扮演着前沿角色。更重要的，如今创意被看作"城市更新"的关键动力——这是一次成功的认知转变，标志着城市更新正在从单单建设舒适宜居的环境以实现城市结构转型向着目标更加综合的下一个时代发展。

参考文献

[1] ATTOE W, LOGAN D. American Urban Architecture: Catalysts in the Design of Cities. Berkeley, CA: University of California Press, 1989.

[2] FLORIDA R. The Rise of the Creative Class. And How It is Transforming Work, Leisure Community and Everyday Life. Basic Books, 2002.

[3] HOWKINS J. The Creative Economy: How People Make Money from Ideas. London: Penguin, 2001.

[4] LANDRY C. The Creative City-A toolkit for Urban innovation. London: Earthscan, 2000.

[5] PRATT A C. "Creative cities: Tensions within and between social, cultural and economic development. A critical reading of the UK experience." City, Culture and Society, 2010. 1(1): 13-20. SMYTH H. Marketing the City: The Role of Flagship Developments in Urban Regeneration. London: Taylor & Francis, 1994.

[6] SCOTT A. Entrepreneurship, Innovation and Industrial Development: Geography and the Creative Field Revisited. Small Business Economics, 2006.

[7] SCOTT A, 2010, Cultural economy and the creative field of the city, http://mpra.ub.uni-muenchen.de/32108/.

[8] UNESCO, UNDP. Creative Economy Report 2013：Widening Local Development Pathways, http://www.unesco.org/culture/pdf/creative-economy-report-2013.pdf, 2013.

[9] 唐燕，克劳斯•昆兹曼. 创意城市实践：欧洲和亚洲的视角. 北京：清华大学出版社，2013.

[10] 徐玉红，唐勇. 创意城市：西方的经验及借鉴//中国城市规划学会. 和谐城市规划：2007.

第一章
文化、艺术与城市建设

The Arts, Culture and City Construction

卡塞尔 / Kassel

格拉茨 / Graz

成都 / Chengdu

釜山 / Busan

圣丽塔-杜萨普卡伊 / Santa Rita do Sapucaí

釜山

镜头里的创意实践

釜山
维也纳
米兰
纽伦堡
德雷斯顿
马德里
北京

米兰

纽伦堡

德雷斯顿

马德里

北京

1.1 卡塞尔 / Kassel

文化与创造力

尤·阿尔特拉克(Uwe Altrock) 著

陈恺 译

Kassel: Cultural and Creativity

1.1.1 引言

卡塞尔（Kassel）坐落于德国黑森州（state of Hesse）的北部地区，在地理上处于德国的心脏位置，同时也是人口约20万人的区域核心。卡塞尔可以看作德国典型的中等城市。德国在数个世纪中以多元文化而知名，直到19世纪下半叶才开始成为整合的民族国家——正是这段历史造就了德国所谓的"均衡"城镇体系，一系列类似卡塞尔的相对重要的中等城市是建构这个均衡体系的基础，它们在过去的几个世纪中一直是小领地的首府，或者是隶属于松散联系的德意志-奥地利帝国的地方自治单元。

德国与意大利这样的国家有着类似的历史，但与法国这种传统的集权国家明显不同。正是基于此，上述中等城市才可以保持住自身文化的多样性和活力，依靠它们的传统特质实现再次转型，并重塑社会和经济福利体系。这一节将阐述这种"重塑"过程在这类城市正经历的三个主要威胁中是如何发生的（这些威胁有时同时发生作用），以及由此带来的危机应对结果。这三大威胁分别是："二战"导致的城市毁坏和区位优势丧失致使城市重要性下降；去工业化的影响；以牺牲小城镇和城市为代价的"大都市化"趋势引发的城市吸引力转移。

在某种程度上，卡塞尔受到了所有上述三种威胁的影响。但是最近，卡塞尔实现了令人吃惊的重振，并因此成为德国最有活力的城市之一，尽管它恢复的起点相对较低。文化、创意和相关发展策略对此作出了重要贡献，下文将对此进行探究，同时揭示这类途径的局限和矛盾。

1.1.2 卡塞尔：城市发展简史与主要文化资本

大约1100年前，卡塞尔建城于德国中心地区北部的富尔达河畔（Fulda river）。在前工业化时期，卡塞尔一直是中等规模的封建国家黑森-卡塞尔（state of Hessen-Kassel）的聚居地，自1277年以来都由相关的领主或伯爵所管理，在1866年并入普鲁士（Flemming, Krause-Vilmer, 2013）。封建体系控制着这座城市的社会和文化生活，为它留下了流传至今的丰富文化遗产。

伴随着铁路交通系统的建设，卡塞尔迅速成为汽车设备和军工制造业的聚集地。和德国其他城市一样，卡塞尔的人口快速增长，在1899年达到10万。也正因为德国核心军工制造企业的集中分布，使得这个地方成为盟军优先轰炸的目标，最终导致卡塞尔历史核心区的主体部分于1943年毁于战火之中。另外，由于卡塞尔的地理位置靠近德国内部边界线（东德—西德），所以，在"冷战"期间，这座属于西德的城市一直被边缘化。此后，虽然卡塞尔重新聚集了一些自动化和铁路工程行业中的成功企业，但却始终无法回归到过去它在制造行业里的地位上，即使近年来太阳能发电领域中的高科技企业在卡塞尔的聚集对此进行了些许弥补。

在文化领域，这座城市因为封建领主遗产、每五年举办的文献展和许多高水平的博物馆而闻名。此外，城市的独立艺术氛围近年来不断繁荣，让这座城市更加多元化，市民社会发起的一系列非营利活动使得持续演进的政治文化变得更为丰富。

1.1.3 面向世界：文献展及其对卡塞尔城市发展的作用

在一些人看来，卡塞尔每五年举办的文献展是全世界最重要的非商业性艺术展。文献展在"二战"后创立，旨在帮助恢复社会回归常态。由于在独裁统治时期，人们没有接触当代艺术的渠道，加之这场德国需要承担责任的战争给卡塞尔带来了毁灭性的后果，以至于1955年卡塞尔举办第一届文献展时，这座城市尚处在一片废墟之中。

卡塞尔的文献展有很多突出的特点。文献展的组织方是一家由城市政府和黑森州政府共享所有权的有限公司，展览还获得了国家艺术基金会的资金支持。卡塞尔的市长担任公司监理会的首脑，公司CEO每五年会邀请一位策展人对世界范围的当代艺术进行概览性的展陈，并且公司不做任何干涉——展览预算不会从开始就规定好，也不会预先设定城市中的展陈场地和邀请参会的艺术家名单。

以展览为核心，在其举办之前的几年准备期中，有关策展人和渗透在城市生活中的发展理念就一直是长期存在的争论话题。这种争论为跟踪观察策展人的记者们所推动，更准确地说，是由当地知识分子组成的咨询委员会的非正式交流所推动。委员会的工作是尝试让外来的策展人了解城市文化生活的本质内涵、市民社会、活跃个体和机构组成的地方网络，以及杂志等由不同策展人创建的交流工具的影响。

文献展会给这座城市带来了100天的"非常状态"，也可称为夏日的庆典，一切事务都要为其让道。同时，在这段对世界都有重要意义的时期，这座城市将会迎来大约80万游客和15,000名特派新闻记者（Gardt, 2008）。虽然大多数的游客不住在卡塞尔，但是许多当地人都很享受这些来自世界各地的游客所带来的短暂的国际化和都市气氛。不过，这也导致了在文献展举办的4年间隔期中，这座城市看起来有点像平淡的"乡下"，然而目前来看还没有什么好的办法来克服这种不同城市景象带来的鲜明反差。

除了艺术展览的世界知名度之外，我们还需要观察它是如何影响城市生活和城市总体发展的（具体案例请参照赫尔斯特恩（Hellstern）于1993年提到的文献展对于经济的影响）。独立策展人的出现以及展览数量的与日俱增，迅速改变了展览要在指定建筑内举办的旧有模式。为满足当代艺术的发展需求，在城市中变换地方，选择合适的场地成为一项自然而然的战略。当城市经济处于停滞时，人们对那些空置的建筑和它们潜在的新功能进行了文化方面的反思——将城市中被忽视的地区整合为概念性的艺术舞台，这种方式现在看来依然具有创造性。

从在公园内搭建临时建筑作为展览场地，到艺术节和城市发展之间的关联创新，公共空间通过各种功能的构建成为文献展的舞台，并由此取得了很多成果，例如约瑟夫·博伊斯（Joseph Beuys）的"7000棵橡树"计划彻底改变了人们对艺术的理解。博伊斯在主要的展览场地前布置了7000块玄武岩石砖，并在其中一个石砖旁种下了一棵橡树，强调城市急需更多的绿色，并提倡要让7000棵橡树遍布整座城市。每当他有足够的资金支持时，博伊斯就会种下一棵树，并在旁边放置一块玄武岩石砖来表示计划的进程。这项活动渐渐提升了城市公共空间的水平，并让整个城市的人们都参与其中。虽然计划刚开始时饱受争议，但是之后获得越来越多的支持，直到项目最终完成，总花费共计430万欧元——其中也包括了博伊斯自己在1987年提供的经济资助。

如今，文献展上的很多艺术作品由城市政府出资买下并布置在城市各处，艺术家把在公共空间中的这种"表演性介入"当作一种空间实践，不断引导着人们去关注那些城市中被遗忘的角落，这种行为模式已经成为探索如何处理未充分利用的街区和废弃地的重要方式。此外，节日活动规模的扩大使得与其相关的公共机构与城市产生了更加紧密的联系。基于此，文献展展览馆于1992年建成，建成的展览馆与原有的艺术馆、市政剧院、文献展的行政办公和存档建筑共同构成了城市中心的文化集群。

如果将视野聚焦到节日活动背后所隐含的运作策略的可持续性上，值得注意的是，文献展展览馆的建造为策展人的想法实施提供了空间支持，以此为平台，策展人不需要提出完整的节日构思就能在策划过程中吸引媒体的广泛关注和刺激巨大的旅游经济。近几年，节日一直在为城市和艺术界源源不断地注入创新潜能。尽管如此，在与世界上最重要的商业艺术展——威尼斯双年展与巴塞尔艺术展的竞争中，我们可以看出任何展览都不可能永远成功，并且这种策略是无法无限复制到其他城市的，这无疑是卡塞尔所面临的挑战。概括起来，卡塞尔的成功得益于典型的"输入"，既包含本节所讨论的策略，也包含了近几十年大学高校的群体带动，这推动着原住民去克服保守心理，将一座处于危机中的老制造业中心转变为一个富有活力的创意城市。

1.1.4 地区首府及遗产的重要性：卡塞尔和封建领地遗产

尽管卡塞尔在20世纪经历了分裂、原有个性的丧失和物质上的毁坏，但是封建领地时期留下的历史遗产始终紧密地交织在城市的结构和肌理之中。城市个性的塑造对于卡塞尔来说是一件处于挣扎之中的事情，既要面对老的历史市中心已然失去的事实，还需逐渐接受自身作为20世纪50年代现代主义城市重建的中心的新特征：一方面可以借此把中心打造成能够吸引向往现代建筑历史的特殊游客的旅游目的地；但另一方面，这也形成了负面的社会共识，那就是人们相信现在的城市是"丑陋的"且汽车交通在其中占主导地位——对于在后工业社会渴望重塑和复兴历史资源的各种期盼来说，在这样的矛盾情况下提升城市的公共空间水平极为困难。

卡塞尔是德国主要的文化遗产中心之一，虽然其封建历史建筑的地位并不重要，但是由于封地领主的努力收藏，卡塞尔成为荷兰境外最重要的荷兰画作收藏地。城市文化的重要性还体现在，这里馆藏着大量每份都价值几百万欧元的历史手抄本，其中就有《希尔德布兰特之歌》的原版手抄本，它可以追溯到9世纪用古德语写成的最古老的英雄史歌。自19世纪开始搜集、整理童话故事和编写德语字典并因此而闻名的格林兄弟曾在这个城市工作和生活，也为城市增添了更多的文化内涵。

卡塞尔的文化含义主要通过两个途径转化成为城市物质空间的组成部分：一是领主的封建遗产，如他们的宫殿，苑囿和收藏品等，现在由黑森州州政府拥有并管理；二是许多小型的艺术馆，其中一些布置有非常专业的展览，如格林兄弟的生平和作品展、漫画收藏展或是德国丧葬文化展等，它们由城市或地方机构管理。这些要素使卡塞尔拥有了德国最重要的博物馆群之一，仅仅位列于像柏林、慕尼黑这些大都市之后。

还有一点不应忽略的是，卡塞尔坐落于黑森州的北部边缘，与黑森州的经济和政治中心法兰克福相距甚远。由于法兰克福日趋保守的银行资本的地位，卡塞尔的遗产曾一直处于被忽视的状态。然而，进入21世纪，卡塞尔重新组织和改善了过时的艺术馆，并增加了领主宫殿和苑囿的开放渠道，比如位于城市西部郊区山脚下的威廉宫，这些努力十分有助于重新凸显城市的重要性。在东德、西德统一的前十年，期盼已久的德国高速铁路站于1991年在卡塞尔落成，在某种程度上推动这座城市成为德国的地理中心和象征。AS&P公司首席顾问（HMWK，2005）曾提出建设连接电车总站和宫殿的地下扶梯等建议，但建议一提出来便受到来自地方的严厉反对。当地人们认为这一建议全然没有顾及领主留下的威廉高地公园，即欧洲最大的丘陵公园的珍贵遗产环境，同时指出这一建议表现出"廉价出售"珍贵收藏的倾向，是一种迎合游客的促销手段，将导致现有文化价值的庸俗化。但是，这项现代化的措施最终还是被实现，正如接下来将会解释的那样，其方式比博物馆教育展的效果略好。

2010年，德国获得了举办"欧洲文化之都"（Kulturhauptstadt Europas）的资格，需要在本国推选出一个城市作为举办该欧洲盛事的两个东道主城市之一，很多非政府组织机构、市政厅和地方利益相关者都参与到了这个"欧洲文化之都"东道主城市的竞选过程当中。虽然黑森州最终败给了埃森和鲁尔区，但是通过该评选过程，当地社会的不同力量被重新聚到一起思考地方的文化财产，并开始用一种更加积极的方式看待它们。该过程不仅有助于提升城市自豪感，还增加了城市对封建领主的文化遗产的支持力度，力图将其打造为世界文化遗产（Altrock，2009）。此后，通过保护主义者和黑森州政府的长期准备，威廉高地公园的水景作为纪念碑式的水利工程，因独具艺术价值而在2013年被列入世界遗产名录。

跻身世界遗产名录，不仅提升了地方对景点的管理水平，还促进了当地旅游业的发展，改善了地方环境保护的水准。尽管如此，发展和保护之间的矛盾仍在继续，特别是对高级别公共博物馆的重新梳理和组织。格林兄弟博物馆目前建设在一座城市公园内，目的是要尽可能地展现格林兄弟的生活和工作。19世纪后期到20世纪前期，这个建筑的原址曾是城市中最成功企业家的别墅，大约在20世纪30年代被部分拆毁，"二战"中被彻底毁坏。现在的博物馆项目由于建筑本身及其对公园的侵占而备受争议。市政厅在态度上明确支持该项目，因为已有的博物馆和图书馆主要分布在连接威廉公园和内城的大道东端，该博物馆的落成可以提高现有的文化集群作用。背后的考虑还包括，通过将现有文化集群打造得更加瞩目来增加参观游客的数量，并在量上超过威廉宫。

1.1.5 地方与世界之间：卡塞尔如何成为后工业的文化创意中心

除了上文谈到的官方对城市发展采取的主动行动以外，这座城市也有很多富有创造力的创意阶层对此做出了积极的贡献。对此，有人可能会持有疑问：创意阶层是否真的会促进城市文化扮演起重要角色？该阶层的活动如何与城市发展战略相联系？城市发展战略是否会从根本上影响创意阶层？与此相关的"自下而上"的特性是否只是中等城市进入后工业时代的正常表现，还是有什么特殊的含义和内容？下文将对此予以讨论。

在卡塞尔，并为大学组成部分的州立艺术学院的历史最早可以追溯到18世纪，也就是弗雷德里克二世领主（landgrave Frederick 2）创建学校的时期，弗雷德里克二世伯爵还创立了欧洲第一所博物馆——尽管现在的机构仅将时间追溯到1947年。这所学校培养了很多与艺术相关的毕业生，其中部分学生最终留在了这座城市，并在这里为艺术氛围的培育提供着沃土。总体上，创意人群的聚集和艺术氛围的形成，可能与西方国家在20世纪60年代后期到70年代早期出现的自由主义运动有关。在这方面，卡塞尔是全德国第一个声称开放同性恋桑拿的城市，并且设立有德国第一家妇女运动档案室以及德国第一家音像店。

虽然卡塞尔在文献展举办间隙的创新氛围仍旧相对平静，但是艺术界之间的合作、自由的公民社会、地方的主动行动和创造性的学习环境等要素，渐渐地在城市空间上改变了城市艺术的形象和体现方式——在此之前，这座城市则一直处于经济和人口停滞的状态中。

毫无疑问，艺术彰显与棕地再生和工业时代废弃建筑的再利用密切相关。这种城市更新和再开发大约是从1973年关闭的屠宰场的功能转换开始的，这个建筑被部分改造为弱势社区的音乐会场地、多种族交流的场所，以及年轻人的活动中心。由于当地CBO在1978年开创性地发起了这类活动才使得该中心幸存至今，并自1981年开始获得市政当局的公共补贴。

类似的非商业项目中，最重要的可能要算文化纺织工厂（Kulturfabrik Salzmann）项目，其名字就是为了纪念老的纺织品厂。这座工厂自1905年以来在巨大的多层砖结构建筑复合体中进行生产。随着20世纪80年代后期第八届文献展的举办，这些建筑复合体重新得到利用，而在此之前，建筑复合体里已经有艺术家、俱乐部、工作室、广告公司、小舞厅和公益性电台等的入驻。改造之后，建筑群变成了重要的戏剧、舞蹈活动和电影节的举办中心，但尽管如此，昂贵的维护成本和大量现代化改造所花费的资金使其最终于2014年宣告失败，在新的所有者宣布要将部分建筑改变为豪华公寓时，这些建筑的未来变得更加不确定。

老中央火车站在"二战"期间被毁坏，并于20世纪50年代重建。随着新建的高速火车站的落成，老中央火车站的部分空间在1995年被改造为餐厅、电影院、卡塞尔建筑中心、博物馆以及展览厅等，使得这里开始成为城市文化生活的中心，人们甚至将这里称作"文化车站"（"Kulturbahnhof"，http://www.kulturbahnhofkassel.de/informationen/)。其中，车站建筑群废弃的储物空间一部分作为文献展的举办场地，一部分租给艺术家作为工作室。

独立文化空间发展的里程碑，可能当属文化建筑（Kulturhaus）"第4码头"（"Dock4"）。其前身为一所学校，在1990年改造为展览、独立戏剧、音乐舞蹈演出的场地（http://www.dock4.de/cms/dock-4/das-kulturhaus）。夏天，这里会定期举办室外电影节，并持续扮演着重要的教育角色，经常会有学校慕名而来参观这里上演的戏剧作品。

在以自下而上方式兴起并繁荣的文化氛围中，工作室、艺术馆等如雨后春笋般涌现。在这样一个"丑陋"的城市，试图去重塑那些尚未发现或是被忽视的空间的做法，被认为是一件特别的事情。文化企业家们占用或租用空闲的场地，开设夜总会、另类音乐会、艺术工作室等，渐渐在这里形成夜生活和次文化的混合氛围。有趣的是，现在的卡塞尔充满着许多出人意料的现象，如大量非营利性的艺术馆聚集在艺术院校周围，或是建造在原妓院旧址上的精品酒店等。

1.1.6 城市发展战略关注的文化经济和创意阶层

文化和创意在最近成为城市政策需要考虑的重要因素，不仅因为文献展和城市文化遗产之于城市的重要角色，还因为文化创意是去工业化背景下应对经济危机的一种手段尝试。在20世纪80年代早期的内城东部，废弃的制造工厂改造为大学学校等种种努力将卡塞尔带入了正在增长的后工业化世界，并且这些尝试的成功大多依靠区位因素。卡塞尔经济的复苏证明了该战略已取得成效，并且大学新增部分的改造目前仍在继续。

这类发展主要受黑森州州政府的影响，但城市也明确将文化创意作为主要发展方向。这种趋势在州政府和市政府出台的有关文化经济的报告中（HMWVL, 2012; Studio Urban Catalyst, 2011; Altrock et al., 2012）有非常明确的反映，报告分析了创意氛围对地方经济的驱动作用，以及网络、艺术家和创意人才等要素对那些被忽视的街区转型的推动意义。卡塞尔报告大篇幅关注了"城市先锋"在"转型空间""新兴文化"和次文化氛围中的意义，要"培养地方的创意人才"，构建"博物馆和文化景观"与"教育基础设施"。报告建议，加强以使用者为导向的基础服务设施建设，创造并固化文化发展在空间体系层面的标准，简化针对规划制定者和空间使用者的规划程序，并对他们给予一定的公共财政补贴。值得注意的是，尽管这座城市在文化范畴中扮演着重要角色，相当多的人在文化经济领域工作，但是大多数的公司规模很小，并且经济上常常处于危险的状况（Daskalakis, 2012）。

在推动文化经济收益却走向自相矛盾的境地中，城市扮演了什么样的角色？尽管城市通过各种途径帮助艺术家及创意人才，但是政府对独立艺术的资助只有对市立戏剧厅公共补贴的10%（Nolda, 2014）。最近，经济复苏引发了对内投资和棕地再利用的风潮，那些曾未被充分利用的棕地现由一些面临流离失所的艺术家和创意人才占用着。市政府声称，已经找到了合适的解决方案来安置这些落魄的艺术家和创意人群，但是现实情况是，未来内城中并没有廉价的仓库厂房等可以供他们使用。

这看起来好似一场诡计，当艺术家一直为当地工业遗产的存活而不懈努力时，地区的商业再开发潜力却威胁着遗产的价值维护，特别是Salzmann工厂地区（Lüken-Isberner et al., 2014）。艺术家联合活动家、大学教工等，共同提出了另一种对街区基础设施重新利用的构想,这种联合运作形式产生了巨大的社会影响。但是,市政府出于收支状况的复杂考量,不愿再为基础设施埋单。最近发生的一个例子,就是市政府为了控制基础设施的花费想要关闭Wilhelmshöhe街区的公共游泳池。为此,当地活动家、文化企业家和大学教工需要聚集起来,再次尝试找到能继续运营的替代办法。

1.1.7 总结

卡塞尔的案例研究展现了城市在20世纪经历特征丧失、物质结构重创、经济实力下滑之后,如何用城市政策解决再次定位的困难所在,以及如何依托城市遗产和文化遗产去克服去工业化时期的各种危机。这一过程需要较长时间且充满矛盾,并且必须有新兴高校在文化和经济层面的推动。尽管人们希望城市的发展能更为迅速和有力,并从文献展和世界文化遗产的影响中获得更大的帮助,但是城市形象和发展战略所能带来的改变却是有限的。

虽然城市文化遗产只能部分扭转经济危机下的城市消极形象,但文化还是由此成为城市政治中的一个重要角色。市政府一直渴望通过节日庆典战略挖掘城市的文化遗产价值,在全球化的城市竞争中吸引创意阶层的到来。为了与文献展和世界文化遗产景区实现互补,卡塞尔举办了如"黑森之日"(Hessentag)的区域节日庆典,以及2013年的第1100个城市纪念日活动。最近,市长宣布卡塞尔将再一次竞争2025年德国境内的欧洲文化之都(Pflüger-Scherb, 2015)。然而,城市仍然受预算危机所困,即使未来可能从这些活动中获取一些利益,但情况仍不明朗。

由那些弱小的工厂企业组成的文化经济是不稳定的,政府的微薄资助决定着这些非营利部门的未来,同时政府也在遵守扶持如戏剧院等传统文化机构的承诺。在经历了第二次世界大战的摧毁后,卡塞尔还一直吸引着人们的目光,目前这座城市已经进入后工业化时期。当文化多样性与其他关键的区位因素相互补充时,传统文化遗产和当代文化产业的融合会带动这座城市在未来走向何方,这一切还有待观察。

参考文献

[1] ALTROCK U .Chancen einer gestoppten Festivalisierung? - Das Beispiel der gescheiterten Kulturhauptstadt-Bewerbungen von Görlitz und Kassel. In: ALTROCK U, HUNING S, KUDER T, NUISSL H, PETERS D, eds. Städte im Aufbruch. Stadtentwicklungspolitische Handlungsoptionen in Krisenzeiten, 2009. Reihe Planungsrundschau 16. Berlin, pp. 65-96.

[2] ALTROCK U, KORNHAβC , HARTUNG T, eds. Kulturwirtschaft in Kassel. Perspektiven und Planungspotentiale für die Stadtentwicklung. Kassel: Unpublished final report of studio work at University of Kassel, 2013.

[3] DASKALAKIS MARIA.Ökonomische Relevanz der Kultur- und Kreativwirtschaft in der Region Kassel: Identifizierung und Nutzung regionaler Entwicklungspotentiale. Kassel: Unpublished survey, 2011.

[4] FLEMMING J, Krause-Vilmar D. Kassel in der Moderne. Marburg,2013.

[5] GARDT A.Kunst und Sprache. Beobachtungen anlässlich der documenta 12. In: Achim B, Helmut S, Georg-Michael S, eds.Literatur - Kunst - Medien,2008. Festschrift für Peter Seibert zum 60. Geburtstag. Munich, pp. 201-224.

[6] HELLSTERN G. Die documenta: Ihre Ausstrahlung und regionalökonomischen Wirkungen. In: Häußermann H, Siebel W eds.Festivalisierung der Stadtpolitik. Wiesbaden: VS,1993. pp. 305-324.

[7] Hessisches Ministerium für Wirtschaft, Verkehr und Landesentwicklung (HMWVL) ed. Vierter hessischer Kulturwirtschaftsbericht. "Kulturwirtschaft fördern - Stadt entwickeln". Wiesbaden, 2012.

[8] Hessisches Ministerium für Wissenschaft und Kunst (HMWK) ed. Gutachten Museumslandschaft Kassel. Technical paper, authors: Albert S, GmbH, F, Gerhard B in cooperation with bogner .cc, Vienna D B.

Wiesbaden, 2005.

[9] LÜKEN-LSBERNER F et al. Industriedenkmal Salzmann & Comp. in Kassel, bedeutendes Zeugnis der deutschen Architekturgeschichte, verdient erhöhte Aufmerksamkeit bei seiner Umnutzung. Kassel:Open letter to the city government of Kassel and other stakeholders involved in the redevelopment of Salzmann factory, 2014.

[10] NOLDA C. Personal communication with the chief planner of the city of Kassel on 16 December 2014.

[11] PFLÜER-SCHERB U.HILGEN. Neue Bewerbung für Kulturhauptstadt. In: *Hessische und Niedersächsische Allgemeine Zeitung* 17.01.2015, published online under https://www.hna.de/kassel/stadt-kassel/mitte-kassel-ort248256/hilgen-neue-bewerbung-kulturhauptstadt-4650437.html, accessed 26 January 2015.

[12] Studio Urban Catalyst. Kulturwirtschaft Kassel-Konzeptstudie zur Förderung der Kulturwirtschaft. Berlin, 2011.

1.2 格拉茨 / Graz
通向创意城市的成长之路

卡尔·斯托克(Karl Stocker) 著
唐婧娴 译

Graz: On the Way to Being
a Creative City

格拉茨（Graz）是奥地利第二大城市、施蒂利亚州（Styria）的首府，拥有30万人口。整个大格拉茨地区约有居民44万，是奥地利仅次于维也纳及其周边地区的第二大人口集聚区。格拉茨城中有大约60,000名学生在这里读书，可以称得上是一座"学生之城"，这不仅得益于城内分布的四所综合大学和两所应用科技大学，很大程度上还有赖于这座城市的国际联系。

奥地利10%的创意产业分布在施蒂利亚州，其中58%位于大格拉茨地区。施蒂利亚州拥有4000多家创意企业和13,000名从业人口，贡献了13亿欧元的营业额（2010年），并持续保持上升趋势。创意产业是大格拉茨地区增长最快的产业之一，近几年的统计数据充分证明了，这一产业到目前为止发展得有多成功，并全面显现了它对就业和附加值产生的影响。

1999年，格拉茨被联合国教科文组织列为世界遗产地，2009年被评为"欧洲文化之都"，新老并置、传统与创新相结合、旧工艺与高科技相交融是这座城市的特点。格拉茨拥有众多博物馆，并举办过从当代艺术到历史、技术、科学等各种主题的展览。2003年开馆的格拉茨美术馆（Kunsthaus Graz）是一座现代艺术博物馆，凭借其独特的建筑设计而格外引人注目。美术馆被设计成"友好的外星人"，是继"城堡山（Schlossberg）"后的第二个城市地标。文化创意已经为这座城市重要的发展动力和宣传名片。

1.2.1 从"欧洲文化之都"到联合国教科文认定的"设计之都"

在格拉茨的发展道路上，成为"欧洲文化之

都"的计划是其获得大跨步提升的关键。1998年,格拉茨作为该年度获选的唯一城市,被授予"2003年欧洲文化之都"的称号。

举办"欧洲文化之都"系列活动的前景近在眼前,促使城市议程上曾放置若干年的重要建筑项目终于可以在2002年得以实现。其中最成功的例子是英国建筑师彼得·库克(Peter Cook)和科林·富尼耶(Colin Fournier)设计的格拉茨美术馆,及纽约艺术家维托·艾肯西(Vito Acconci)设计的穆尔河之岛(Le Mur Island)水上剧院。2003年的建筑亮点还有老工业建筑的重建——赫尔穆特·哈勒(Helmut List-Halle)现代音乐厅和儿童博物馆。2002年秋天,城市的露天市场被改造成为新的公共活动场所。

此后,一项名为"格拉茨2003"的计划为城市设定了雄心勃勃的发展目标,要将本土艺术与国际艺术界联系起来,并最大限度地让本地居民融入这个过程当中。通过邀请像贺宁·曼凯尔(Henning Mankell)和维托·艾肯西(Vito Acconci)这样的国际巨星的参与,项目调动了越来越多的本地人积极参加到自己城市的文化创意活动中。针对相关的主题内容策划,计划从征集到的700多份项目建议书挑选出了108份,作为主题年的备选方案。"格拉茨2003"期望将高水平文化和创新性实验的两极联系在一起,并试图"唤醒城市及其居民对他人的感情,刺激他们接受新事物和追求文化生活的热情"(Creative Industries Styria, 2009: 35)。诸如"记忆之山(Mountain of Memories)"这类能够让人们参与其中的展览项目,将个体对格拉茨的历史记忆融汇在了一起,成功地激发和提升了担任"欧洲文化之都"的城市团体精神。

格拉茨充分发挥其作为旅游目的地的自身优势,同时建立起富有活力的地方与区域艺术氛围。通过这些努力,格拉茨成功跻身为享誉国际的欧洲文化热点地区。格拉茨的成功生动地说明了:"文化之都"不一定非要是国家的大都市,这对文化之都的品牌运作产生了深远影响。与此关联的一个有趣现象是2010年,德国有21个城市参与了"欧洲文化之都"的申请,其原因皆来自格拉茨的成功带动。在格拉茨的活动组织过程中,超出常规预算的广告和营销投资(占整个预算的三分之一)是保证其成功且具有可持续性的重要原因,另一方面则主要得益于前面提到的富有雄心的工作计划。

"格拉茨2003"的持续性和影响力至今可见。美术馆的建设不仅给格拉茨提供了全球知名的现代展示空间,同时也刺激着城市中那些曾被忽视的地区不断得以振兴。此后,创意产业在格拉茨开始茁壮成长,创意商铺和小型创意公司与热点餐厅和酒吧结合运营,深受年轻人的青睐。城市可持续复兴还表现另一个建筑符号上,即穆尔河之岛水上剧院,它不仅给城市提供了舞台和休闲去处,还为河流两侧的行人提供了第二个可穿越河道的"桥梁"。河东岸的长廊被延长,其中一小段直通市中心,被建设成"城市沙滩"。穆尔河由此获得的新形象,让格拉茨成功举办了2003年奥地利国家河流冲浪冠军赛。

像格拉茨这样的非国际知名的、尚未受到认可的"二线城市",能够正确定位自己,是确保在竞争中取胜的重中之重。在格拉茨的案例中,城市发展在文化活动的指引下向着创意产业迈出了决定性的一步。2006年,《大格拉茨地区创意经济潜力分析》出版,阐述了施蒂利亚州所有能够发展创意产业的机会。报告中充满了诸如"新区域的创意潜力""就业促进数字""未来经济的全新模式"等吸引人目光的词汇和标题(Creative Industries Styria, 2014: 6),它们吹响了支持创意产业进一步发展壮大的号角。政府部门也将创意产业定义为施蒂利亚经济的主要优势。

"施蒂利亚州创意产业有限公司"在2007年成立，这标志着城市开始对创意产业发展进行有组织的推动，以该公司为枢纽促进施蒂利亚创意经济的巩固和发展。它的任务是在施蒂利亚的整体经济中，扩大、协同及发展创意服务的覆盖领域。施蒂利亚州创意产业最重要的一个目标是使之成为吸引"创新人才的热点地区"，创造条件让来自奥地利、欧洲以及世界各地的创意人才聚集到这里。

为了申请联合国教科文组织"2008设计网络之都"，施蒂利亚创意产业有限公司作为实践管理者设计了一系列活动，并与地方利益相关者积极沟通，试探潜在的阻力和项目实现的可能性。申请"设计之都"的实践过程给众多来自创意产业领域的合作提供了机会。"设计之都"专家咨询会也在这一契机之下成立，为各种活动提供战略支持。申请方案的第一稿于2009年7月提交给巴黎联合国教科文组织，经过若干次修改后于2010年6月通过专家评审。

格拉茨申请方案的独特之处，在于整个程序操作过程的开放性和公共性。"公共"的一面是城市所有人能够随时了解"设计之都"进程的每一步，可以从头到尾对整个过程展开讨论。方案像杂志一样被出版，以便让尽可能多的人们参与进来，获得广泛的读者群。还有另外一些因素，如语言选择，也促进了它的流行。"设计"一词在德语中是一个比较模糊的术语，如果没有任何准备、没有任何解释的把概念抛给人们，理解起来是模棱两可的。当下对于"设计"的理解，并不只关心最后的结果，更关注社会产品和服务在全部生产进程中所呈现的形式和形态——正是基于这个更加广义的"设计"理解（很多人概念模糊），大众才有共同讨论的基础，以构建可操作的设计策略。这期间设计和创意产业成为重要的议题和争论的焦点。最终，城市的重要目标达成了，那就是"让'设计'成为社会共同关注的话题"。

2011年3月14日，格拉茨作为"设计之都"成为联合国教科文组织创意城市网络成员之一，加入已由北京、柏林、布宜诺斯艾利斯、神户、蒙特利尔、名古屋、圣埃蒂安、首尔、上海和深圳等城市组成的先行行列之中。要成为"设计之都"，首先，城市必须拥有成形的创意设计产业以及必要的相关设施，包括建筑、设计学校和设计研究中心，以及活跃的创新氛围；其次，还必须具备举办设计相关的贸易、交流、展览活动的经验；再次，应为本地设计师和城市规划者提供设计可能，发挥地方材料和城市与自然条件上的建设优势；最后，诸如建筑、室内设计、服装、材料、珠宝配饰设计、交互设计、城市设计和可持续设计等领域的潜力亦需要在城市中体现出来。经教科文组织认证，上述所有城市都满足这些要求。

1.2.2 格拉茨迈向"设计之都"的工作过程

在获得联合国教科文组织的认证之前，格拉茨作为"候选城市"在相关领域的建设上积极发展，以不断确立其作为"设计之都"的地位。对于这项工作的城市参与者来讲，有一点是明确的：即使没有获得联合国教科文组织创意城市网络的认可，格拉茨也不会放弃对设计和创意产业的重视。"Designmonat Graz（格拉茨设计月）"活动的发展就是一个很好的证明。自2009年开始，"Designmonat Graz"就牢牢地确立了自己作为国内和国际创意设计师交流活动的地位。这个设计节在短短四个星期内，成功地凝聚了创意产业的全部能量，致力于让"设计"成为广泛认可的重要经济要素，让每个人都看到它的重要性。更重要的是，"Designmonat Graz"成为一种象征和宣传，实现了"让设计从集体意识的边缘直接进入公共意识的中心"。每年设计月活动都会组织一系列紧凑的项目，范围不仅仅局限在格拉茨，还遍布施蒂利亚州——涉及多种不同的设计领域和活动形式，如建筑、产品设计、家具设计、信息设计、媒体设计、展览设计、音乐和时尚设计等。

格拉茨设计月的影响无疑是面向全球的。设计作为格拉茨重要的创业维度，在充满吸引力的商业环境中发挥着作用：城市中聚集着大学和高知机构，公司显示着巨大的创新优势。所有这些机构都与创意产业密切联系，他们带来的价值在创意产业整体价值的增长中占有相当高的比重——这也是提升格拉茨国际影响力的重要起点。在格拉茨成长为"设计之都"之前，它所具备的国际网络联系发挥着重要作用。格拉茨拥有众多学生，是一个"学习之城"，对欧洲南部和东南部长期存在强有力的拉动作用。因此，创意网络活动和联合国教科文"设计之都"的实践过程能够在这里开始并取得巨大进步并不奇怪。并且，格拉茨逐步建立与教科文组织创意城市网络成员的联系，以及同其他一些拥有繁荣设计氛围的大都市地区之间的交流。建立合作伙伴关系不仅仅能够强化自身地位，还能够在本土基础上形成全球化的设计氛围和影响，从而创造与经济广泛联系的整体实力。联合国教科文组织中的三个"设计之都"目前都在格拉茨做过展示：布宜诺斯艾利斯（2012）、名古屋（2013）和圣埃蒂安（2014）。蒙特利尔是2015年的候选城市，圣埃蒂安这个法国城市自2011年开始成为"设计之都"，2013年10月被施蒂利亚创意产业网络展示选为目的地，格拉茨还参加了2013圣埃蒂安设计双年展。

此外，为了让城市中的每个人都能够重视设计议题，城市还启动了很多关联项目。包括"Jakominiviertel"城市中心项目，该项目通过设置和吸引创意产业，改善原来的结构性衰败地区，从而获得广泛的国际关注。Jakomini地区在2010年利用独特的"红色跑道"启动了"Ready-Steady-Go（沉着准备出发）"主题活动。接下来的四年，项目的理念被迅速扩展，多样的设计公司、时尚店铺、建筑事务所、广告公司和传统作坊等四十多家新公司入驻该地区。总计有93家公司沿着跑道分布，提供了约140个就业机会。这些企业中28个来自创意部门，59%的公司是单人经营。巨大的创造潜力及成果聚集效应给Jakomini区带来持续的刺激。在红跑道项目的推动下，城市向人们证明：创意可以刺激地区的动态发展，产生双赢效果，并促使地区附加值的增加。

"城市家具"项目希望能够促进城市中多角色之间的沟通。在2012年的"DESIGN from GRAZ（来自格拉茨的设计）"中，约翰娜·普雷希特尔将沟通设计置于其作品的核心位置。"城市家具"将沟通场所简单化为字母形式，巨大尺度的字母可以让人们坐或躺下，充分体现交流与沟通，这一点让项目变得十分有趣。特定的字母选择还可以将座椅与环境联系起来，并通过在这些字母上印一些附加信息来强化这种关联。

"住区中的设计师"项目始于2009年，其目的是给企业更多使用现代设计的机会。企业和设计师因为该项目而得到联系，形成双方受益的合作模式。项目面向那些希望通过专业设计手段增强市场竞争力的企业。设计师在4—8周的时间内直接为企业工作，提供产品设计等方面的解决方案。"住区中的设计师"不是一个竞赛，而是经济部门与创意产业之间进行联网的创新工作方式，双方都能够在工作过程中了解对方的思维和行为方式。这种关系的确立是清晰明确且完全自愿的，旨在促成一些长期合作。项目参与的规则很简单：只要企业感兴趣就可以参与申报。企业需求的大致情况和任务会在设计任务说明中给予解释，在此基础上设计人员再申请参与进来。

个人觉得非常值得一提的项目是"体验商业——施蒂利亚州制造"，它试图给对商业感兴趣的人一个认识施蒂利亚公司的机会。项目吸引了超过40个企业加入这一旗舰活动，开放式地为人们提供自己公司的"探险之旅"。所有参加该项目的企业都建立了长期的合作伙伴关系，它们获得机会将业务以有形的方式清晰地展现给公众，让经济变得容易理解。项目的成功不仅需要企业强化管理，同时也需要员工能够积极地参与。施蒂利亚州创意产业网络集团负责了项目的组织和公共关系维护，以及创意公司与企业的网络管理。这些创意企业给一小时的"探险之旅"提供了很多创造性的生动想法，为公司咨询提供了重要支持。截至2013年年底，已有100万人预订了这个活动。

"施蒂利亚设计论坛"于2010年在格拉茨美术馆启动。作为奥地利三个国家级的设计论坛之一，它旨在让设计者和设计项目借助城市中心现代化的展览与展示区域来接触公众。反之，这为他们组建城市对话、竞争、沟通的平台，以及成为设计相关方面的中心等铺平了道路。目前，每年约有80万游客来参观这里各种各样的活动和展览，这些展览主要侧重于当前产品和工业设计的推广。

在过去的几年中，应用科学大学的学生设计活动也经常在设计论坛中举办，值得关注的是一年一度的研究生工业设计毕业展"FH JOANNEUM Graz"。不过，2014年年底"设计论坛"不得不搬出美术馆，其原因下文会讨论到。

对于一个城市来说，成为联合国教科文组织"设计之都"的必要前提之一是提供年轻人接受培训提升的机会。笔者所工作的学校FH JOANNEUM，不仅从一开始就积极参与了实践过程中，而且还参加了创意产业领域的各种活动，帮助强化存在于格拉茨人民脑海中的设计精神。作为应用科技大学FH JOANNEUM学院两个设计学位课程的负责人，我很自然的希望进一步扩大我们的国际网络，通过参与海外交换使员工和学生获得更开阔的视野。因此，我愉快地接受邀请，成为了施蒂利亚州创意产业顾问委员会成员。自那以后，与不同城市的合作伙伴讨论具体的项目执行计划，日渐成为我生活的一部分。我们学位课程的设置，长远目标在于通过联络"设计之都"网络城市中的大学，来扩大我们的合作体系。与圣埃蒂安艺术设计高校、深圳大学、名古屋大学和神户设计大学的合作意向已经完成签署。并且，这些校际间已开展了两个重要项目：2012年秋季，我们"展览设计"硕士班的学生与名古屋大学学生一起，将2013年5月"格拉茨设计月"节日期间的展览运到名古屋进行了再次策展；一年后，我们又与圣埃蒂安大学开展了一次名为"圣埃蒂安设计遇见格拉茨"的展览，展览不仅在格拉茨进行，后来还移师圣埃蒂安。2014年10月的硕士班学生则参观了蒙特利尔，并与魁北克大学蒙特利尔分校的学生一起，为2015年的设计月策划"蒙特利尔设计在格拉茨"展览。

1.2.3 挑战

在格拉茨，设计已经逐渐成为社会普遍关注的话题，城市发展这一重要目标在过程中逐步实现。当然，受到的支持越大（支持不仅仅来自创意产业自身），排斥和阻力也越强。设计，作为一个综合性的创作过程，对于没有了解过的群体而言太过陌生。在这种情况下，政府有关于"设计"的区域设定和城市政策就需要论证，相比之下，一些出于本能的怀疑和无知所造成的社会阻力是值得思考的。

当格拉茨被联合国教科文组织授予"设计之都"时，经济事务部和旅游发展部门即刻建立了关键客户管理办公室。这个具有重要战略意义的办公室是"设计之都"主题下各个部门的交互机构和信息枢纽，它将与28个市级部门的负责人定期举行会议。除了传递信息，办公室旨在确定潜在项目，寻找突破口，以确保各部门的积极参与并强化包容性、现代化的持续设计理念。

然而，虽然有好的初衷，但现实常常是问题重重。一方面，负责任务的人不断地更替，城市各部门的负责人大多认为，"设计之都"的任务不会落入他们负责的片区或者执政期限内。因此，很难激励他们让"设计之都"的理念在部门内具有真正的生命力。2013年秋，格拉茨市经济事务和旅游发展部，进一步确认"设计之都"议题的核心地位，设立了单独的行政部门（创意城市管理部），希望这能够促成比以往更有影响力的成效。另一方面，地方政客一般很喜欢组织创意设计月一类的活动，但是在目前政府财政收紧的情况下，几乎没有人会真正为"设计之都"提供充足的资金保障。相应地大多政策都是口惠而实不至，因此，一个非常令人不安的情况是，虽然格拉茨是联合国教科文组织的"设计之都"，但活动经费主要来源于施蒂利亚州的经济部门。

1.2.4 前景和机遇

尽管如此，成为"设计之都"还是给格拉茨带来了很多机会。联合国教科文组织认为，创意网络的目标是促进指定城市之间的国际合作，以在"文化发展和可持续发展的全球伙伴关系中具有优先地位"。伙伴城市可以交流经验、理念、最佳做法，采取多样的合作形式和项目，如组织比赛、鼓励公众参与和展览等，实现相互促进。由于这个网络12年前才构建，格拉茨作为成员也仅5年，未来还有很大的发展潜力。鉴于不同城市设计投资的方式不同，对设计的定义也不同，互相学习和引介十分有意义。

然而，相比于其他"设计之都"，格拉茨仍远远落后。设计之都的理念需要更好的立足于城市本身和地方个性，可以根据地域特色和组织特点来形成设计相关的活动形式，就像圣埃蒂安那样，把旧的武器工厂改造为Cité du电影院。

设计发展和独立艺术家之间的紧张关系也是一个问题，这种情况不仅仅存在于格拉茨，但是在格拉茨它表现得格外突出。特别是在区域经济部长（同时负责设计事务、文化事业）执政后，他十分担心艺术方面的补贴有朝一日会枯竭——众所周知，奥地利对艺术和文化的补贴都很高。因此，目前对于免费艺术活动的恐惧和担忧是可以理解的。在这方面，联合国教科文组织合作伙伴城市神户的情况值得借鉴。2012年11月"神户创意中心"正式成立，作为示范工程，它会为与艺术性和设计相关的活动提供场地，并与服务对象协同工作。神户的协同效应对格拉茨的创意发展是十分需要的，这种协同可以促进艺术家和设计师之间的互动。

作为一个设计活动家，我很希望设计本身能在城市中更多地得以彰显。相比于蒙特利尔或圣埃蒂安市，格拉茨的信息系统和城市家具还需要进一步提升。"城市家具"一类的项目目前还停留在一次性运动的阶段，还需要更有远见的概念将这些活动整合起来。

采取更好的方式来推广宣传，可以辅助城市品牌的塑造。当前，公共部门把宣传的焦点主要放在联合国教科文组织遗产城市上，在此基础上，还应当对"设计之都"进行协同推广，因为格拉茨同时作为世界遗产和"设计之都"的情况已经成为不争的事实。

参考文献

[1] Creative Industries Styria, ed. Wir bewerben uns. Graz as "City of Design". Application to the UNESCO. Graz: Creative Industries Styria, 2009.

[2] Creative Industries Styria, ed. Graz UNESCO City of Design Report 2011-13. Graz: Creativ Industries Styria, 2014.

[3] STOCKER K. The Power of Design. A Journey through the 11 UNESCO Cities of Design. Wien-New York: Springer, 2013.

1.3 成都 / Chengdu

历史・商业・市井映照下的文化创意之都

麦贤敏，李永华，曹勇 著

Chengdu: A Cultural and Creative City Emerging from the History, Commerce and Tradition

1.3.1 开放与闲适：成都的历史文化名片

成都是1982年中国国务院公布的首批国家历史文化名城之一。作为蜀文化的中心，成都的建城史可追溯到三千年前。在今日成都的核心地带，依然散落着武侯祠、望江楼、百花潭、昭觉寺、杜甫草堂等海量名胜古迹，还遍布着少城路、暑袜街、琴台路、宽窄巷子、浣花溪、大慈寺等饱含典故的历史地名。

李白、杜甫、王勃、薛涛等著名文学家都曾居住于此，留下吟咏的千古名句。古时成都地区文化艺术的发达和兴盛可以从其诸多"第一"中窥豹一斑：中国第一幅春联为蜀地孟昶所书；工笔花鸟画派先河为成都画家黄筌所创；中国第一部词集《花间集》为蜀地赵崇祚所编。此外，世界上最早使用的纸币"交子"也发行于成都，见证了古时此地的商业发达程度。成都汇聚南北文化，吸纳古今精华，逐渐积累形成厚重多元的文化属性。

开放与包容是成都历史文化的典型特征。对外交通困难使得蜀文化极为渴望与外界交流。四川盆地群山环绕、交通闭塞，李白曾叹"蜀道之难，难于上青天"。加之历史上四川曾多次接纳外来移民，蜀文化形成了兼容并包、渴求开放的特色。蜀文化不仅与中原、秦陇、荆楚等文化互通融合，对滇黔文化也曾产生重要影响。而且，很久以前蜀地就与千里之外的西域互通有无，唐宋时期的蜀地瓷器艺术甚至影响了洛可可风格。唐代更有不少印度僧人移居于蜀地，印度佛教对成都的影响流传至今（刘茂才，2003）。时至今日，成都也是中国中西部设立外国领事馆最多的城市，并被称为仅次于北上广的"航空第四城"。

传统工商业的发达使成都成为西南繁华都市的代表。古语称"扬一益二","益"即为古成都的简称。巴蜀地区自古以来是西南经济发达地带,而成都平原一直是巴蜀地区的经济中心。西汉时期,成都就已经跻身于当时中国六大都市之列(姚乐野,2004)。历代文献对成都工商业的市场活力描述颇多,如晋朝左思《蜀都赋》中说成都"市塵所会,万商之源",《成都志》中描述夜市盛况"锦江夜市连三鼓,石室书斋彻五更"。成都还是中国对外贸易的重要集散中心,是历史上著名的"西南丝绸之路"的起点。这条贸易古道从成都出发到达印度,在汉朝就已全线开通(罗二虎,2000)。

闲适与自由的生活是孕育成都市井文化的沃土。成都平原气候温润、沃野千里,利于农业生产及市民生活,秦朝后又受到都江堰水利设施的防洪灌溉保障,"水旱从人,不知饥馑"。这使得成都逐渐形成小富即安、闲适自由的市井文化气质,流传下"少不入川,老不出蜀"一说。民国时期的文化名人黄炎培曾这样描述成都:"一个人无事大街数石板,两个人进茶铺从早坐到晚"(王笛,2001)。张艺谋导演为成都拍摄的城市宣传片中,一句"成都,一座来了就不想离开的城市",因极好地契合了成都的文化气质而被广为传颂。闲适与自由的市井文化,成为这座城市在新时代吸引投资者、游客的重要因素之一,也成为当代成都创意产业的卖点之一。2014年开业的位于大慈寺历史街区的成都远洋太古里项目,设计主题"快要、慢生活"贴近成都传统文化,配合精致的空间设计,很好地满足了新一代消费者的购物与休闲需要,成为成都近年来最广受欢迎的创意商业集群之一。

现今,"文化创意"之所以成为当代成都推进城市发展与进步的重要途径,正是在于吸纳了老成都开放与包容的历史文化特征,沿袭了传统工商业的市场活力,城市的创意深深根植于闲适与自由的成都市井文化之中。

1.3.2 历史与当代见证成都迈向创意城市的历程

(1)乡野萌芽:四川画派引领艺术文化区在市郊的出现

现代成都创意文化的萌芽出现于四川画派众多艺术家们集聚形成的市郊艺术文化区。改革开放初期,四川画派开始在国内艺术界受到瞩目,其典型主题是"伤痕美术"和"乡土绘画"。艺术家们喜欢居住在创作空间相对集聚的地区,以便于交流,罗中立、何多苓、周春芽等知名艺术家就曾集中居住于成都市玉林片区。由于在家创作环境受限,这一批艺术家们逐渐开始在成都市周边,寻找租金相对低廉、空间开敞的工作室新场地。

在成都市机场路附近短暂地租用了三个月的厂房之后,2003年8月,艺术家们在成都市城郊乡村找到一片闲置厂房,将其改建成创作工坊。由于该片区颇具特征的蓝色铁皮屋顶,故得名"蓝顶"艺术区。此后,"蓝顶"艺术区不断组织开展越来越多的艺术活动,逐渐受到媒体与大众的瞩目。同期,在成都市其他市郊地区也出现了类似的艺术区。

(2)市井文化:创意艺术融入城市生活

现代艺术家们在市郊逐渐自发形成艺术集聚区时,也在成都中心城区开启并引领了极富市井气息的文化创意萌芽。一方面,成都浓厚的闲适与自由的市井文化氛围,吸引着现代艺术家们纷纷定居于此;另一方面,这些艺术家们的创作和影响,也因此带上了强烈的成都市井文化色彩。

2005年,"超级女声"在全国掀起热潮时,成都赛区的选手表现尤为突出，其中不乏从酒吧伴唱中走出的草根明星。了解成都现代音乐文化积淀的人们对此并不表示惊讶，甚至于，音乐在成都的发展与艺术家们的活动也紧密相关。在成都小有名气的"小酒馆"由居住在玉林片区的艺术家张晓刚创建于1997年。当时许多艺术家还扎堆居住在玉林这一带，闲暇时便常常在小酒馆聚会交流。在众多同行的追捧和支持下，小酒馆开业之后逐渐成为成都原创摇滚音乐的大本营。因此，成都音乐文化的积淀，离不开那些活跃在小酒馆里的草根音乐艺术家们的贡献。

成都"蓝顶"艺术家阵营中，建筑师刘家琨的加入让文化创意拓展到实体的建筑设计与建造领域。2001年建成于成都市中轴线人民南路旁的"红色年代"酒吧，实质上是一幢经过改造设计的烂尾楼。刘家琨以全红色立面、钢铁及粗糙质感的工法，体现"既要现代、又要中国"的设计理念（岑伟，2002）。"红色年代"突破当时常规的建筑设计手法，使其成为当时成都最有名的酒吧之一。普通民众能直观地感受与触摸创意建筑设计作品，极大地拓展了文化创意在成都普通市民中的影响力和接受度。

（3）产业推进：市场青睐与政府重视

在"红色年代"酒吧设计中，商业资本已经嗅到了文化创意产业的巨大商机。21世纪到来之后，成都市的文创产业逐渐走出了艺术家的孤立圈子，不论在市郊乡村还是城市中心，商业资本的注入及政府政策的倾斜，都为文创产业带来新的发展机遇。

在市郊的乡村区域，基层政府大力推行支持文创产业的发展政策，吸引需要低廉成本的艺术家入驻村庄，并引入社会资本围绕艺术区拓展艺术交流产业链。2007年，适逢成都获批成立"全国统筹城乡改革试验区"的机遇，成都市双流县新兴镇政府积极为艺术家们提供创作的便捷条件，政府第一时间提出可为艺术家们租用集体土地建设工作室办理相关手续，并在后续进一步办理集体产权证与土地证（黄在，2014）。这在全国是非常超前的政策尝试，为其他城市郊区艺术区破解产权难题提供了新的解决思路。随着新"蓝顶"艺术区在新兴镇建成，艺术家们逐渐迁移到此。商业资本也及时跟进，围绕新区建成了艺术会所、画廊、餐厅等配套设施。如今的新"蓝顶"艺术区，已在市场与政府的双重推动下形成功能完整、空间聚集的艺术交流产业链。

在城市中心区域，文创产业被作为推动旧城区改造的良方在成都市中心城区范围内推广。引入商业资本、融入文化创意的改造思路激活了成都市多个旧城片区。其中重要的改造项目包括：2004年，成都武侯祠博物馆投资建设的锦里商业街开业，商业街与武侯祠景区无缝对接，主要业态包括旅游购物、休闲娱乐等；2007年，改造原成都君印厂闲置厂房的"红星路35号"开业，业态以创意设计为主，成为中国西部首个文创产业聚集园区；2008年，宽窄巷子更新工程完工，业态包括旅游休闲、文化展览等，项目被美誉为"成都名片"。

（4）创意之城：融入城市未来的发展战略

目前成都市文创产业的增速超过全市平均水平，成为从业人员增长最快的新兴产业之一。随着一批基于文化和创意的旧城改造项目取得经济和社会等多重效益，文创产业受到的重视程度逐渐增强，被提升为推动未来成都发展的重要战略之一。在城市空间规划中，文创产业的布局也被纳入城市战略功能区定位之中。

成都市相继颁布了一系列促进文创产业发展的政策与规划，并在空间与产业层面提出结构性的升级、发展建议。同时，成都市还大力推进了一系列大型文创集聚区建设：2011年，成都传媒集团投资的原国营红光电子管厂改造工程完成，开业时命名为"东区音乐公园"，业态以音乐产业为主，后更名为"东郊记忆"，形成音乐、戏剧、摄影、美术等多种业态融合的产业构成；2014年，由成都明堂盛世投资管理有限公司改造少城街道奎星楼街55号院，建成"明堂青年文化创意中心"，主要服务于小型创意团队与创意项目；同年，由远洋地产和太古地产投资的大慈寺历史街区更新项目完成，形成开放式、低密度的街区形态购物中心；2015年，由贝森集团投资的旧城改造项目"西村大院"开业，成为成都市文创产业重点扶持项目，以文创产业及现代服务业为主要功能。

成都市政府积极地从市级层面来主导开展一系列文创产业的相关活动。原定两年一度的成都"创意设计周"已成为成都市文化创意的品牌活动，2015年将举办频率改为每年一度。2015年"创意设计周"包含了五大主题活动：成都创意设计产业展览会、大师设计成都、青年创意设计大赛、创意成都奖、成都国际版权交易中心挂牌仪式暨成都国际版权财富论坛。创意设计周由成都市市委、市政府直接指导举办，可见政府对文化创意产业的重视程度。除此之外，各文化创意聚集区的创意设计生活节、成都"蓝顶"艺术节、各城区创意集市等活动，亦频繁见诸成都市各媒体的头条。

2010年成都市获联合国教科文组织批准加入创意城市网络，并被冠以亚洲首例"美食之都"称号。这标志着成都市在文创产业的影响力已初步获得国际认可。这项殊荣当归功于悠久而深厚的美食文化、活跃积极的美食机构、发达的美食行业、大批优秀厨师和特有的川菜烹饪技巧等因素。近年来，为了更好地提升世界"美食之都"的城市形象，成都市成立美食产业发展领导小组、"美食之都"促进会等专门机构，制定发展餐饮行业工作方案，拨付专项资金支持餐饮产业，并重点打造出"成都国际美食旅游节"等品牌活动。美食创意产业作为成都文创产业的国际名片，对成都市就业率提升、现代服务业发展发挥了相当积极的作用。

1.3.3 政府与市场拉动文创产业发展的政策与理念

在推动文创产业发展的工作中，成都市政府以"市场决定、政府推动"为主导思想，制订并执行了系列相关政策。总体上，文创产业发展要以企业为市场主体，充分发挥市场的决定作用；政府作为文创产业发展的动力之一，则致力于明确机构与责任、搭建投融资保障机制、建设产业融合机制、打造创意城市品牌形象、建设产业集聚园区及重点项目，构建相互关联与促进的产业结构等。

（1）明确职能部门与主体责任

成都市通过成立专门的市级机构"成都市文化产业发展办公室"引导和管理文创产业。该机构承担成都市文化体制改革、文创产业规划等多项管理职责。同时，成都市还要求市级有关部门和区县建立文化产业发展机制。

成都市政府十分重视产业政策在空间、项目上的具体落地。在推动文创与相关产业融合发展的政策中，重点落实了各个责任单位。例如，经信委推动创意设计与二、三产业融合创新；市建委、国土局、规划局、农委、林园局推动创意设计与城乡建设融合创新；科技局推动创意设计与科技融合创新等。在任务的落实过程中，要求各责任单位按照分工，编制具体工作推进方案，制定政策实施细则，并向全社会公布。

（2）构建多管齐下的投融资渠道

秉承"市场主导"的政策理念，成都市在推动文创产业发展中，大力鼓励社会商业资本的投入。注重发挥财政资金的杠杆作用，通过贷款贴息、融资担保等做法，鼓励引导社会资本投入文创产业，构建多管齐下的投融资渠道。在必要的情况下，政府投入财政资金带动重点活动与重点项目的组织与建设。过去五年中，政府扩大了文创产业专项资金额度，用于文化产业聚集区的规划建设、"美食之都"相关重要产业项目的支持等。

（3）推动相关产业互融互通

成都市提出文化创意和设计服务应当与相关产业融合发展，应当全面开放、合作共享。政府出台专项政策推动创意设计与制造业、城乡建设、科技、金融、信息化、旅游会展体育、商务及农业这些产业进行融合发展，推动产业信息的开放共享，促进产业成果的自由贸易。成都市倾力打造"成都创意设计周"，期望其能够作为相关产业的综合开放的合作平台。成都的发展愿景是建设成为西部民族历史文化的发掘、创新与传播中心，面向国际市场的中国西部文化贸易中心及中国西部创意设计中心。

（4）打造创意美食的城市品牌

获得创意城市网络的"美食之都"称号之后，成都市结合美食行业的发展建设进一步打造创意城市品牌形象，主要包括建立原辅料质量追溯体系、举办美食节宣传活动、培育重点餐饮企业、建设美食功能区四个方面。成都市针对美食街、古镇景区、大型购物中心和社区分别提出各有侧重的促进策略。在城市中心区重点打造宽窄巷子、一品天下等若干美食街区，改善配套设施，促进升级改造，引导优势餐饮企业向特色美食街片区集中。在古镇景区，提倡结合当地特点建设主题餐饮片区，如新津河鲜美食文化区、都江堰夜啤酒长廊等。在大型商业中心和社区中，引进国内外重要风味，促进特色餐饮业发展。

（5）建设文创产业集聚区促进产业集群化发展

成都市努力推动文创产业的集群化发展，大力推进各级文创产业集聚区建设，明确了若干个重点行业，包括文化传媒、文博创意、演艺观展、艺术原创、动漫和电子竞技等。结合重点行业，成都支持建设文化创意相关的一批重大创新项目，打造了一批具有一流水准的高端品牌，并不断提升现有产业园区承载力、培育产业集群。例如，传媒行业方面，重点扶持成都传媒集团，围绕"成都东村"建设传媒文化中心、东村国际文化创意港、东村新媒体产业园；文博旅游行业方面，结合成都文旅集团的资源平台优势，规划建设锦里民俗街拓展区、宽窄巷子历史街区拓展区、大慈寺历史街区、安仁博物馆小镇、洛带博客小镇等重点项目；创意设计方面，培育成都创意设计周等创意设计品牌展会，重点推进文旅创意设计、红星路35号、东村等创意园区的项目建设。近期，成都市文创产业基础设施的重点建设将聚焦在演艺娱乐行业。从2015年开始，成都将有计划地打造一批城市级演艺文化设施，包括城市音乐厅、露天音乐厅等。其中，大型演艺文化设施"城市音乐厅"预计2018年投入使用，届时将与四川音乐学院联合举办多样化的演艺文化活动。另外，成都最近还将选取3个地点实施露天音乐厅项目（图1-1），包括凤凰山、东华门遗址公园以及非遗博览园。其中，东华门遗址公园位于现有的成都体育中心南侧，将结合成都体育中心整体打造为城市新地标"成都中心"（图1-2）。

图1-1 东华门遗址公园露天音乐厅效果图(成都市规划设计研究院,2016)

图1-2 "成都中心"效果图(成都市规划设计研究院,2016)

1.3.4 成都文创产业的空间规划布局

2011年年底,成都市委在天府新区规划建设专题工作会中提出"四态合一"理念。所谓"四态合一",即指在城市建设中需要有机融合现代化的城市形态、高端化的城市业态、特色化的城市文态和优美化的城市生态。这一理念对文创产业的空间布局规划起到良好的促进作用,其中对高端化城市产业状态的关注,成为成都市持续推动文创产业发展的重要基础,持续推动创意设计与相关产业的融合发展;而对特色城市文态的关注,对于有机传承历史与文化,营造丰富的城市创意文化氛围也起到了重要促进作用。

2015年获批的《成都市城市总体规划》中,文化引领成为城市发展的总体战略之一。规划明确提出将结合空间规划大力培育文创产业,保护现有文化遗产,弘扬成都文化的休闲特征,推动培育现代文创区域的发展,努力将成都打造为西部"创意之都"。城市规划中不仅将文创产业的发展纳入发展战略,文创产业区更成为市级战略功能区(图1-3)。其中,东部新城文创产业功能区成为总规中确定的13个市级战略功能区之一。该功能区以"成都东村"为核心,发展演艺观展、影音娱乐、创意文化、文博旅游等,重点是以文创产业为主的现代服务业,旨在建成成都市商业次中心、全国一流的创意新城(成都市人民政府,2011)。目前,成都东村已吸纳国际艺术城、华熙528艺术村、创意山、绿地中心云玺等多个大型项目投资进驻,成为成都市新的空间增长点,其他市级战略功能区也结合文创产业形成综合功能体系。西部新城、环城生态区现代服务业功能区,也将重点融合文创产业,打造现代服务业集群。城市规划还提出要更进一步挖掘中心城以外区域的特色资源,突出地域优势,形成成都市文创产业新高地。

在此基础上,依托13个市级战略功能区的定

1–高新技术产业区
2–金融总部商务区
3–东部新城文化创意产业综合功能区
4–北部新城现代商贸综合功能区
5–西部新城现代服务业综合功能区
6–环城生态区及现代服务业综合功能区
7–龙门山、龙泉山生态旅游综合功能区
8–汽车产业综合功能区
9–新能源产业功能区
10–新材料产业功能区
11–石化产业功能区
12–国际航空枢纽综合功能区
13–国际铁路物流枢纽功能区

图1-3 成都市战略功能区分布图(成都市人民政府,2011)

位及特征，为进一步拉动文创产业发展，成都市确定了"一极七区"的空间结构。"一极"是指"东村"作为文创产业增长极，建成成都市文创新城（图1-4）。"东村"总面积约41平方公里，以创意、数字、国际为建设目标，致力于孵化或引入前沿创意业态，重点发展数字传媒、动漫电玩、影音媒介、线上出版、创意策划等领域。该片区的规划设计注重于将文化因素与城市形态相结合，创造创意片区的独特城市风貌和文化韵味。"七区"是指促使市辖7个区（市）县分别建设成各具特色的文创产业集聚区。7个重点区（市）县分别依托自身基础建成具有地域特色的文创产业集聚区，特色产业及典型文创园区见表1-1。

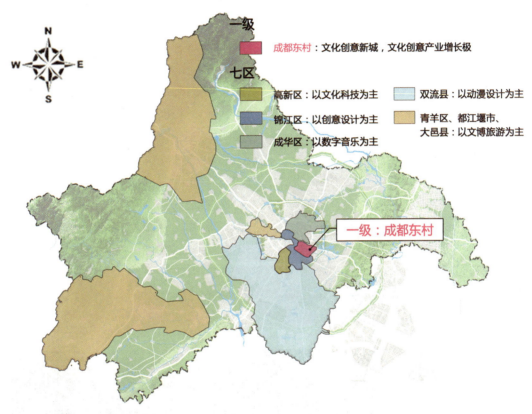

图1-4 成都市"十二五"期间重点发展的文创产业集聚区（成都市人民政府，2012）

表1-1 成都市"七区"特色列表

区（市）县	特色产业	典型园区或典型资源
高新区	创意科技	高新技术产业园区
锦江区	创意设计	UK联邦
	创意商业	大慈寺太古里
成华区	数字多媒体（音乐、美术、戏剧、摄影等）	东郊记忆

(续表)

区（市）县	特色产业	典型园区或典型资源
双流区	动漫游戏创意	国家动漫游戏产业基地
青羊区	文化博览	省博物馆、省美术馆、杜甫草堂博物馆、锦绣工场和送仙桥片区
都江堰市	文化博览与观光旅游	都江堰、青城山等世界文化遗产
大邑县	集展览、休闲旅游、文化体验为一体的文博旅游业	安仁古镇

1.3.5 成都市文化创意街区的典型案例

成都抓住旧城改造的机遇，打造了一批有特色、有文化、有活力的旧城更新项目。锦里民俗街、宽窄巷子、东郊记忆、远洋太古里、西村大院作为成都市较为成功的文化创意街区，在城市空间、商业活力等方面取得了较好的实施效果。

（1）锦里民俗街

锦里民俗街于2004年建成，是成都第一个以"历史文化"为主题开发的历史街区。严格来讲，锦里并不算真正的历史街区，其前身是武侯祠旁边的旧民居，几经修复后，历史文化价值已多有折损。然而，这次的商业开发为此片区注入了"蜀汉三国"的文化内涵，建筑设计中融入明清川西风格，辅以时尚元素的点缀，实现了休闲、体验和互动旅游的功能复兴。锦里民俗街长300多米，呈南北走向。宽仅2—4米的线型空间，串联起收放自如的若干空间节点。临街建筑以1—2层为主，采用灰、白色调，材料多用青砖青瓦及木质门窗，还有许多川西建筑元素，营造出统一的建筑风貌和宜人的尺度感，与西侧的武侯祠博物馆相得益彰。锦里近旁的武侯祠是蜀汉君臣的合祀庙，三国蜀汉文化在普通老百姓心中占有独特的一席之地，促使锦里自然成为旅游热点和文化胜地。锦里在开发中积极融入川西民俗文化，区内有凉粉、抄手等各色四川美食，又有川戏、刺绣、竹编、当铺等川西民俗。入口新立一碑，碑文曰："名彰汉唐，街纳古今，功著三国，客聚五洲"，贴切地表达了这一片区的开发理念。

图1-5　锦里民俗街

（2）宽窄巷子

宽窄巷子历史街区是传统老成都民间文化和民俗生活的典型代表。该片区位于成都市中心城少城片区，分为宽巷子、窄巷子和井巷子，规划控制区面积32公顷（周向频，2009）。在这片街区中，建于清朝的街巷肌理被较完整地保存至今，原有70多座院落、300多间房间，占地逾400亩，建筑风格兼具南北特点。从清八旗子弟提笼架鸟的"满城"，到普通市民休闲品茶的怡人街巷，早在更新改造之前，这儿已经汇聚满满人气，成为老成都闻名遐迩的"巴适"之所。2008年该片区完成更新改造，新业态包括民俗体验、公益活动、精品餐饮等，形成"院落式情景消费街区"（刘伯英，2010）。宽窄巷子经常承接各类创意项目，包括每年的"宽窄茶会"系列、井巷子的创意市集、街头音乐季、跨年音乐会等，文创产业的升级在经济意义上较为成功。但是，宽窄巷子相较于成都市其他历史文化街区的更新项目，在更新过程中过度强化高端文创产业的植入，历史文化的原真性保存较弱，受到不少文物保护专家的诟病。

（3）东郊记忆

"东郊记忆"原址为国营红光电子管厂，主持设计的建筑师坚持"修旧如旧，旧房新用"的理念，参照北京798艺术区设计，保留原厂区的大量工业建筑、烟囱、管道等，甚至原有桉树和梧桐树，配以用废旧机床改造的环境小品，在建筑与环境中实现前卫与怀旧的交融。2011年开业伊始，该项目名为"东区音乐公园"，一年之后即改名为"东郊记忆"。东郊记忆的更名过程，反映出原来

图1-6 更新改造后的宽窄巷子历史文化街区

图1-7 东郊记忆中央大道

希望用单一音乐产业带动205亩占地面积、19万平方米建筑面积的文化创意聚集区发展的困境。现在的东郊记忆，增加了电影院、动漫体验馆、电影工厂等多元功能。夏季，在原中心音乐广场上设置的足球夜广场带来市井文化气息，也带来较可观的客流，与冬季相对萧条的街区形成反差。但比之成都市其他文化创意集聚区，东郊记忆的客流量仍有较大差距，高端业态进驻不足，周边消费力不够等因素使其尚未达到预期的建设影响力。

（4）远洋太古里

大慈寺位于春熙路商圈，相传玄奘在此出家为僧。该寺自唐宋以后规模逐渐减小，寺院留下的荒地形成多个固定市场。在大慈寺山门旁边，是由各种专业市场发展而成的磨坊街、油篓街、糠市街、纱帽街、棉花街，成为当时成都著名的商业繁盛之地。2014年，大慈寺历史街区更新改造工程完成，保留历史古建筑，重新打造占地100多亩的开放式、街区式的购物中心太古里（吴春花，2014）。太古里在设计中融入老成都民俗特色，首创"快里"和"慢里"的理念。"快里"功能为聚集国际品牌，聚集人流，让游客体验购物的轻快与时尚。"慢里"依托古大圣慈寺打造的"慢生活里巷"，主推餐饮与文化品牌，包括精选书籍、创意设计产品、文具、服饰品牌、花店等。该项目在环境小品设计中，邀请海内外著名艺术家担纲，极大提升了该项目的文化创意氛围和国际视野。

（5）西村大院

西村大院项目在2015年投入运营，由成都建

图1-8　远洋太古里项目街景
图片来源：http://www.jiemian.comarticle272062.html

筑师刘家琨总负责规划设计，由艺术家栗宪庭担纲项目顾问。该项目是成都西村创意产业园的重要组成部分，运营伊始即成为当年度成都文创产业的热点项目。西村大院呈三面围合的"C"字形院落布局，总建筑面积约为13万平方米。建筑设计中秉承"传统建筑的当代表达"的理念，将川西林盘、天井等川西建筑特色融入20世纪60年代的大院风格设计中。院落当中保留原有的灯光球场，作为职业球队的训练基地，并新建"西村艺术空间"。外围的五层建筑设计成独特的内外"双廊"，作为步行或商业休闲空间，让"村民"可俯瞰四周获得市井体验。西村大院项目引入的业态面向创意产业的企业与个人，以特色餐饮、特色文化商业为主。该项目主推其中的西村艺术工坊，该工坊主要从事创意产品和创意服务的开发、设计、制作和销售。项目目前刚刚投入运营，但已有近半商家入驻，前景良好。

1.3.6 结语

综上所述，文创产业在成都能够得到如此蓬勃的发展，成都本土艺术家的推动作用是功不可没的。老成都开放与包容的历史文化特征、闲适与自由的市井文化吸引了诸多优秀艺术家定居于成都，他们聚集的市郊艺术文化区成为文创产业的萌芽。商业资本敏锐捕捉到文创产业的蓬勃前景，并积极介入，使得文化创意更自然与快速地融入市民的日常生活，推动更高端与完善的产业链发展。

遵循市场决定、政府引领的工作思路，成都市政府大力推进文创产业发展，并强调与一、二、三产业的深度联动。文创产业已成为成都市未来产业

图1-9 俯瞰西村大院全景

转型提升的重要抓手之一。综合说来,近年来成都市作为中国西南片区的文创产业先锋,创意城市建设已初具雏形。

成都市现有典型文化创意街区已形成较好的集聚效应,但部分街区存在开发过量、定位不明等问题。与此同时,成都市文化商业综合体被媒体指出存在较大的空置率,而且还有大量在建的商业综合体。如何对文创产业进行更为合理的空间规划,如何从政策层面更好的根据文创产业的特点进行引导,是未来规划与政策制定中需要关注的课题。未来的成都,站在三千年历史文化基础之上,具有推动文创产业发展的良好先天条件,需要更为精明的发展策略。

参考文献

[1] 曹一勇.历史街区保护与更新方法研究.天津:天津大学, 2008.

[2] 岑伟. 红色年代——刘家琨的都市写作. 时代建筑, 2002(05).

[3] 成都市规划设计研究院,成都市露天音乐厅选址规划设计方案, 2016.

[4] 成都市人民政府. 成都市文化创意产业发展规划(成办发〔2009〕64号), 2009.

[5] 成都市人民政府. 成都市城市总体规划(2011—2020年), 2011.

[6] 成都市人民政府. 成都市文化产业发展"十二五"规划, 2012.

[7] 成都市人民政府办公厅. 成都市文化创意和设计服务与相关产业融合发展行动计划(2014-2020), 2014.

[8] 黄晓燕. 历史地段综合价值评价评价初探[D]. 成都: 西南交通大学, 2006.

[9] 黄在. 从自由生长到资本合谋——成都蓝顶艺术区典型现象研究[D]. 西南交通大学, 2014.

[10] 刘伯英,黄靖. 成都宽窄巷子历史文化保护区的保护策略[J]. 建筑学报,2010(02).

[11] 刘茂才,谭继和. 巴蜀文化的历史特征与四川特色文化的构建[J]. 西南民族大学学报(哲学社会科学版), 2003(01).

[12] 罗二虎. 汉晋时期的中国 "西南丝绸之路" [J]. 四川大学学报(哲学社会科学版), 2000(01).

[13] 宋捷,周波. 历史街区文化创意产业发展路径初探[J]. 四川建筑科学研究, 2011(03).

[14] 王笛. 二十世纪初的茶馆与中国城市社会生活——以成都为例[J]. 历史研究, 2001(05).

[15] 吴春花,郝琳. 为都市中心而创建的成都远洋太古里——郝琳专访[J].建筑技艺, 2014(11).

[16] 徐中舒. 巴蜀文化初轮[J]. 四川大学学报, 1959(05).

[17] 姚乐野. 汉唐间巴蜀地区开发研究[D]. 四川大学, 2004.

[18] 周向频,唐静云. 历史街区的商业开发模式及其规划方法研究[J]. 城市规划学刊, 2009(05).

1.4 釜山 / Busan

甘川洞文化村：通过文化艺术改善居住环境

唐燕，魏寒宾，金世镛（Kim Seiyong） 著

Busan Gamcheon Cultural Village: Improve the Living Environment through Culture and Arts

1.4.1 公共艺术与公共设计

近年来，"公共艺术"与"公共设计"在韩国发展成为城市再生的重要新兴策略。"公共艺术（Public Art）"最早为英国人约翰·威利特（John Willete）在1967年出版的《城市中的艺术》一书中首次使用（崔实贤，2013；姜小罗，2009），即当艺术品的创作、展示和运营不再局限于美术馆、展览馆、工作室之中，而是与城乡环境紧密结合时，便上升为一种更具公共性的艺术，它促使艺术超越其常规功能，转而融入普通市民的生活环境里（许焊权，2003）。基于此，金世镛于2008年进一步提出"公共设计"的概念，用以指代公共机关营造、制作、设置及管理公共的空间、设施、用品、信息等行为。公共设计不仅可以提升环境价值，还有助于提高居民生活品质和创造新的先进文化，它与公共艺术、城市规划、景观、建筑、室内设计等多个领域和谐互通（金世镛，2010）。

欧美国家公共艺术的变迁可简要划分为"建筑里的艺术""公共场所内的艺术""城市设计中的艺术""新体裁的公共艺术"四个阶段（韩国文化观光部，2006年；金贤正，2011；崔宝贤，2013）。其中，艺术在第三阶段开始被运用到城市设计里，成为改善落后地区面貌及整顿城市环境的手段；进入第四阶段后，新体裁的公共艺术则更加注重居民、观众的参与以及共同精神等的塑造，增加了地方居民间的交流和共同文化的形成（金贤正，2011）。韩国近代公共艺术的发展与此类似，经历了从雕塑作品到多元艺术活动，从静态到动态，从开放到参与的整体历程，主要包括：20世纪六七十年代的纪念雕塑时期；20世纪80年代的现

代主义雕塑时期；20世纪90年代公共艺术的成长期；21世纪公共艺术的扩张期[①]（韩国文化艺术委员会，2011）。

进入"新经济"时代，西方发达国家持续加强对公共设计和公共艺术的研究和投资，一些地区还将公共设施的便利性、艺术性作为判断地方福利水平的标准。放眼亚洲，韩国等国家也在中央政府的积极主导下、艺术家及地区居民的广泛参与下，通过公共艺术作品为地区发展注入活力，将其作为一种城市再生的手段广泛运用于城乡建设中，这为具有东方同源文化的我国如何在城乡规划中引入公共艺术和公共设计手段提供了重要的经验借鉴。因此，本节以韩国政府2009年开始推行的"村落艺术项目"及其经典案例"釜山甘川洞文化村"为研究对象，通过解析村落艺术项目的开展过程、特征与成功要因等，探究韩国借助公共艺术改善城乡居住环境的具体策略及做法。

1.4.2 "村落艺术"项目引介

（1）项目推进背景

为了克服经济危机带来的经济不景气等社会问题（徐成禄，2012），韩国政府于2009年开始推行"村落艺术"项目的政策支援活动，旨在给艺术家们带去希望，并为他们提供更多的工作岗位（文化体育观光部，2015）。

采用这项策略的缘由远可追溯到1933年处于经济危机和高失业率背景之下的美国，当时罗斯福在新政中设立了"公共工程艺术"项目，并在接下来的7个月里，政府雇用3,749名艺术家为各种公共设施完成了15,663件艺术作品（中国美术馆，2007）[①]。

项目不仅缓解了艺术家的就业问题，并极大地鼓舞了萧条状态下美国人民对未来生活的信心。从这个事件中，韩国政府看到了公共艺术的力量。2004年韩国文化体育观光部出台"加强利用视觉艺术公共性"的政策以推动改善城市环境；2005年部里的艺术政策科组建公共艺术小组开展专项研究；2006年部里正式成立公共艺术促进委员会负责主管和实施"艺术城市"项目（韩国文化艺术委员会，2012），即通过"分享文化"、"文化环境中的生活"、"居民参与的公共艺术"等艺术子项目来缓解韩国的社会两极化现象。但是，由于缺乏持续性的维持和管理，以及未协调好居民和艺术家之间的关系，该项目有如昙花一现而不了了之。

2009年，立足于对艺术城市项目所存问题的改善，由韩国文化体育观光部主办、村落美术项目促进委员会[②]和地方自治团体共同主持、彩票委员会提供财政支援（彩票基金）的"村落艺术"项目浮出水面（村落艺术项目促进委员会，2014）。

（2）项目分布与类型

整体来看，村落艺术项目是以村庄及社区为单位、公共艺术为手段的地区环境改善项目，内容涉及散步路、空地、小区入口、居民自治中心、渔村、残疾人设施、山中村落、传统市场、贫民区、废弃学校、村落仓库、煤矿村、停用的火车站等，遍布韩国全国各个地区（村落艺术项目促进委员会，2014）。从2009年到2013年五年间，政府遴选艺术村落共69处（文化体育观光部，2015）（表1-2，图1-10），完成实施的项目分为幸福项目、幸福翻番项目、艺术庭院项目、自由

---

① 政府给予这些艺术家每周26美元到42美元不等的工资。
② 促进委员会通常由1名委员长和7—8名委员构成，有3—5名办事处人员负责项目的整体执行。

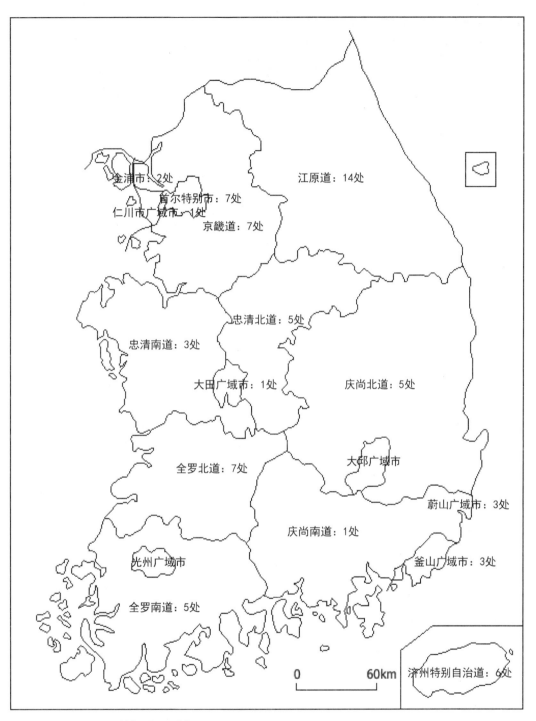

图1-10　2009—2013年韩国村落艺术项目分布
资料来源：根据http://www.maeulmisul.org/new/gnuboard4/index.php相关资料整理

表1-2　2009—2013年韩国村落艺术项目名录

年度	村落艺术项目分布
2009	韩国全国21个地区：首尔市江西区、首尔市江北区、首尔市龙山区、京畿道仁川市、江原道原州市、全罗北道完州郡、全罗南道咸平郡、济州特别自治道济州市、京畿道杨平郡、京畿道富平、江原道铁原郡、全罗北道全州市、忠清北道清州市、忠清南道公州市、庆尚北道安东市、庆南釜山市、济州特别自治道西归浦市、京畿道南杨州市、江原道宁越郡、京畿道金浦市、江原道麟蹄郡
2010	韩国全国15个地区：首尔特别市麻浦区、京畿道安山市、忠清北道槐山郡、全罗北道南原市、蔚山广域市、济州特别自治道济州市、大田广域市、江原道太白市、庆尚北道庆山市、全罗南道新安郡、忠清北道报恩郡、全罗北道群山市、江原道宁越郡、京畿道金浦市、江原道铁原郡
2011	韩国全国10个地区：庆尚北道永川市、京畿道金浦市、江原道麟蹄郡 全罗北道南原市、济州特别自治道西归浦市、江原道铁原郡、忠清南道保宁市、忠清南道锦山郡、庆尚南道居昌郡、全罗南道和顺郡
2012	韩国全国11个地区：济州特别自治道西归浦市、江原道铁原郡、全北道南原市、全罗南道和顺郡、釜山市沙下区、首尔市江西区、江原道横城郡、忠清北道阴城郡、庆尚北道安东市、首尔市城北区、京畿道水原市
2013	韩国全国12个地区：江原道旌善郡、全罗南道和顺郡、忠清北道阴城郡、江原道宁越郡、济州特别自治道西归浦市、釜山广域市水营区、全罗北道淳昌郡、江原道襄阳郡、京畿道杨平郡、大邱广域市达城郡、庆尚北道浦项市北区、京畿道南杨州市梧南邑梧南一里

资料来源：http://www.maeulmisul.org/new/gnuboard4/index.php

提案项目四类（图1-11）。综合的项目特征和主要措施包括：①通过改造利用敬老院、村会馆、残疾人设施、共同空间等来营造地区空间艺术；②装点街边、散步路、胡同、休息区、小公园、河边等开放场所，创建人们愿意逗留及徜徉的空间（郑银英，2015）；③营造公共艺术围墙和推广有主题的公共艺术；④充分发掘地区的历史、生态、文化、场所、主题等价值；⑤对具有深入发展前途的前期项目、成果比较大的村落项目进行持续支持。

（3）项目推进过程

村落艺术项目每年都会确定相应的目标及主题[1]，如让弱势群体享有艺术文化、营造社区文化

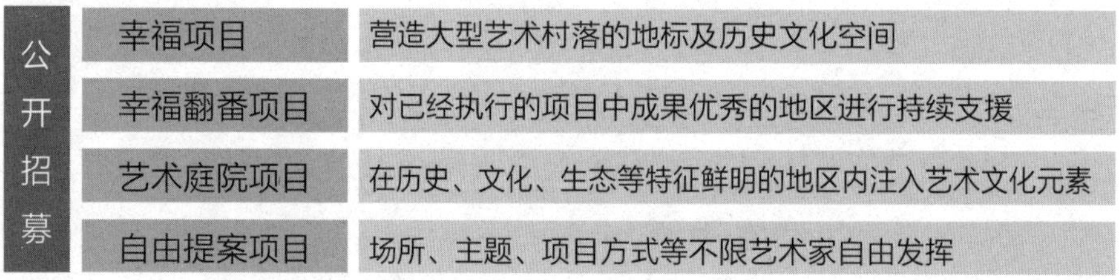

公开招募	幸福项目	营造大型艺术村落的地标及历史文化空间
	幸福翻番项目	对已经执行的项目中成果优秀的地区进行持续支援
	艺术庭院项目	在历史、文化、生态等特征鲜明的地区内注入艺术文化元素
	自由提案项目	场所、主题、项目方式等不限艺术家自由发挥

图1-11　村落艺术公开招募的类型

---

[1] 例如，2009年村落艺术项目的主目标是试图用公共艺术来丰富居民的生活环境，并通过参与主体之间的交流来营造真正意义上的共同体文化艺术空间，包括：(1)让弱势群体享有艺术文化；(2)创建舒适的具有文化及艺术氛围的生活空间；(3)让地区居民及社会团体通过参与利用公共艺术创建和谐美好生活空间的活动，来增强他们的文化自豪感；(4)为艺术家提供多种多样的创作机会；(5)创建持续发展的文化空间，营建有特色、有象征性的空间环境。

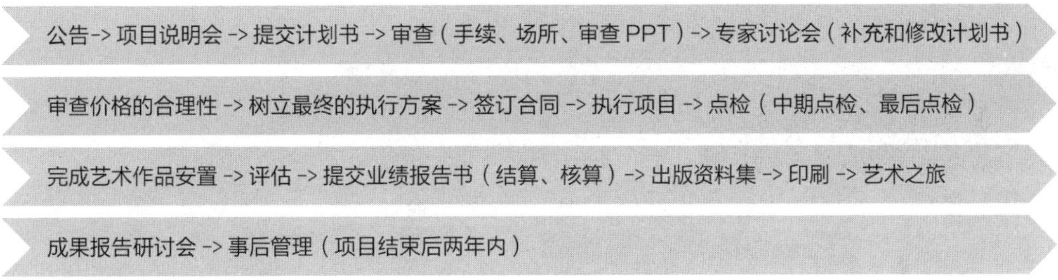

> 公告 -> 项目说明会 -> 提交计划书 -> 审查（手续、场所、审查PPT）-> 专家讨论会（补充和修改计划书）

> 审查价格的合理性 -> 树立最终的执行方案 -> 签订合同 -> 执行项目 -> 点检（中期点检、最后点检）

> 完成艺术作品安置 -> 评估 -> 提交业绩报告书（结算、核算）-> 出版资料集 -> 印刷 -> 艺术之旅

> 成果报告研讨会 -> 事后管理（项目结束后两年内）

图1-12 村落艺术项目的推进过程
资料来源：http://www.maeulmisul.org/new/gnuboard4/index.php

艺术空间、借助文化艺术激活地区经济、发掘地区历史和生态潜力等，并依其进行项目公开征集、地区选拔及财政提供、行政支援等。项目还会通过评估前一年活动的经验得失，在下一年中采取相应的改善措施（韩国文化艺术委员会，2012）。从项目公告到事后管理，整个周期大约一年（图1-12），其中场所选定耗时3—5个月，项目执行期6—10个月（韩国文化艺术委员会，2012）[①]。

整个项目成功的关键在于执行，需要通过分段的过程管理来加以保证：①发掘阶段，让地区居民充分理解村落艺术活动，调查分析村落的固有特征，发掘地区的人文及自然要素；②定位阶段，以第一阶段的调查分析结果为基础，确定项目主题；③设计阶段，圈定团体艺术活动的主要内容、设定主要活动、明确规划成果，并通过居民说明会听取各方意见来选定艺术作品及其放置的场所；④完成阶段，以事先确定的规划方案为基础，在居民与艺术家的相互交流与协助下进行艺术作品的制作和安置。

项目结束之后，由专家组成评价团会根据评价标准完成现场及书面评价，包括对相关人员进行访谈，调查地区居民及参与人员的满足度等。在项目完工后的两年中，村落艺术项目促进委员还要跟踪负责对其进行后续管理。

（4）从"釜山甘川洞文化村"看项目实施过程与成效

下文通过对村落艺术项目的典型案例"釜山甘川洞文化村"的详尽剖析，来具体展示该项目的实施过程和成效。"甘川洞文化村"位于韩国釜山广域市沙下区甘川二洞一带，该区地势相对陡峭，道路狭窄，住宅呈台阶式分布。由于这里住户之间没有围墙，所以各家相通，地区居民间的共同体意识比较强，因此被誉为"韩国的马丘比丘"（村落艺术项目促进委员会，2014）（图1-13）。

20世纪50年代，名为"太极道"的宗教团体由于韩国战争搬迁到甘川洞（釜山广域市沙下区，2015），从1955年到1960年年初，此地搭建了一千多户棚户房。20世纪60年代到20世纪70年代

[①] 村落艺术项目促进委员会在全国范围内发布公告进行项目征集，并召开说明会对当年征集项目的大背景及具体事项进行说明。项目应征的条件主要与创作工作岗位相关联，申请组织应当由包括1名艺术家在内的五人以上构成（代表1人、艺术总监1人、艺术家2人、美术理论基础专业或管理员1人），另需1名会计师，提交的作品要与应征目的相关并具有公共性。为了保证项目的顺利进行和便于事后管理，在项目进行之前要提供场所使用的认可证和地区居民的同意书等。在参与团体等提交项目计划书后，由自治团体和艺术家根据审核标准对项目场所及依手续提交的文件进行审核并确定申请立项。作品是否满足场所性、作品的必要性、艺术性、协作与参与性、可行性、管理性等被纳为审查标准，审查委员会通过充分讨论之后选拔定项。专家们还会召开研讨会对入选计划书的内容进行调整、补充或修改，并对支援金额的合理性进行审查。

图1-13 甘川洞文化村全景

初期,韩国大规模的新城规划及高层住宅开发政策使大多数地区失去了自己原有的传统空间特征,而甘川洞却有幸保留了过去的地区景观,成为记载民族发展痕迹的特色片区(金幼敏,2013)。20世纪80年代,虽然因建筑屋顶改良导致地区住宅的面貌有所改变,但地区特有的道路结构和早期形成的规划形态仍保留到了现在(朴贤熙,2013)。而与此同时,面貌落后和发展停滞带来的种种问题也成为地区的另一"特色",过去有2.5万多名居民居住在甘川洞,近年来却减少到1万余名。有200多座的废弃房屋,以及大多地区居民只能使用公共厕所等状况,都反映出该地区相对恶劣的居住环境,因此,这里是釜山人人皆知的落后地区(釜山广域市沙下区,2015)。

在被正式列入韩国"村落艺术项目"之后,甘川洞文化村项目在政府、艺术家、地区居民、学生等的共同努力之下,通过2009年"梦想中的马丘比丘"、2010年"美路迷路"、2012年"幸福翻番"等主题活动,实现了甘川洞地区的面貌转型,使之成为充满浓郁艺术氛围的美丽乡村。

(a)"梦想中的马丘比丘"。此活动通过艺术作品激起地区居民的乡情和自豪感,赋予地区新的活力(釜山广域市沙下区,2015)。项目开始之前举办的数次居民说明会议中,居民曾对此多持否定的态度,因为他们更迫切需要解决的是如何改善道路环境、增设停车场、修缮屋顶、营建绿地、整顿上下水道、提供公共卫生间等现实居住环境的问题,对于优先在地区内设置各种艺术作品的构想难以理解（白英杰，2012）。但1亿韩币的项目资助还是推动了活动的进程，项目以山路为中心，在12个区域内创作和设置了各种艺术作品（文化体育观光部，2015）。其中4处是地区居民和小学生共同参与的作品，如"彩虹之村"（材料来自居民捐赠）（釜山广域市沙下区，2015）、"蒲公英的悄悄话""人与鸟"等（图1-14）——这为地区环境的改善拉开了序幕，并给随后项目的持续进行做了重要铺垫。

（b）"美好迷路"项目。由地区艺术团体、地区居民共同开展，主要包括"空房子"和"胡同"两项改造活动。与2009年不同，项目从以道路为主扩展到了地区内部的空房子之中，对地区居民提出了更高的参与要求（白英杰，2012）。2010年，地区居民、地方公务员、艺术家等共同创建了"甘川洞文化村运营协会"作为项目的统筹协调机构。项目在利用地区内6处空房子进行艺术文化创作活动的同时，还在胡同各处设置了丰富的艺术作品，胡同墙壁绘上了箭头及路标，不仅可以防止游客迷路并营造了活跃、特别的地区氛围（图1-14）。艺术元素的增加增强了地区居民的安全感，同时为来访的旅客带来了更多的趣味。通过

图1-14　甘川洞文化村建设的重点项目
资料来源：釜山广域市沙下区，2015

连续两年的努力，当地居民基础设施得到了大幅度改善，并不断尝试开发出各种各样的文化产品，让地区文化与旅游产业同步发展，这使得地区居民更加深刻地意识到文化艺术对地区环境和未来发展的重要性。

（c）"幸福翻番"项目。为了强化村落艺术及对其持续性管理所带来的蝴蝶效应，甘川洞得到了不断的财政及政策支援，并于2012年运作了"幸福翻番：马丘比丘胡同项目"。政府及艺术家通过与地区居民的交流、与地区艺术团体的相互合作，再次用艺术元素装饰了4处空房屋，在胡同内增设4处与已设置作品相协调的新艺术品，并在村口设置具有象征意义的标志性雕塑（图1-14）。"幸福翻番"项目进一步改善了地区生活环境，更使得整个甘川洞地区的对外形象发生了很大的改观。由于地区居民的积极参与，初创时期由11名成员组成的"甘川洞文化村运营协会"于2012年达到了105名协会成员（白英杰，2012）。

甘川洞的艺术神话并没有就此停止，2013年为了给艺术家营造创作氛围及激活地区的文化艺术交流空间，釜山市沙下区发布了募集艺术家及艺术团体入住甘川艺术村的公告①。艺术家入驻不仅为他们自身创造了工作岗位，也是间接地对地区开展的一种持续性管理。入住此地后，艺术家除了进行艺术创作活动、开办展览和销售艺术作品，还以居民为对象进行各种教育活动。在多方努力下，甘川艺术村已化身为韩国及海外知名的旅游景点，但基础设施不健全带来的旅客及地区居民的各种不便依然存在。2014年，沙下区发布了"甘川艺术村建立来

访接待中心及构建地标性雕塑"的设计公告，好为旅客提供各种旅游指南及休息空间，以进一步在甘川艺术村入口处增设与周边环境相协调的地标性雕塑来提高艺术村的品牌价值。

1.4.3 村落艺术项目的成功经验

韩国村落艺术项目的运作表明通过文化艺术改善地区环境是一个循序渐进的过程。在甘川洞案例中，艺术村从专注住房及胡同等物质环境的改善过渡到吸引艺术家的入驻，政府的积极主导、地区居民的参与及艺术家的引导紧密相连，其成功经验总体可归结到以下四个方面：

（a）**准确的特色定位与发展引导**：甘川洞地区的整体改造是在充分发掘地区物质环境优势，以及对历史文化的挖掘与保护基础上进行的，以此实现在不间断的努力中形成区别与其他地区的独特景观，进而成长为韩国内外著名的旅游景点。文化村在成功植入旅游功能的同时，亦为当地居民带来了可观的经济收入。

（b）**对地方居民的动员与倡导**：村落艺术项目为地区居民提供了一个同甘共苦、相互协助的良好契机，居民在直接参与地区环境改善的过程中对自己的居住地产生了新的好奇心及热爱之情。"居民、政府官员、艺术家共同将落后贫困的社区营造成为具有活力的文化艺术村"这一特殊历程，使得甘川洞在"2013年韩国政民合作优秀案例大会"中摘取总统奖。

（c）**政府的持续管理及跟踪完善**：韩国中央政府及地方政府持续的财政支援，以及项目系统有

---

① 入住条件为：时间一年，交押金50万韩元（入住合同到期之后在确认设施是否受损之后返还押金），可免费使用内部设施（基础设施以外的装修费用及公共设施使用的费用由入住人负担）。入住艺术家每个月使用场地15天以上（一天按5小时以上计），需运营一种以甘川艺术村访客为对象的体验项目，入住期间要举办1次以上的艺术作品展（参与），参与甘川艺术村胡同庆典。

序的规划、管理、运营、宣传和评价等，也是地区改善的重要动力。正是政府通过对地区的跟踪性评价，不断出台相应的改善措施及促进政策，才使得甘川洞文化村在不同时间段卓有成效地实现层层递进的多元目标。

（d）多元利益主体间的相互协作：项目进行过程中，艺术家的积极主导及地区居民的协助形成了良性的循环促进体系，这不仅使得艺术家能够设计出符合地区特色的艺术作品，让当地居民更深刻地了解项目和理解艺术，同时还尊重了居民的意见，让他们融入项目创作中来。地方居民自发建立的民间组织、鼓励当地居民和艺术家将收入的一部分投入到社区环境改善和管理中的倡导等，均有助于形成可持续的经费支持和整体发展机制。

当然，负面评价也时不时会涌现出来，那就是文化艺术虽然为甘川洞地区赋予了特有的景观与相应的经济回报，但是由于访客的增加，游客的噪声干扰，个人生活隐私及私人空间不得不被开放等社会矛盾开始变得突出。

1.4.4 结语：韩国经验对中国城市更新、社区改造的启示

综上所述，韩国艺术村落项目的意义已经超越了单纯的艺术家、艺术作品及观览者体验，它能帮助大家恢复生活中的艺术文化、重塑体验和消费行为，是公众追求更美好文化生活的新开端。公共艺术作为"艺术追求"和"地方社会需求"之间的桥梁，让艺术村落项目既营造了地方魅力、文化特色和地域特性，又通过改善地区环境为居民提供了舒适的文化生活空间，带动了旅游产业的兴盛以增强地区经济实力和整体竞争力。从更加宏观的角度来看，韩国关注公共艺术的主要原因是认为通过该途径可以促进社会政治、经济、文化精神等的和谐发展，这对于中国的城市更新、社区改造和落后村庄发展来说，无疑提供了重要的借鉴：

在社会政治方面，公共艺术与设计可以居民提供舒适的生活环境，减少犯罪和反社会行为。韩国村落艺术项目在艺术活动中发掘地区特性，扩散地区艺术项目的价值，从而强化了个人和集体的社会归宿与认同感，形成了可持续的交流网络，改善了地方居民对社区的关心程度和精神支持。政府持续的政策及资金支援为项目成功提供了保障；艺术家的正确引导、地区居民的充分理解、公众的广泛协助参与等则是实现地方社会网络和社会共同体缔造的源泉。

在经济方面，公共艺术与设计可以促进社会投资与社会生产，加强公共与民间开发的合作。韩国村落艺术项目改善了落后棚户地区及村落的生活环境与基础设施，利用农村内特有的历史、文化、生态等潜力增强了地区竞争力，通过地区文化、商品、商业活动、旅游等产业激活了地区经济。项目还通过艺术活动为社会提供了多才多艺的人才，并创造出相应的就业岗位，既能提高居民和游客的文化消费能力，又能保证地区财产因艺术而增值。

在文化和精神方面，村落艺术项目的公共艺术作品与定期举行的各样庆典活动不仅增强了地区居民间的交流，丰富了地区居民的日常生活，而且给地区居民提供了体验艺术的机会，为开发旅游景点、提供多样化的休闲及娱乐选择创造可能。基于文化途径的地区环境改善，可以吸引和增加地区居住人口，帮助居民和游客形成对其他文化与生活方式的深入理解。基于地区特性创建出的地区品牌和社区凝聚力，可以帮助地区居民形成积极的生活态度——这是地方振兴的重要精神基石。

参考文献

[1] 崔实贤.韩国公共艺术项目现况分析：以执行主体为中心进行分析.首尔：德成女子大学，2013.

[2] 姜小罗.公共艺术和公共设计及城市.大韩建筑学会论文集，2009，53（5）：12-15.

[3] 许焯权.公共艺术研究（香港艺术发展局委约）.香港大学文化政策研究中心,2003.

[4] 金世镛.公共空间和公共设计.新建筑史协会论文集，2008，13：154-162.

[5] 金世镛.公共设计政策的问题及改善方向.大韩建筑学会论文集，2010，54（5）：63-66.

[6] 金贤正.从场所市场的角度对公共艺术项目的考察：以釜山公共艺术项目案例为中心.韩国产品学会论文集，2011，11（2）：276-286.

[7] 韩国文化艺术委员会.结合城市规划的公共艺术促进方案研究,2011:9-14.

[8] 徐成禄.村落艺术项目的成果及课题.韩国地域社会生活学会学术发表论文集，2012:81-102.

[9] 文化体育观光部．村落艺术项目，http://www.maeulmisul.org/new/gnuboard4/index.php，2014-12-20/2015-02-23.

[10] 中国美术馆，罗斯福新政时期的美国艺术，http://www.namoc.org/cbjy/cbw/qks/qk2007_2544/qk200702/201303/t20130319_177369.htm，2007-02/2015-02-23.

[11] 韩国文化艺术委员会. 公共美术示范项目促进战略和评价方案研究，2012：62.

[12] 金幼敏.通过艺术项目激活地域文化：以釜山甘川洞文化村为中心.首尔：中央大学，2013.

[13] 村落艺术项目促进委员会.公共艺术，村落就是艺术：韩国的公共艺术和艺术村落. 坡州：村落艺术项目促进委员会，2014.

[14] 郑银英.艺术新政项目，将生活空间营建为公共艺术空间，http://www.mcst.go.kr/web/s_notice/press/pressView.jsp?pSeq=9891, 2009-04-02/2015-02-23.

[15] 釜山广域市沙下区.甘川洞文化村，http://www.gamcheon.or.kr, 2014-08-27/2015-02-23.

[16] 朴贤熙.成为韩国代表性文化村落的落后山区：釜山市沙下区甘川洞文化村.国土研究院，2013:55-60.

[17] 釜山广域市沙下区. 2010-2011沙下区政府区政白书. https://www.saha.go.kr/bakseo_ebook/ebook2011/autorun.html，2012-01-20/2015-02-23.

[18] 白英杰.通过公共艺术的艺术体验特征及效果：以甘川洞文化村为中心.韩国文化教育学会论文集，2012，7（4）:219-241.

1.5 圣丽塔-杜萨普卡伊 / Santa Rita do Sapucaí

巴西小镇的"创意城市,幸福城市"经验

保罗·塔度·雷特·阿兰特斯（Paulo Tadeu Leite Arantes） 著

曹哲静 译

Santa Rita do Sapucaí: "Creative City, Happy City" Lessons from a Small Brazilian Town

圣丽塔-杜萨普卡伊（Santa Rita do Sapucaí, SRS）是一座位于巴西东南部南米纳斯吉拉斯州（southern Minas Gerais State）的小城镇，始建于1892年并经历了独特的发展变迁。20世纪50年代前，它仅仅是巴西环绕省域城镇中心的众多田园乡村之一，以咖啡种植农业和畜牧业为主导产业。

19世纪90年代末，圣丽塔-杜萨普卡伊的历史在一些重要事件的影响下发生了巨大改变化。首先是技术学校的兴起，核心发起者辛哈·莫雷拉（Sinhá Moreira）作为前巴西共和国总理的侄女，出生于当地殷实家庭，她和丈夫一起曾在许多国家居住过。19世纪40年代后期在日本生活的时候，她第一次接触到了电子设备。辛哈·莫雷拉对新技术感到非常欣喜，凭借其商业天赋，她说服了当时的巴西总统支持她在家乡成立电子信息专业学校的大胆构想。1959年项目成功落地，电子信息高级技校（ETE）作为拉丁美洲电子信息技术学校的先驱招收了第一批学生。

1965年，另一重大项目INATEL（国家通信技术学院）机构启动建设，用于培训电子技术工程师和通信技术工程师，之前这两种职业在巴西都不存在。这个机构是一群卓有远见的专家策划的私人机构，起初运营是为了满足巴西电信公司的需求，致力于在全国普及音频传输的新技术。现今，INATEL已经成为迄今为止圣丽塔-杜萨普卡伊小镇最重要的发展驱动力。刚开始的时候，公司仅仅为其周边的大公司提供人力资源，拥有新技术的学生的出现并未促进当地经济突飞猛进或者带来社会环境明显的改善——直至以INATEL为主体的ETE机构成立之后，才慢慢改善了小镇经济。

20世纪80年代，巴西专业劳动力市场的冲击再次导致变革。当时，大量电子工程师和技工就业困难，年轻人的自我创业成为新的选择，从而缓和了紧张的劳动力市场。这一创业浪潮大大刺激了当地与ETE和INATEL相关工业部门的发展。自此，以小中型公司为主导的大规模电子和通信设备制造工业集群开始涌现。如今，圣丽塔-杜萨普卡伊已拥有4万居民和150家中小型科技公司（去年有1万员工和10亿税收），小镇因为经济领域的成功成为巴西的新标志。领导者将这片卓越的发展地区命名为"电子谷"，让人联想到北美的"硅谷"。

尽管当地城市经济从20世纪80年代起扩展了新的维度，但其他方面却始终发展缓慢，如关键的文化和城市治理领域，文化涉及居民组成的社会类型。在上届选举前，当地的行政管理由于领导者频陷政治丑闻，导致城市治理混乱，加之地方规划系统的缺失，使之更趋恶化，就此引发了过去长达三十年城市的无序发展。

在小镇的发展中，文化始终未能发挥关键作用。换言之，文化尚未作为经济驱动的另一个引擎被纳入当地运作系统中。事实上，区域内的地方性活动仅仅是对不同事件的支持和促进，没有丝毫深刻的文化内涵。然而，圣丽塔-杜萨普卡伊发展过程中的文化缺失情况并非孤例。直到1992年里约热内卢地球峰会，文化观念才逐步受到重视；1998年"斯德哥尔摩宣言""行动规划"提出："可持续发展和文化高峰必须互相支撑"，再次夯实了这一观点。

如上所述，ETE和INATEL对小镇在经济、社会、学术、科学多维度方面统筹的重要性，在过去的五十年中是毋庸置疑的。然而这些成就，特别是那些新塑造的、组织良好的城市经济，现在看来仍然需要多元动力来持续推进。基于这个论断，两项挑战应运而生：如何为这些经济活动带来更好的多样性，以及如何提升城镇居民的生活品质。

现今，发展不应仅仅被理解为是经济发展指标的增长和物质世界的丰富。当代观点指出发展应包括更多的内涵。应当创造新的条件让每个人更加自由地追求自身的生命价值，即提高自由选择的程度。为了实现这项目标，发展的含义必须包含更多方面，涉及总体发展的可持续性，即基于现实去更多地考虑经济、社会、环境和文化等方面。

采取新的不同策略已迫在眉睫，这将促使圣丽塔-杜萨普卡伊镇发生质的飞越。任何与之有关的策略修订都意味着改变现有的程序。因此，策略的第一步是对当地已经完全过时的治理体系进行大幅升级。这里的案例分析可以看作一系列针对该小镇新转折点的理论准备。创意城市概念作为其核心理念，就像所显示的那样，目标就是要带来质的改变。

1.5.1 当地的创意活动案例

分析案例之前，有必要提到2012年举办的上一届巴西市长选举，选举出的副市长的简历引人注目，颠覆了之前所有的副市长。作为电子工程师，查韦斯（Chaves）博士毕业于INATEL，并管理其八年之久（2002—2010年），成就卓越。

这开创了与他之前的政治家完全不同的行政管理模式。不管是在圣丽塔-杜萨普卡伊还是在其他的巴西城市，这都十分罕见。值得一提的是，查韦斯博士不仅担任副市长，更担任分管科学、技术和贸易部门的市政府秘书。承担这两个职位后，查韦斯致力于对城市治理的综合审视和改善。率先采取了两个行动：一是修编小镇总体规划（前政府官员仓促决定下编制完成的）；二是制定促进当地发展的策略。由于前议会官员违法通过总体规划，且规划内容存在明显错误，法院已经提出上诉，因此总体规划的修编变得十分迫切。

他在执政后两年内，带来了治理上的重大突破。其一便是最近议会通过的总体规划修编。至此，圣丽塔-杜萨普卡伊镇在它的历史上，第一次拥有了一系列旨在规划和管控城市土地使用的规程。另一个重大突破（制定当地发展策略）也基于创意城市的理念正在酝酿中。

为什么圣丽塔-杜萨普卡伊要提出打造创意城市？简言之，这是由于该策略被普遍认为是唯一既能统筹该镇的经济、文化、环境和社会领域，又能兼顾巩固当地科学技术革新潜力的策略。这意味着城市发展技术工程范式将改变以硬件为核心的传统，转为以软件为基础，通过全新变革促进"创意制造"的兴起。

上文提及的"电子谷"的城市经济发展来源于两大动力：一个是由众多中小型电子和通信公司构成的制造园；另一个则是相关的地方机构，即ETE、INATEL和新生的FAI（行政和计算机科学方面的私人部门）。如之前介绍的那样，INATEL在其中发挥着关键作用，此外，三大不可或缺的产业孵化器将学术界和市场联系在一起，孵化出了大量成功的运作公司，它们也起到了重要的作用。

尽管当地的经济指标始终在佐证现有经济发展模型的有效性，但不可否认，它依然存在明显的缺陷。因此，采取提升当地竞争力以应对长远挑战的工作势在必行。当今世界正在发生明显的转变，许多城市正在丧失原有的制造业基础，并开始进入新的舞台，它们的发展不再局限于传统的经济活动，而是更多地挖掘创新经济的潜力。曼纽尔·卡斯特（Manuel Castells，1999）指出我们正在从工业时代进入信息时代，则更加肯定了这种观点，也即社会从以制造业为主（如制造手提包）的时代进入了人们制造、利用、传递和交换信息的时代。因此，创新融入了所有的时代革新之中，特别是对创意城市理念的运用，文化和技术的创新事实上已经成为新维度下保证当地发展的关键选择。

圣丽塔-杜萨普卡伊的这一创意策略实施后，下一阶段便是需要立刻审视和评价当地的潜力情况。这里采取SWOT分析法在一个框架里总结了地方发展创意城市的优势、劣势、机遇和挑战（表1-3）。

表1-3 圣丽塔-杜萨普卡伊发展创意城市的SWOT分析

优 势	劣 势
• 优质的科学研究基础（ETE + INATEL + FAI） • INATEL强大的国内外品牌效应 • 依靠INATEL和校友与大公司建立的紧密联系 • 高等技术教育 • 来自其他国家和城市的大量学生 • 稳固的商业传统、商业孵化器和技术革新 • 坚实的电子产业集群 • 举办技术展览会的传统 • 大型活动的设施支持 • 热情好客的当地人 • 较低的社会分化程度 • 充满活力和组织良好的第三产业网络 • 机动车的高保有量 • 文化融合 • 充满创意和艺术潜能的人群 • 优美的自然山区风光景色 • 紧密联系国内前三大城市（圣保罗、里约热内卢、贝洛奥里藏特）的优越区位条件	• 当地社会的保守性 • 过时的行政管理模式 • 脆弱的城市基础设施 • 文化活动的缺失 • 缺少反映当地特色的城市特征标志 • 针对现有创意活动的官方统计数据库的缺失 • 对物质和非物质遗产的轻视 • 娱乐休闲活动多元性的缺失 • 缺少艺术和人文领域的相关学校和课程 • 创新领域青年人才的高流失率 • 人才向大城市的流失 • 地方政府对镇内文化和创新活动缺少保障

（续表）

机 遇	挑 战
• 新的行政思维 • 以可持续价值、文化和创意为核心，与新型发展模型相结合的公共管理 • 当地传统和革新创造的联系 • 对政府制度框架下的创新经济的认可 • 高质量生活指数表明的小镇吸引力的增加 • 吸引和驻留创新企业的广泛奖励措施 • 理念的孵化环境	• 缺少行政管理的连续性 • 来自邻近城镇的竞争 • 政府和居民对于变革的抵制给支持革新力量带来的阻力 • 利益相关者采取的统一行动 • 现有支持者在革新过程的中途退出 • 电子消费市场的便利化

深刻理解创意这一交叉领域对于选择最合适的策略，并将创意城市的原则付诸实践至关重要。尽管缺乏有利于强化未来行动和针对当地现有创意活动的官方统计调查，而且当地的创新驱动力也没有正式形成，或者被大多数人所了解，但人们非常认同本地创意产业对各个经济部门存在刺激。

策略的假设是一旦这些驱动力被发掘或者被组织起来，将对各个经济部门产生关键作用，进而成为建立创新环境的基础。另外，其潜台词是各地人们第一眼所见的这类潜能，往往只是冰山一角。因此，被该动机所感染，以及受到坚信新的转折点即将到来的领导者的决心所鼓舞，2013年11月，政府发起了"创意城市、幸福城市"项目：一个技术、创意、创新和文化的广泛参与平台项目。这个平台的设计不仅关乎于现状的SWOT分析，最重要的是要引领"创新运动"。

基于此，该项目的目标是既要促进地方经济的多元化，更要激发人们的好奇心，使他们参加到当地发展的进程中来，而激发好奇心也为小镇的创新运动播下了行动的种子。正如兰德理（Landry, 2011）所说，有了好奇心，才可能激发想象，变得更有创造力。此外，好奇心能使人变得更加独立，我们正在积极促成这个能使人民更加强大的重要目标。这项经验表明，许多规划创新正是由于对于此问题的忽视而导致了失败。打造创新环境对于创造多样性同样重要，因为它为城市的经济和可持续发展提供了基质，是促进创新和塑造吸引人才的品牌的催化剂。

总结起来，在现有经济驱动力中融入以文化和创意为核心的新生创新经济，城市将步入发展的新阶段。因此，创新经济的目标包括以下内容：(a) 赋予居民更多权利；(b) 建立小镇和居民之间的新的关系；(c) 发掘、吸引和留住人才；(d) 突出地方性特色；(e) 打好当地创新产业的基础；(f) 在医疗、社会服务和政治治理方面兼顾创新；(g) 促进新的想法和思维模式的提升；(h) 发展城市创新的多样性；(i) 建立创新和地方协作的生态系统；(j) 创造新的标志性文化设施；(k) 加强物质和非物质历史遗迹保护，建立过去和现在的联系；(l) 建立技术和文化艺术之间、教育和革新之间、大众和学者之间、传统经济和创新经济之间等的新联系；(m) 复兴小镇的生活幸福感，包括居民的民众自豪感。

在作为当地政府代表的副市长的领导下，该项目的第一个活动是2013年11月举办的持续一周的欢庆活动，聚焦技术、创意、革新和文化。第一次欢庆到2014年8月举办的第二次欢庆活动之间，小镇始终保持着火热的庆祝状态，以至于第二次在8月份举行的活动不是一周而是持续了一个月，并在支持者的合作下，通过社会网络、博客、论坛讨论、其他类型活动等形式综合开展。

活动的举办产生了轰动效应,它实现了三方面的主要目标:激发人们好奇心、赋予居民更多权利、向公众宣扬小镇在当地政府治理新思路下的重大变革。由于广泛的公众参与和人们强大的推动机,第一次活动的成果远远超出预期。

1.5.2 地方和区域利益相关者的贡献

到目前为止,项目最伟大的成就是形成了一种强大的能力,这种能力将本地各方利益相关者联合起来,并激励他们不断做出积极的贡献(表1-4)。

表1-4 利益相关者的贡献

利益相关者	地方	区域	贡献
市政厅	X		官方支持和资金赞助
城市议会	X		官方支持
SMCTIC-科学、技术工业和贸易部门的市政府秘书处	X		总体协调和资源供给
教育部门市政府秘书处	X		教育行动支持
旅游、体育和娱乐部门市政府秘书处	X		旅游、体育和娱乐方面的行动支持
COMTUR-旅游部门城市议会	X		旅游方面的行动支持
历史遗产的城市议会	X		遗产保护方面的行动支持
PRODARTE - 艺术家联盟			文化保护方面的行动支持
PROINTEC - 城市孵化器	X		企业保护方面的行动支持
SINDIVEL - 圣丽塔-杜萨普卡伊电子工业联盟	X		资金赞助和资源供给
ACEVALE - 圣丽塔-杜萨普卡伊商业联盟	X		资金赞助和资源供给
COOPER RITA - 牛奶制造商合作社	X		资金赞助
SINDIRITA - 圣丽塔-杜萨普卡伊工会			支持
FAI - 行政管理和计算机科学部门	X		对高等教育和基础设施方面的行动支持
INATEL - 国家通信机构	X		资金赞助和对高等教育、技术、企业、基础设施方面的行动支持
ETE - 电子信息高级技校	X		对技术教育和基础设施方面的行动支持
PE-ET - 电子极点	X		资金赞助
SEBRAE - 国家小型企业服务	X	X	资金赞助和对企业方面的行动支持
SENAC/SESI/SENAI/FIEMG - 国家或州立工业和贸易服务		X	资金赞助
Leucotron 电信公司	X		资源供给及对技术和市场方面的行动支持
Andrea Falsarella 舞蹈学校	X		文化方面的行动支持

1.5.3 案例研究评价

（1）对城市发展物质、文化、社会、经济的影响

总体上，圣丽塔-杜萨普卡伊的创意运动刚刚启动，但其影响力已经不容小觑。在最有影响力的两次"创意城市、幸福城市"欢庆活动中，最令人印象深刻的成果是激发出了不同的发展驱动力，并将其联系起来逐渐改变人们对当地现状的认识。此外，被各类活动吸引的广大人民开始认同创意对居民、制度和当地公司的促进效应和提高城镇生活方面存在的巨大潜力。

对于改变的重要性，兰德理（Landry，2011）提出，鉴于变革是一个动态过程而非割裂的局部，创意城市需要思维观念的改变，从而创造条件使人们成为变革的主人而非受害者。基于此，小镇必然会日益充满创意。表1-5中的数据和信息显示了项目的活动情况及其吸引力。

表1-5 "欢庆创意城市、幸福城市"项目的相关活动数据

"创意城市、幸福城市"举办的活动（2014）	讲座：克罗威斯巴罗斯——800人规模 讲座：告别科技，革新才重要——近400人规模 讲座：Ulysses Capozzoli——近150人 讲座：Lala Deheinzelin——近600人 讲座：21世纪的建筑秩序——约200人 讲座：Paulo Urbano——约400人 讲座：巴西计划的重要性（jeitinho brasileiro）——约200人 未来互联网的对话——约150人 信息市场和品牌工坊——约30人 创意企业家峰会——近300人 "电子谷"音乐节——举办三天，约200人 "妈妈咪呀"音乐剧——800人 剧场秀：小王子——ETE音乐厅，举办两天，每天1000人 独角剧：圣雄甘地——近400人 民族舞：表演者为城市学校的学生——800人规模 民族集市：1200位参观者 珊瑚总动员：约400人
"创意城市、幸福城市"之外的活动（2014）	讲座：我是否具有创意？——约200人规模。 阿拉米达的爵士乐——约100人规模。 思维网络——平均每个议题20人（或者更少）。
"创意城市、幸福城市"运动中的社会网络相关活动	粉丝页：Cidade Criativa, Cidade Feliz– Facebook, https://www.facebook.com/SantaRitaCriativa?fref=ts – about 1600 followers, 群组：Rede de Ideias（网络思维）- Facebook, https://www.facebook.com/groups/843702855660457/?fref=ts – about 300 members, 群组：Cidade com Arte（艺术城市）- Facebook, https://www.facebook.com/cidadecomarte/timeline – 178 followers.

席卷小镇的创意的狂热场景在某种程度上反映了已经实施的策略和工具的成功，同时也揭示了圣丽塔-杜萨普卡伊曾经在推进文化、休闲产业、技术和科学等方面活动的孤立无援——这些活动将激励人们放飞梦想、发挥想象，并进行创造。关于梦想，勒能（Lerner，2011）认为，一座城市是一个集体的梦想，构建梦想至关重要。没有共同的梦想，居民将缺少参与感。因此，我们需要鼓励人们营造梦想、发挥想象能力和探索创造。要使人们更富有创造性就意味着要赋予他们更多权利。

总之，"欢庆创意城市、幸福城市"项目为城市景象的营造者和参与者们提供了宝贵的机会，使他们从旁观者变为主角。这也是带给该镇在城市发展的文化、社会方面的最显著的影响，城市的物质和经济发展方面的影响由于项目还处于运动的起步阶段，所以仍不明显。

（2）策略和工具

圣丽塔-杜萨普卡伊在确定其创意项目策略的时候，有一些假设性前提：（a）技术是现代社会发展的关键因素；（b）企业家精神是发展梦想和能力实现的动力；（c）文化是实现教化与改善心智的因素；（d）民族和人民是促进批判和体现集体精神的动力来源。在风险评估之后，项目发现由于运动是由人民群众引导的，预先采取的不确定行动将会损害到整个活动。然而，过去的经历表明，巴西的民众在公众讨论中并没有表现出较高的参与积极性，尽管公众参与程度在最近几年有所提升，但参与在距离质和量上的最低互动水平仍然差得比较远。因此，首先要提升人们对于参与以及合作的重要性的意识，并不断进行强化。现在选择了欢庆活动和打造支持者群体这两项政策工具：

欢庆活动聚焦于促进人们的行为变化，其假定的前提是：（a）塑造能够引发人们好奇心的吸引力，同时为人们广泛交往提供更多可能；（b）为创意、革新、参与和不同城市行动者之间的合作提供优质环境；（c）创造城市公共空间的价值提升机会，尤其是举办相关城市活动的公共空间；（d）以充满趣味的方式深化人们心中关于此次运动的理念；（e）作为推动当地理念长期转变的工具；（f）唤醒作为现代社会关键元素的文化、创意、革新的多维度价值。

打造支持者群体是优化"创新协作的生态系统"。城市政府、公司、机构、协会和志愿者等人员之间展开了基于以下目标的合作：（a）创造有利于欣赏现有文化及其价值的环境；（b）促进知识整合；（c）促进合作；（d）加强创意和革新引导。

保证计划中行动的可持续性意义重大。毕竟，对于众多想要转变为创意城市的城市来说，重要的是领导者能统筹目标相同的人们和机构。在这种情况下，"共同目标"确定为"幸福"。幸福看起来简单甚至天真，但是对于激发人们无尽的创新能力来说，生活在一个幸福的城市是必不可少的。

从公共行政的角度来看，"创意城市、智慧城市"运动使得副市长的新管理思维已经开始普及，而"创意城市、幸福城市"运动则衍生出了更多的关联活动。诚然，针对一个人而非所有公务员的探讨会比较理想化一些。但是，如果没有明确的领导，消息闭塞、动机薄弱，想要开展变革则将难以实现。目前一项重大的期望是将这些新想法和实践整合到行政管理的其他领域，从而维持小镇现有的创新热潮。

上述这一切都很重要，但还不够。既然创新不是发生于政府工作室，而是发生在大街上、企业中、学校里、工厂内等，我们就必须说服具有相同目标的其他领导者和公众也这样做。虽然不是所有人都能明白变革的意义，但非常乐观的情形是我们仍然可以通过各种渠道来获益，这对于维持当地创新合作系统的可持续性和保障变革的长期性来说十分重要。

1.5.4 经验总结

来自"创意城市、幸福城市"运动中最重要的经验是：在拥有相同想法和渴望做出改变的人们之间建立起联系的巨大可能性，这也意味文化、创意、革新和合作可以作为小镇和其他任何地方发展的最重要的驱动力。下面依次列出了来自规划师、政策制定者、利益相关者和居民的一些其他经验以引发思考：
- 创意城市理念对于保障积极的行动议程、促进集体梦想的建设等至关重要，有助于进一步提高世界上各类城市的生活品质；
- 文化、创意、革新和合作是地区发展最重要的推动力之一；
- 促进人们无限创造潜能的投资将产生高回报；
- 以创新为手段、文化为资源的双向整合有利于现代城市管理的革新；
- 赋予人们更多权利从而将居民转为主人公十分重要，不论是公共决策中的主人公还是自我欲望和抱负中的主人公。

总之，对于"创意城市、幸福城市"这一案例的分析表明，基于文化的创新发展在圣丽塔-杜萨普卡伊已经开始生根发芽，尽管史无前例，却带来深远变革。

圣丽塔-杜萨普卡伊和许多其他城市一样，既有共性也有特性。各地多元化的发展经验，我们虽通过理性推断可以感知，却难以充分借鉴。文化是使得一个地方变得独一无二的因素，因此城市的特性成为其主要财富。然而直到现在，仍有很多城市管理者都没有意识到文化的重要性，这无疑阻碍了大量创意潜力的发展。为了唤醒潜能，我们必须激发火花，点燃想象力、梦想和创新的火焰。"创意城市、幸福城市"运动的作用便是点燃火焰。同时，火焰的持续燃烧依赖于供给燃料的质量和数量。

（感谢Carlos Henrique Vilela的长期支持和提供的照片；感谢Wander Wilson Chaves副市长的长期合作与支持。）

参考文献

[1] CASTELLS M. Aera da informação. Economia, sociedade e cultura. Vol. 1. "A sociedade em rede". São Paulo: Paz e Terra, 1999.

[2] LANDRY C. Cidade Criativa: a história de um conceito. In REIS, Carla Fonseca, KAGEYAMA, Peter (orgs.). Cidades Criativas: perspectivas. São Paulo: Garimpo de Soluções, 2011.

[3] LERNER J. Qualquer cidade pode ser criativa. In REIS, Carla Fonseca, KAGEYAMA, Peter (orgs.). Cidades Criativas: perspectivas. São Paulo: Garimpo de Soluções, 2011.

第二章
文化创意产业作用于城市发展

The Role of Cultural and Creative Industries on Urban Development

美国 / USA
西雅图、明尼苏达双城、圣何塞 / Seattle, Minnesota Twin Cities, San Jose
伦敦 / London
北京朝阳 / Beijing Chaoyang
宜兴 / Yixing
珀斯 / Perth

成都

镜头里的创意实践

成都
柏林
纽伦堡
巴塞尔
马德里
多特蒙德
弗罗茨瓦夫

柏林

纽伦堡

巴塞尔

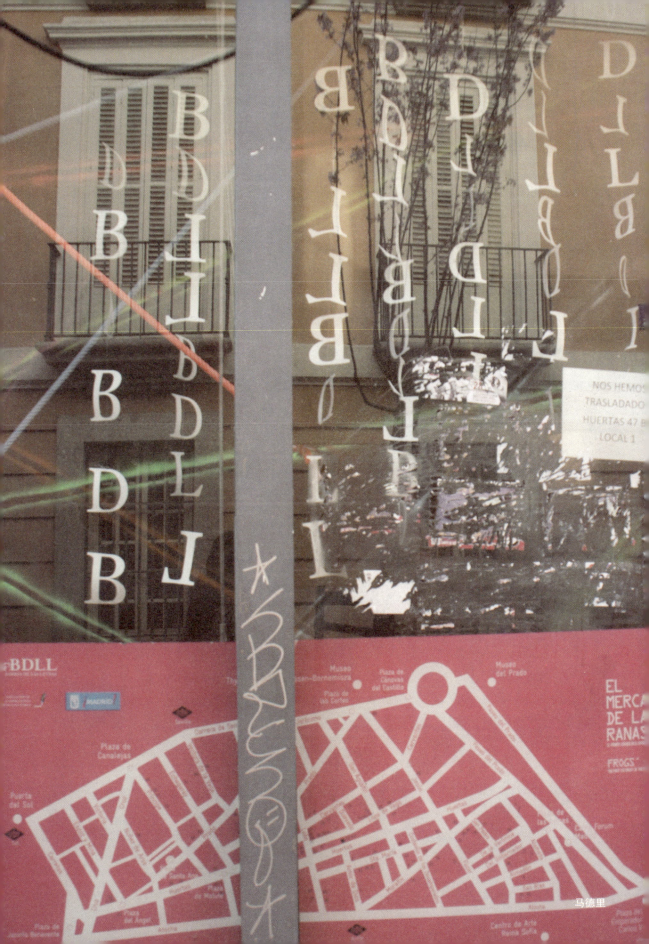

马德里

多特蒙德

弗罗茨瓦夫

2.1 美国 / USA

城市如何孕育文化产业企业家

安·马库森（Ann Markusen） 著
祝贺 译

USA: How Cities Can Nurture Cultural Entrepreneurs

自经济大衰退以来，北美城市的市长和议会都在加大对艺术和文化创意的投资以及场所建设，以提高生活质量，吸引居民、管理人员、雇工和游客的到来。许多城市的领导人最近才认识到艺术家可以给城市带来新的收入，提高地区企业和创意产业的表现，并直接创造新的商机和就业机会。由于自我雇佣占了极高比例，艺术家选择居住的城市时往往基于其他因素，而非工作机会以及公司位置等。他们的创新性质与工程师和科学家们有很大不同。艺术家和相关文化工作者往往既不属于传统劳动力，也不符合一般小企业的发展范畴。因此，美国城市探索出了支持艺术家的新方法，包括空间支持、面向艺术家的网站和销售项目、把艺术工作整合到城市企业中，以及针对艺术和设计的职业现状设定创业培训项目。这些政策简要地总结了能激发文化企业发展的各种因素和新举措，佐以自下而上的实证，并为不同规模和特色的城市提供了政策选项菜单。概要还建议城市领导人要把重点放在挖掘自己城市的特色上，而不是复制其他地方的普遍战略（如大型昂贵的艺术场馆）。通过"相关阅读"提供的文献线索，城市领导人可以进一步发掘各种资源，探索适合地方的激发创意企业家精神的政策。

2.1.1 城市在支持创意企业家精神中扮演的角色

自20世纪90年代以来，特别是自大衰退以后，美国的州和地方政府在规模和项目上增加了对艺术的投资，而实际上来自联邦的资金（美国国家艺术基金会）有所下降。四个艰难的财年过去后，2013年由县和市政府直接拨出的文化开支已达7.47亿美元，比2012年增加了近3%（Stubbs, 2013）。一个多世纪以来，城市一直在支持大型艺术场地（如博物馆、音乐厅、剧院），但近期越来越多的开支直接用于支持艺术家，以及艺术家、艺术机构和社区参与者之间为创造艺术场所达成的合作伙伴关系。

追随经济学家和城市规划师的研究所得，城市对成长中的文化企业艺术家精神越来越青睐。许多艺术家和设计师都为城市的经济基础做出了贡献，通过他们的创造，如图书、唱片、视觉艺术作品，以及前往其他地方进行表演等，为地方带来了来自其他地区的收入。艺术人才库可以吸引和留住诸如出版、广告、音乐、设计和建筑等文化产业领域的企业。艺术家经常与其他产业签署工作合同，为它们的产品提供设计和推广服务（如视觉艺术家、音乐人和作家），或者帮助改善员工关系（如演员）。有些艺术家为其他领域创造了就业机会和新的收入，如新产品和新的应用程序（Markusen and King, 2003）。即使在非营利领域，艺术家也可以成为提供多个就业岗位和收入的企业家，如盖里森·克里尔（Garrison Keillor）的公共广播企业"草原家庭伴侣（*A Prairie Home Companion*）"。艺术家还可以盘活城市和社区，吸引拥有其他技能的居民和雇主前来这里（Florida, 2002；Markusen, 2006）。

尽管大家都热情高涨地想把艺术家或者设计师培养成为创新者和企业家，但大多数城市却发现传统的政策和服务并不适用于艺术家们。珍贵人才发展计划（Venerable workforce development program）——由美国联邦政府出资，州和地方政府进行管理，专为难以被雇佣和颠沛流离的人才而打造。小型商业项目契合特定的制造业、服务业和零售业，灵活地回应着职业培训的需求和将要成为企业家的人们的雄心壮志。

2.1.2 艺术家作为与众不同的企业家

在发展企业的过程中，艺术家作为潜在的企业家，有着与其他类型创业者不同的优势和缺陷。马库森和施洛克（Markusen & Schrock, 2013）比较了科学家、工程师和艺术家成为有抱负的企业家的各自特点。比起艺术家和科学家，工程师的优势在于他们往往已经为商业企业（通常是大企业）工作过，但他们不像很多艺术家们那样，经历过失业和艰难的技能与概念的自我推销（Schrock, 2003）。科学家作为创业者，很少像工程师那样在商业环境中工作，他们更加喜欢在实验室和大学这种远离商业需求的地方工作（Markusen and Oden, 1996）。所以，针对科学家的创业培训项目设计应该与针对工程师和艺术家有所不同。

艺术家们自我雇用的比例要比科学家和工程师们高出好几倍。在2000年的人口普查长表中，大约48%的艺术家在为自己工作。当前的人口统计数据（Current Population Servey）对此提出了不同看法，它认为那些工作在音乐、写作、视觉和表演艺术领域的人，这类工作只不过是他们的第二职业（Markusen and Schrock, 2006a）。2011年，根据美国社区调查的数据估算，艺术家的自我雇用率（不包括第二职业）大约是34%，为全国劳动力平均水平的3.5倍（Nichols, 2011）。与此相反，科学家和工程师只有极低的自我雇用率。根据2000年的普查结果，这个比例在4%至9%，低于全国劳动力的平均水平。

比起科学家或工程师，艺术家更可能具有在商业领域的工作经验——作为员工、项目承包人、工人或者独立代理人。他们也更有可能为非营利机构和公共部门工作，无论是专职还是兼职。在对数以千计的洛杉矶和海湾地区的艺术家的调查中，很大比例的受访者表示他们的收入大部分来自商业活动,他们也从中学到了市场规则以及大小企业的运作方式。但与此不相称的是,他们花了更多时间在非营利部门和社区中,因为在那里他们能更频繁地实现创新和技能的提升(Markusen et al.,2006)。不过,艺术家不太容易具备在领导岗位工作的经验,或管理复杂机构的经历,不大懂得以市场和客户为导向,而科技公司的专职人员大都掌握这些。

对于城市来说,艺术家吸引人的特点之一,是他们选择在哪里生活往往是基于工作机会或者商业活动之外的一些因素。相比之下,科学家和工程师们在中西部公立学校拿到学位后,大部分人都离开该地去了别的地方谋求职位(Ellis,Barff,and Markusen,1993)。多数艺术家都比较来去自由,他们看重设施或其他因素,而非只有工作。艺术家,科学家和工程师都比其他职业群体更有可能作出跨越州和区域的迁移(Markusen and Schrock,2006a),但他们的目的地却很不同。理工科专业人士更有可能跟着工作走,而吸引艺术家的则是生活质量和较低的生活成本。

艺术家非常高的自我雇用率往往意味着他们缺乏充裕的工作场地、持续的专业培训、技能提升和人脉网络,缺少营销技巧和推销渠道,以及欠缺适合自身抱负的业务培训。在过去的25年中,我们对艺术和设计事业的支持实现了多元化,比如实验性地提供工作和生活空间;基于社区和行业特殊性提供具体化的集会中心;创业培训计划和营销机会等,这些为不同类型和尺度的城市提供了成功的范本。

2.1.3 城市创意企业家的政策选择

尽管有着鼓舞人心的实践,但在支持创意企业家方面,大多数城市以及艺术设计机构都不是很有经验。由于历史和官僚体系的原因,适合艺术家们的人力发展、小企业孵化等方案实际上并没有起作用。这里提供了七个策略,它们可以帮助市长和议员们去培养创意产业的企业家。

(1)了解你的艺术家

识别您所在城市的艺术和设计强项以找到一个良好的建设基础。美国社区调查数据库和其他信息库,可以让您找到所在地区的艺术家和设计师,以及他们作品的详细信息。无论是公司还是个体艺术家,都包括了他们的年龄、性别、社会经济状况及其他相关信息。例如,在2000年人口普查中,有5%——而不是1%的美国社区调查(ACS)抽样,表明堪萨斯城容纳着超过5000名艺术家,其中视觉艺术家和设计师尤其多。相比其他城市,堪萨斯城的视觉艺术家和作家更可能受雇于私营公司,如霍尔马克贺卡公司(Hallmark Cards')这个重要的大雇主。总体而言,堪萨斯城艺术家享有较高的平均收入,在前30位城市中排名第九。如果将堪萨斯城适度的生活成本考虑在内,这个收入会显得更加有竞争力。在2007年到2009年的大衰退中,堪萨斯城在城市艺术领域里的劳动力发展速度比多数大城市更快,虽还不及强劲的西雅图和明尼阿波利斯/圣保罗。如果年轻艺术家在您所在城市的艺术家群体中占多数,城市所面临的职业需要和发展需求的挑战,会高于那些有成就的艺术家占多数的城市。了解本地具有优势的艺术类别,艺术劳动力的年龄、性别、种族构成,民营、非盈利、公共领域的就业岗位混合情况,以及自我雇佣的艺术家和设计师们所占的比例,这些信息都会帮助您制定独特的创业模式。如果可以与其他城市的艺术队伍相比较,您会学到更多(Markusen and Schrock, 2006a; Grodach and Seman, 2013)。

一些城市开始依靠二手数据来评测艺术家对生

活在这个城市的看法以及其他会影响他们谋生的因素，诸如物业所有和收入赤字。例如，2008年加利福尼亚州圣何塞市的创意企业家调查发现，虽然艺术家们不是特别需要更多样的艺术生活及工作场所，但是许多人缺乏足够的工作空间（Markusen, Gadwa, and Shifferd, 2008）。这一发现有助于该城市规划其后续的艺术空间项目。

（2）鼓励建设集会及设施共享的艺术中心

艺术中心常由艺术家自主创立，由非营利机构运营，并根据行业或地域进行组织，它是艺术家们专门的集会、设备和空间共享、相互学习的场所——如果是以正式的课堂形式进行的话，还可以带来收入。从20世纪70年代开始，无论在城市还是农村，明尼苏达州的艺术家中心一直是独具特色的创意地标。那些来自大城市的艺术家提供专业领域服务，如作曲、剧作、版画、摄影、电影制作、陶瓷和写作等；而来自内城社区或小城镇的艺术家们则主要提供一些跨越专业领域的相关工作。艺术中心一般只收取少量的会员费，并且对所有人开放，这有助于新手向专家学习艺术技法或是培养商业头脑。在这些专门的、通常规模不大的空间中，艺术家获得了表演、展览及为他们作品募资的机会。双城艺术中心已经孵化并服务了很多高品质的人才，以支持该地区卓越的创意产业发展，包括出版、广告、音乐、广播和现场表演艺术。作为收费低廉的企业孵化器，这里成功孵化了众多小公司和有潜力的艺术家独资企业（Markusen and Johnson, 2006; Markusen, 2012）。

（3）打造可持续的艺术工作室和生活、创作一体化建筑

许多城市都鼓励建造艺术工作室和可供艺术家开展一体化生活与创作的建筑。在大城市，这些建筑可以包含几十个单元，而在小城镇，或许只有七至十个。这些项目有些由私人开发和经营，更多则是由非营利组织建造和管理，如总部设在明尼阿波利斯的艺术空间（Artspace Projects）项目。有些项目是利用闲置的老工厂和仓库，其他的则是从零建起。生活、工作一体化建筑都配备有如咖啡馆和综合性空间这样的设施，可以举办展览以及排练和表演歌舞。许多此类单元的运营，都靠低价、税收减免、文物保护税收减免、城市贷款，以及土地或建筑物资产减记来维持。生活、工作一体化空间，作为集工作和居住于一体的建筑结构，要得到法律条例的许可才能投入使用。许多城市不允许这种灵活的分区（zoning）。几十年来，艺术空间项目无法在它的总部城市明尼阿波利斯开发生活、创作一体化建筑。然而在波士顿、芝加哥、圣保罗、明尼苏达州和西雅图，这都不是问题（Johnson, 2005）。2001年，克利夫兰（Cleveland）颁布了一个特别的"生活工作重叠区分区条例"，使艺术空间在老工业区及接近市中心的地方建立（Guild, 2013）。美国各地的几十个艺术空间建筑，都由非营利组织管理，保证了这些空间的价位不会太昂贵。通过把艺术家安置在接近彼此的地方生活和工作，这些生活、创作和工作室建筑增进了创业的企业家精神。集团艺术项目"Crawls"将工作室和公寓定期开放给公众参观，同时还有作品销售和表演，从而增加了艺人的收入。城市研究院的玛利亚和佛罗伦斯（Maria Rosario Jackson and Florence Kabwasa-Green, 2007）对此种艺术空间的案例进行了有力的阐述。两项优秀的关于艺术家生活、工作建筑和工作室建筑的评估证明，这个举措有助于推动艺术家去追求自己的职业生涯，使他们的社区更具活力、商业上更可行而且更安全——不用再和低收入居民混在一起（Gadwa, 2010; Gadwa and Muessig, 2011）。

（4）提供为艺术家和设计师量身定做的创业培训

绝大多数针对艺术家的调查都强调，艺术家们需要并且有意愿提高他们的商务技能。许多组织提供专门针对艺术家的创业培训，某些为非营利性质、有的挂靠高等教育机构、一些则以营利为目的。一些有价值的项目，比如圣保罗市的艺术跳板（Springboard），开创了与商业计划书撰写、产权问题、定价、营销、艺术进修渠道、补助申请书写作技巧等主题课程相连接的职业咨询与策划服务。20世纪的头十年，这类项目不断增加，而且往往是自下而上建立的——由非营利组织发起，又有基金会、国家与地方资源给艺术家提供适度的资金支持，并针对城市的特点来定制。另一位先行者是洛杉矶的文化创新中心，及其发行的两版艺术工作手册（Center for Cultural Innovation, 2008, 2012），它服务于城市中巨大而分散的艺术群体。在堪萨斯城，Artist INC作为克利夫兰的社区艺术和文化合作伙伴，一直是开发和维持艺术家职业发展培训的先驱。小城市的艺术家也可以得到相关服务，比如向较大的城市寻求帮助，或通过针对较小地方的项目，如蒙大拿州的"艺业家"等项目来获得支持。开发和运行这些职业发展课程，在很大程度上得益于以艺术家为中心的创新投资杠杆组织（http://www.lincnet.net/），十年来一直为这些项目在全美举行周期性的发布会（2003—2013）。

（5）为艺术家提供人脉网络及市场机会

城市领导者可以通过构建和支持现实及虚拟的人际网络关系——包括不同行业，利用艺术家群体的协同效应来帮助艺术家发展职业，摆脱自我雇用的局限。一些城市和州已经在投资建设高关注度的网站，并且邀请所有的艺术家在此展示他们的工作以及宣传演出活动，还以此为平台提供广泛的可利用资源。芝加哥的CAR（芝加哥艺术家资源，Chicago Artists Resource）作为城市发起的项目，在超过十年的时间里给艺术家们提供了各种各样的资源与机会，包括讲述自己的故事、宣传即将举办的活动、获得职业发展的资源、补助津贴、即将开始的试镜信息，还有寻找工作空间等（http://www.chicagoartistsresource.org/）。明尼苏达的艺术家网站（http://www.mnartists.org/）向州内数以千计的艺术家（和艺术团体）提供了建设个人主页的机会，网页上会有照片与个人资料介绍，还可以链接到表演视频、相册等能了解艺术家作品的其他地方。一些城市和州已经启动了帮助艺术家直接进入市场的项目，如蒙大拿州的蒙大拿制造项目，将区域中艺术家的作品安置在州立公园和其他零售网点；还有路易斯安那州的创意经济先机项目，在公路边的游客休息站中展示和销售艺术家的作品。

（6）在城市发展战略中纳入对艺术家的思考

有几个重要的城市议程，可以更好地利用当地艺术家和设计师的智慧——例如旅游、经济发展、社区复兴、中转站设计和公共安全领域。一些城市已经在践行"艺术家门客项目"（artists-in-residence），例如马库斯·扬（Marcus Young）自2006年以来一直在圣保罗艺术家门客项目中的公共事务部（Public Works Department）中居住。由于项目效果非常好，该市目前又新增了两个艺术家门客项目到议程表中。一些城市则战略性地开展了艺术家友好型战略计划，如圣何塞市在2008年由城市首席战略家（City's Chief Strategist）——

经济发展部的执行官领导，发起的"创意企业家精神"计划。这个计划要求城市各机构，包括规划、住房、交通和劳动力发展部门，和来自大学、营利性和非营利性艺术组织领域的领导人以及开发商，一起组成小而高能的委员会，制定出招募不同领域艺术家的相关方案。其目的是让艺术家们留在这个城市生活和工作，进而带活圣何塞市中心和其他城市区域。这个计划形成的最终报告（Mirikitani et al.,2008）中的许多建议现已被采纳。圣何塞市还为ZERO1双年展项目提供了种子资金，成效卓然。ZERO1展览中，当地艺术家和世界各地的同行跨越艺术和科技的边界共同工作，充分展示自己的作品，如环保型汽车等。ZERO1的雄心是要融合艺术和科技，并以此重振当地衰退的科技产业（Markusen and Gadwa,2010）。在西雅图，"音乐之城"路线由一任市长发起之后，得到了后续市长们的持续推广。这项举措哺育了各种流派的音乐家以及各种音乐组织，建设了不少音乐场馆，形成了关注度很高的办公室和网站——而这全由地方市政府资助（Markusen, 2012）。

（7）为创业研究及培训建立起地方艺术家与政策制定者之间的合作

大多数城市没有能力去调查艺术家的需要或是他们对城市经济的贡献能力，但很多当地艺术类和社会科学类的高校教师可以为此提供研究和评估，探讨城市创意劳动力的品质。由于文化企业的组织结构有着较强的地域性，当地研究人员需要进行环境分析。与社会科学、艺术政策和城市规划研究员建立稳固的合作关系，有助于强化城市的艺术工作成就，帮助吸引外来艺术人才以及留住本地艺术家。华盛顿大学地理学家威廉·贝尔斯对西雅图的音乐产业的研究，就在这个城市的战略中发挥

了关键的作用。甚至可以说，年轻音乐家连年流入该市也可以算是他的功劳（Beyers et al.,2004, 2008）。创业培训需求巨大，此课程其实可以整合到艺术教育机构中，如大学、院校、音乐学院、艺术高中等，此举还可以让当前学生发现留在本市的好处。因此，城市的劳动力发展机构应该积极去接触这些机构。

还有许多其他战略并没有包含在这七点概述中，诸如像洛杉矶和某些城市那样从殷实的税收中拨款来资助艺术家的做法，其效果也很显著。公共艺术项目，无论是视觉还是表演艺术，都需要依靠艺术家来完成——但城市往往没有利用好这种关系，没有让艺术家融入社区中，去启发其他艺术家，或探索他们作为社区居民和完成合同外包工作获得的体验。城市中诸如公园、滨水区、街道、废弃空地等场地和设施，可以提供空间让艺术家们推销自己的作品，对孩子进行艺术熏陶，或者仅作为自由创作和分享的空间而存在——此类例子如费城的壁画艺术项目，它已顺利进入第三个十年。该项目由艺术家发起，具有社区美化功能，同时还给青年以及囚犯提供技能培训，帮助他们在未来实现就业（Markusen and Gadwa, 2012）。

2.1.4 设计一座"艺术家-企业家"之城

通过来自Our Town（NEA，恩颐投资）和ArtPlace（财团基金会）等的资金支持，创意企业家在美国的发展已经获得官方支持。这个理念青睐"特色城市"战略，并逐渐抛弃了19、20世纪以高额成本复制其他大城市（包括欧洲）艺术宫的发展模式（Markusen and Schrock,2006b）——很多这类投资都是费用高到难以持续维护，更别说再增加新的建设。现在，评论界越来越注意艺术参与的新趋势——人们更关心体验、场地，以及文化产

品的独特性。19世纪以欧洲为中心的大规模的美术展览模式已饱受质疑（Brown,2012; Brown and Markusen,2013），因此越来越多的艺术家——而不是艺术机构，正在成为建造和改造城市的推动力。与此同时，经济发展战略和政策越来越多地转向职业培养，肯定人力资本的重要性和创业的意义，从而对传统产业战略进行补充（Markusen, 2004）。

城市政府要想高效地服务于创意产业企业家，就必须重新配置其人员结构，并寻求新的合作伙伴。城市规划要想变得更加适合艺术与创意发展，需要成立跨部门的工作组。文化事务部、经济和劳动力发展部、市政部、交通部、住房管理局的工作人员须在一起分享观点，以制定有效而透明的方针。禁止建立艺术生活、工作一体化空间的分区条例以及让音乐家难以谋生的噪声法令等的各种障碍都有待工作组去解决。这些可以通过修改商业和劳动力发展计划，将创意企业家的特殊情况纳入其中来加以解决。这还可以为艺术人才进入交通等重大公共工程项目领域进行工作铺平道路。此外，走出市政府的高墙，市长、议员，与其他公职人员需要更好地了解非营利性艺术组织，尤其是以艺术家为中心和培育艺术家的那些组织。21世纪将是特色城市的时代，而创意艺术家和设计师正是其中的关键。

致谢：本文英文原版"How Cities Can Nurture Cultural Enterpreneurs"首发于考夫曼基金会的政策摘要（Kaufmann Foundation Policy Brief）中，感谢考夫曼基金会的许可，使中文版得以刊发本书。

参考文献

[1] BEYERS W, BONDS A, WENZI A, SOMMERS P. The Economic Impact of Seattle's Music Industry. Seattle: City of Seattle, Office of Economic Development, 2004.

[2] BEYERS W FOWLER C, ANDREOLI D. *The Economic Impact of Music in Seattle and King County*. Seattle, Wash.: Mayor's Office of Film and Music,2008. http://www.seattle.gov/music/impactstudy.htm.

[3] BROWN A. "All the World's a Stage: Venues and Settings, and the Role They Play in Shaping Patterns of Arts Participation." GIA Reader, 2012.Vol. 23, No. 2, Summer. http://www.giarts.org/article/all-worlds-stage.

[4] Center for Cultural Innovation. 2008. *Business of Art: An Artist's Guide to Profitable Self-Employment*. Los Angeles, Calif.: Center for Cultural Innovation. 2nd Edition, 2012.

[5] ELLIS M, BARFF R, MARKUSEN A. 1993. "Defense Spending and Interregional Labor Migration." *Economic Geography*, Vol. 69, No. 2: 1–22.

[6] FLORIDA R. *The Rise of the Creative Class*. New York: Basic Books, 2002.

[7] FRISCH M, BOHRER D. *The Status of Artists in Kansas City*. Kansas City, Mo.: KC Artist LINC, Arts Council of Metropolitan Greater Kansas City, January 2008.

[8] GADWA A,MUESSIG A. *How Artist Space Matters II: The Riverside, Tashiro Kaplan and Insights from Five Artspace Case Studies and Four Cities*. Minneapolis: Artspace Projects and Metris Arts Consulting, July 2011.

[9] GADWA A. *How Artist Space Matters: Impacts and Insights from Artspace Project's Developments*. Minneapolis, Minn.: Metris Arts Consulting, January 2010.

[10] GUILD H. "ArtSpace Cleveland Makes a Difference: Cleveland's Live-Work Zoning Ordinance Allowed Warehouses to be Converted to Lofts." *Can Journal*, Spring, 2013.http://canjournal.org/2013/04/artspace-cleveland-makes-a-difference-clevelands-live-work-zoning-ordinance-allowed-warehouses-to-be-converted-to-lofts/.

[11] GRODACH C, SEMAN M. "The Cultural Economy in Recession: Examining the US Experience." 2013.*Cities* 33: 15–28.

[12] JACKSON, ROSARIO M, KABWASA-GREEN F. *Artist Space Development: Making the Case*. New York: Leveraging Investments in Creativity,2007. http://www.

lincnet.net/sites/linc//images/3818/ASD_making-the-case.pdf.

[13] JOHNSON A. "Minneapolis Zoning Code: Artist Live/Work Recommendations," Masters' Professional Paper, Humphrey School of Public Affairs,2006.http://works.bepress.com/amanda_johnson1/.

[14] MARKUSEN A, BROWN A. "From Audience to Participant: New Thinking for the Performing Arts." In Vera Borges and Pedro Costa, *Desvendando o Teatro: Creatividade, Públicos e Território.* Lisbon, Portugal: CES, forthcoming,2013.

[15] MARKUSEN A, JOHNSON A. *Artists' Centers: Evolution and Impact on Careers, Neighborhoods and Economies.* Minneapolis: Humphrey Institute of Public Affairs, University of Minnesota, February 2006. http://www.hhh.umn.edu/projects/prie/PRIE--publications.html.

[16] MARKUSEN A, GADWA A, *Creative Placemaking,* Washington, D.C.: Mayors' Institute on City Design and the National Endowment for the Arts, October, 2010. www.nea.gov/pub/CreativePlacemaking-Paper.pdf.

[17] MARKUSEN A, KING D. *The Artistic Dividend: The Hidden Contributions of the Arts to the Regional Economy.* Minneapolis, Minn.: Project on Regional and Industrial Economics, University of Minnesota, July 2003. http://www.hhh.umn.edu/projects/prie/PRIE--publications.html.

[18] MARKUSEN A, SCHROCK G. "The Artistic Dividend: Urban Artistic Specialization and Economic Development Implications." *Urban Studies,* Vol. 43,2006a. No. 10: 1661–1686.

[19] MARKUSEN A,SCHROCK G. "The Distinctive City: Divergent Patterns in Growth, Hierarchy, and Specialisation," *Urban Studies* 2006b. 43 (8):1301–1323.

[20] MARKUSEN A, SCHROCK G. *The Distinctive City.* Project on Regional and Industrial Economics, University of Minnesota, unpublished manuscript, 2013.

[21] MARKUSEN A, ODEN M. "National Laboratories as Business Incubators and Region Builders." *Journal of Technology Transfer* 1996. *21*(1–2): 93–108.

[22] MARKUSEN A, GADWA A, SHIFFERD P. *San José Creative Entrepreneur Project: Artists' Resource and Space Study.* San Jose, Calif.: Center for Cultural Innovation, September 2008.

[23] MARKUSEN A, GILMORE S, JOHNSON A, LEVI T, MARTINEZ A. *Crossover: How Artists Build Careers across Commercial, Nonprofit and Community Work.* Minneapolis, Minn.: Project on Regional and Industrial Economics, University of Minnesota for the James Irvine Foundation, 2006 http://irvine.org/news-insights/publications/arts.

[24] MARKUSEN A. "Targeting Occupations in Regional and Community Economic Development." *Journal of the American Planning Association,* 2004.Vol. 70, No. 3: 253–268.

[25] MARKUSEN A. "Urban Development and the Politics of a Creative Class: Evidence from the Study of Artists." *Environment and Planning A*, 2006.Vol. 38, No. 10: 1921–1940.

[26] MARKUSEN A. "City Creative Industry Strategies: the State of the Art," Companion Report to the Otis Report on the Creative Economy, December, 2012. www.otis.edu/econreport.

[27] MIRIKITANI C, SEVIER E, MARKUSEN A. *Creative Entrepreneur Project San José: Final Report and Recommendations.* San Francisco, Calif.: Center for Cultural Innovation, April 2009.

[28] RENDON M,MARKUSEN A. *Native Artists: Livelihoods, Resources, Space, Gifts.* Minneapolis, Minn.: Project on Regional and Industrial Economics, December 2009. http://www.hhh.umn.edu/projects/prie/PRIE--publications.html.

[29] SCHROCK G. "Innovation and High-Technology Producer Services: Evidence From Twin Cities Firms." Unpublished master's thesis. Minneapolis: Humphrey Institute of Public Affairs, University of Minnesota, 2003.

[30] STUBBS R. "Public Funding for the Arts: 2013 Update." Grantmakers in the Arts Reader,2013. Vol. 24, No. 3, Fall. http://www.giarts.org/article/public-funding-arts-2013-update.

2.2 西雅图、明尼苏达双城、圣何塞 / Seattle, Minnesota Twin Cities, San Jose

城市创意产业战略——艺术的地位

安·马库森(Ann Markusen) 著

唐婧娴 译

Seattle, Minnesota Twin Cities, San Jose: City Creative Industry Strategies–the State of the Art

美国文化产业在世界经济中长期处于重要的地位，无论是艺术、设计还是娱乐行业都具有创造力和全球领导力，包括电影和电视、录音、广播、出版、表演及视觉艺术、媒体艺术、建筑、旅游等。视觉、音乐、写作和其他表达技巧为此奠定了坚实的基础。洛杉矶是美国文化产业最为集中的城市，洛杉矶周边郡县及洛杉矶大都市区聚集的艺术家远超国内的其他地区。在这里，艺术家占劳动力的较大比重，该区域比美国其他的任何区域对艺术工作者都更具有吸引力（Markusen, 2010）。

自2007年以来，洛杉矶地区的创意经济奥提斯报告（Otis Report on the Creative Economy）阐述了洛杉矶文化产业的巨大影响，另一些研究亦表明这一产业对于全州的重要意义，文化产品可以对州内其他地区的商业产生带动作用（Markusen et al., 2011）。然而，不断增加的国内外研究人员则认为，这里的创意经济并没有得到应有的好评和培育（Howkins, 2008）。为此，本节通过研究美国西雅图、明尼苏达双城、圣何塞三个地方的创意产业策略，以期对洛杉矶创意产业的发展给出建议和启示。

为了鼓励非营利艺术和设计的发展，展现艺术组织、艺术产业对经济的影响，一些倡导团体的国家和地方工作人员，如"美国艺术人"，做了大量的宣传工作（AFTA, Arts and Economic Prosperity IV; Creative Industries Reports, 2012）。然而，当像美国科学促进会（American Association for the Advancement for Science）这样的一流大学和组织，在整理STEM（科学，技术，工程学和医学）的案例时，发现创意产业并没得到协调一致的关注和扶持，从而保持地方在该领域的世界领先地位。培育创意产业的任务被推给州、区域和城市，而地方上能给予的支持莫过于"适度的电影税收优惠"之类的政策，尽管许多研究者认为这种政策的影响并不可靠。

比尔·艾维（Bill Ivey），回想担任全国艺术捐赠协会主席的那段时间（2008），他说全国艺术捐赠协会在知识产权和媒体整合策略上的资金支持，与国家能源局与通信委员会和联邦贸易委员相比相形见绌。当然，还是有制定创意产业发展政策的新组织和强有力的案例存在的。南加州大学诺曼李尔中心在数字技术、自主知识产权、时尚和娱乐方面的研究，一直处于领先地位（例如Bollier, 2003）。他们致力于将艺术（Arts）加入奥巴马的"STEM"计划，使之成为"STEAM"的一部分（Egers, 2010; Rhode Island School of Design, 2012）。不过归根结底，到目前为止美国创意产业战略的最佳范例依然是城市和区域层面上的实践。

笔者将回顾三个美国城市在策划、实施和资金支持之下的创意产业策略：

（1）西雅图：音乐之城（City of Music）计划。由西雅图市长发起，西雅图市政府领导。它旨在建立与音乐家、非营利性音乐机构和研究人员之间的合作关系，致力于提升音乐产业，支持音乐家，留住音乐企业。计划在增加场地、引进新的合作伙伴项目的同时，还发起了内容与技术方面的支持活动。

（2）明尼阿波利斯和圣保罗（Minneapolis, Saint Paul）拥有十几个艺术家中心，由艺术家团体发起，依靠非营利组织运行，通过州和地方政府提供的资助，以及艺术家中心自己赚取的部分资金来维持。这些中心有针对专业特别设计的场地，并提供艺术家们共享的空间、设备、指导、反馈和展览、表演、教学的机会，是人力资本的艺术产业战略推动商业广告和出版发展的杰出范例。

（3）圣何塞（San Jose）的ZERO1双年展和车库展。由硅谷高管和地方艺术家合作组成的非营利性艺术组织发起，并获得城市、企业和投资人的支持。这项婚纱艺术技术项目，通过公共庆祝活动的举办，让区域企业和艺术家联合推动创新进程，改变了硅谷的面貌和发展轨迹。

这些战略的共性在于每个战略都发挥了它所在区域的独特优势，并通过不同的方式来强化网络构建，促进和传播专业知识和创新。战略都瞄准创业者——艺术家，大企业内的小团体在过程中扮演了重要角色，项目和活动趋于小型化、经济可行。各个战略均关注不同团体在策略实施过程中的作用，希望通过项目获得美学和经济上的双重价值。这些战略最终通过扩大的和专业化的艺术设计劳动力，形成了新的企业并获得回报，提升了地方创意产业的口碑。笔者接下来将简要阐述它们的形成、运行和后续的一些影响。

文末，笔者将阐述地方和州政府在创意产业发展战略上所面临的政治和组织方面的挑战，以及洛杉矶是如何处理这一问题的。2011年到2012年，由盖蒂信托基金（Getty Trust）牵头，洛杉矶所在区域提出了"太平洋标准时间（Pacific Standard Time）"提案。提案指出要聚集和拓展视觉艺术，它让1950年至1980年的视觉艺术重新回到公众视野中，也回到了国家和国际的舞台上。关于这个计划，笔者在这里不会过多的讨论，因为相关介绍已有很多，比如最近出版的一篇经济研究报告（Los Angeles County Economic Development Corporation, 2012; Smith, 2011）。

2.2.1 "西雅图：音乐之城"

西雅图提出了"西雅图：音乐之城"计划，将音乐产业定位为城市的基础发展方向，成功吸引来了无数的音乐从业者和音乐爱好者。该项目不仅提升了音乐产品的销量，以及音乐从业者和场地提供者与组织者的收入，并培育了行业内部的联系网络、产业创造力以及催生出新的相关企业。自2002年实行该项目以来，西雅图在城市主页上高频率的展示和宣传了该主题的相关内容，同时在策略上鼓励户外音乐节、积极促进不同风格音乐的发展以及相关场地的建设、努力吸引与音乐产业相关的企业在当地留驻、支持中小学音乐教育、增加音乐从业者的住房拥有率、推动音乐从业者的医疗保障项目建设，并着眼未来，对技术的研发提供广泛的支持。这一项目的影响力也在当地商会以及西雅图塔科马国际机场的帮助下而不断扩大。

1995年，包括涅磐（Nirvana）乐队的贝斯手克里斯丁·诺沃斯利克（Krist Novoselic）在内的西雅图的音乐家们，成立了艺术家与音乐家联合政治行动委员会（JAMPAC），以此抵抗市政厅的反舞蹈产业条例和海报禁令。他们持续以"你会为音乐做什么"为口号，在一系列市议会活动和市长竞选活动中展开攻势，并取得了成功。

2002年，熟悉音乐产业的市长格雷戈里·尼科尔斯（Gregory Nickels）在就职后，委托华盛顿大学的地理学家威廉·贝尔斯（William Beyers）在2004年开展了关于文化产业经济影响力的研究（2004），并于2008年委托他们进行进一步的深化研究（Beyer et al., 2008）。在贝尔斯和他的同事们撰写的产业报告中，他们没有采用大多数文化产业影响力研究所用的常见做法，突破了仅针对非营利性音乐机构进行调研的局限，将研究范围扩大化，从而在该领域中取得了新的成果。他们打破了不同领域之间的界限，研究了各个领域中联系音乐人与消费者的企业（包括乐器生产商、音乐创作者、音乐教师、设备零售商、录音室等），以及包括俱乐部、交响乐厅在内的音乐演奏场所，并跟踪调查了音乐产业相关企业的收入，以及他们在公开发行领域、电子流媒体领域和现场表演领域等环节

中的影响力（图2-1）。研究过程中，他们与相关产业参与者组成的咨询委员会紧密合作，因而能够识别音乐产业这一由多种元素和脉络组成的复杂体系。在2008年的研究中，他们估算音乐产业在西雅图地区创造了20,193个工作岗位，并为华盛顿金县（King County）贡献了22亿美元的销售额、8.4亿美元的利润以及1.48亿美元的税收收入。

贝尔斯等人的研究不仅揭示了音乐产业对于经济的重要性，他们还促进了一大批西雅图音乐产业中不同领域参与者们的联合（Markusen and Gadwa, 2010: 40-41）。2008年，根据贝尔斯提出的概念，市长尼科尔斯设立了西雅图影视业与音乐产业的联合办公室，该办公室直接由市政府普通基金提供财政支持。市长尼科尔斯同时任命詹姆斯·柯布拉斯（James Keblas）主管该办公室。詹姆斯·柯布拉斯是VERA项目的创立者，该项目旨在为未达到法定饮酒年龄的年轻人提供位于西雅图市中心的演出场所，它由政府资金和私人部门资金共同出资设立，在西雅图取得了广泛成功。西雅图影视与音乐办公室的成立也意味着西雅图市政府愿意为城市的艺术产业经济发展提供持续的资金支持。

柯布拉斯和他的同事们努力让音乐领域，包括商业组织、非营利组织、政府组织在内的参与者广泛参与到城市艺术产业的建设中来。"西雅图：音乐之城"的建设理念也成功延续到市政府于2009年换届之后。目前，西雅图的音乐委员会旗下有21名音乐产业委员，其中一半委员由市长指定，另一半由市议会指定。

"西雅图：音乐之城"的网站（http://cityofmusic.com/）主要从三方面推动音乐之城的建设，包括音乐家之城、音乐现场之城和音乐产业之城。除了两个专门从事该项目的岗位是由市政府以每年低于200,000美元的市政预算直接支持以外，

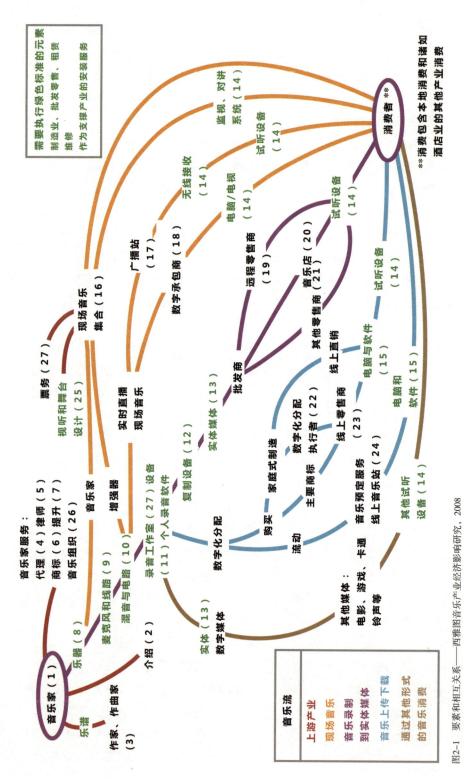

图2-1 要素和相互关系——西雅图音乐产业经济影响研究，2008

资料来源：Derik Andreoli, from William Beyers, Christopher Fowler, and Derik Andreoli. 2008. The Economic Impact of Music in Seattle and King County. Seattle, WA: Mayor's Office of Film and Music http://www.seattle.gov/music/impactstudy.htm

"西雅图：音乐之城"项目的经费主要来自私人部门，同时非营利机构也提供一部分的相关服务。例如，网站列出了由非营利艺术类机构出资并建立的音乐家健康中心的名录，以及由Sub Pop音乐公司出资设立的高中音乐家奖学金项目等。在音乐委员会以及其他参与者的支持下，市政府每年资助200名到300名高中生和大学生，帮助他们思考如何在西雅图建立自己的音乐事业，而不是在纽约或洛杉矶。市政府同时减免了音乐场馆的部分税收，目前该政策已惠及19所营利性场馆、16家非营利性场馆以及52个音乐组织。

在短短几年中，"西雅图：音乐之城"项目吸引了许多热情的合作伙伴。今年秋天，西雅图商会（Seattle Metro Chamber of Commerce）提出了自己的"音乐之城"计划，计划为音乐产业宣传提供丰富的资源，并在奥林匹亚及华盛顿特区积极开展游说。商会决定进行专业化发展，包括举办各类年度活动，指导企业如何将当地音乐融入其广告宣传中。此外，西雅图-塔科马国际机场也与市政府、西雅图港和专业音乐网站PlayNet合作，发起了"体验音乐之城"的主题活动，在机场的所有登机口以及行李提取处的显示屏和广播中播放当地音乐。机场还组织艺术家们来进行机场公告的播报，并在机场的免费Wifi界面中植入当地音乐的网页播放器，"点击即可享受各种风格的音乐"（http://www.portseattle.org/Sea-Tac/Passenger-Services/Pages/ Music.aspx）。机场经理认为，音乐能够整合机场形象并促进销售。他们还计划在机场发起街头艺人项目，让街头艺人在巴士上表演，让音乐与乘客一路随行至市中心。

此外，鉴于软件和数字平台在音乐制作和消费领域不断提升的地位，"西雅图：音乐之城"要发展的下一个项目是促进音乐产业与本地技术产业簇群的合作，以创作生产商（如音乐家、艺术家）为中心，推行扶持技术企业的相关政策，以此来培育适合包括软件、游戏生产商在内的影视、音乐、交互式媒体等领域中的企业发展商业环境（图2-2）。

"西雅图：音乐之城"项目帮助西雅图巩固了其在众多音乐资源丰富城市中已占有的强势地位。在近期的一项研究中（Florida，2012），西雅图在音乐家与音乐相关产业聚集度方面名列第五，排在纳什维尔、纽约、洛杉矶和旧金山之后。现场音乐表演的普遍性帮助该城市提升了民众的参与度，引导当地消费者将可支配收入用于音乐产业消费，并以此促进了当地的产业创新（Markusen，2012）。此外，在当地居民热情地参与到音乐产业的消费中时，他们也同时营造了一种氛围，吸引着更多的新居民以及游客。除了年轻人以外（Shellenbarger，2009），更不乏退休人群被当地的古典音乐和爵士乐以及新生代音乐家所吸引。

2.2.2 明尼阿波利斯和圣保罗的"艺术家中心"

持续培育艺术家专用空间是创意产业的人力资本战略的一部分。它的核心在于培养相关劳动力，或是直接通过艺术家来建设相关企业，因此与一般经济发展政策有所区别。艺术家通过国家和地方的劳动力发展计划聚集在一起，特别是难就业的青年和闲散蓝领。这样的艺术家中心对于他们是一个不错的选择，特别是当这些中心利用学科标准和行业原则来进行组织时。

自20世纪70年代以来，艺术家中心就成为"双城"创意产业发展策略的重要组成部分。这些艺术家中心的排名在十年间不断上升，少有下滑（表2-1）。艺术家中心为非营利组织所运营并提供专业空间，收取极低的年费，向所有人开放。

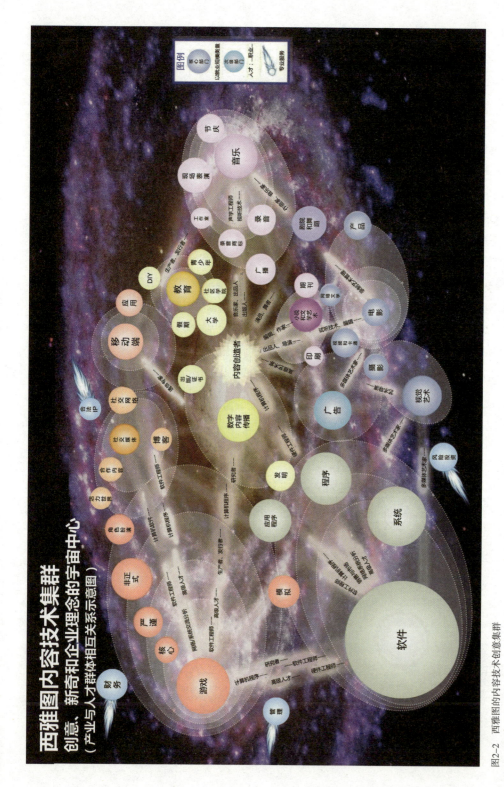

图2-2 西雅图的内容技术创意集群

资料来源：Claudia Bach, AdvisArts, and Chris Mefford, Community Attributes International, for Seattle Office of Film + Music, November 2010.

表2-1 明尼苏达州的艺术家中心:起始年、预算和成员数,2004.5

	起始年	年度预算($)	成员数
美国作曲家论坛 (American Composers Forum)	1973	2,300,000	700
城市电影 (Film in the Cities)	1970	——	——
印制品高点中心 (Highpoint Center for Printmaking)	2000	305,000	325
IFP明尼苏达媒体艺术中心 (IFP Minnesota Center for Media Arts)	1987	800,000	500
表演与视觉艺术交流中心 (Interact Center for Performing & Visual Arts)	1995	1,400,000	100
综合媒介艺术 (Intermedia Arts)	1973	1,000,000	200
阁楼文学中心 (Loft Literary Center)	1974	1,800,000	2700
明尼苏达书籍艺术中心 (Minnesota Center for Book Arts)	1983	850,000	700
明尼苏达摄影中心 (Minnesota Center for Photography)	1989	350,000	600
明尼苏达舞蹈联盟 (Minnesota Dance Alliance)	1978	——	——
北部黏土中心 (Northern Clay Center)	1990	1,235,800	600
剧作家中心 (Playwrights' Center)	1971	700,000	550
SASE:写作之地 (SASE: The Write Place)	1993	300,000	100
材料中心 (Textile Center)	1994	500,000	800

资料来源:Ann Markusen and Amanda Johnson, Artists' Centers: Evolution and Impact on Careers, Neighborhoods and Economies, Minneapolis: Humphrey School of Public Affairs, University of Minnesota, February, 2006. http://www.hhh.umn.edu/projects/prie/PRIE—— publications.html. Data from interviews, websites, annual reports

艺术家中心为诸如作曲、剧本创作、版画、摄影、电影制作、陶瓷、写作等特定艺术门类提供服务,或在一些街道或社区开展跨领域的艺术交流工作。

那么在这些艺术家中心里发生了什么呢?它们培育了经验丰富、具有商业思维和批判精神的成功艺术家、学徒、新艺术家和艺术爱好者,让他们能够共享空间、技术、设备、艺术品和图书资源。在这些中心内,活跃的作家和艺术家在艺术上找寻灵感,在商业上得到所需资源。他们还获得了若干的机会来展示、展览他们的作品。经验丰富的艺术人会有偿的教授正式的课程,讲解先进的艺术手法,以及介绍如何进行商业营销。艺术家在这里得到资助和奖项,并分享他们的经验,以此回馈中心(Markusen and Johnson, 2006)。

"双城"计划中,收入最好的就是阁楼文学中心(Loft Literary Center)。1974年,明尼苏达大学的作家和诗人想要寻找创作的地方,并致力于以创作方式谋生,因此该中心最初以作家公寓的形式出现。这些人推出诗歌创作的课程并进行广告宣传,引发大量渴望"后正规"教育的成年人纷纷报名。截至2006年,阁楼中心已经开办了第六个分支机构,拥有3500个成员,预算达到230万美金。阁楼中心的收入结构比较复杂,其中40%—45%来自课程收入、工作室租金、商业出租、会员费以及区域基金会(份额最大)——包括明尼苏达州艺术委员会、明尼阿波利斯和圣保罗(表2-2)。

表2-2 区域基金会公共部门在不同时期的资助情况($)

	区域基金会 2001-5	明尼苏达州艺术委员会 2001-5	明尼阿波利斯,圣保罗,1983—2005	总计
阁楼文学中心 (The Loft Literary Center)	2,450,000	225,612		2,675,612
美国作曲家论坛(明尼苏达) (American Composers Forum (MN))	2,030,700	352,044	75,000	2,457,744
剧作家中心 (Playwrights' Center)	2,116,870	131,228	28,000	2,276,098
北部黏土中心 (Northern Clay Center)	1,464,000	198,703	200,000	1,862,703
综合媒介艺术 (Intermedia Arts)	1,132,000	230,396	330,000	1,692,396
IFP明尼苏达媒体艺术中心 (IFP Minnesota Center for Media Arts)	1,240,000	97,749	47,500	1,385,249
明尼苏达书籍艺术中心 (MN Center for Book Arts)	432,600	133,867		566,467
SASE:写作之地 (SASE: The Write Place)	433,060	98,339		531,399
明尼苏达摄影中心 (Minnesota Center for Photography)	300,000	66,282		366,282
材料中心 (Textile Center)	159,000	49,252		208,252
印制品高点中心 (Highpoint Center for Printmaking)	166,080	11,200		177,280
表演与视觉艺术交流中心 (Interact Center for Visual & Performing Arts)	30,000	104,006		134,006
总资助 (Total all Foundations)	11,973,310	1,698,678	680,500	14,352,488

资料来源: Sources: Ann Markusen and Amanda Johnson, Artists' Centers: Evolution and Impact on Careers, Neighborhoods and Economies, Minneapolis: Humphrey School of Public Affairs, University of Minnesota, February, 2006: Tables 5, 6. http://www.hhh.umn.edu/projects/prie/PRIE—— publications.html. Data from interviews, websites, annual reports

众多"双城"艺术家中心为这个地区的创意产业，培育了诸如出版、广告和音乐（广播和现场表演）等领域中的高品质人才。"双城"内，作家比重的持续增加最好地证明了阁楼文学中心的长期影响。尽管有区域间的流动，但明尼苏达州本土的作家增速依然超过其他地区（Markusen and Schrock, 2006）。通过培育庞大而多样化的熟练的作家群体，明尼苏达州的出版业蓬勃发展。不过，商业和非营利性出版企业对阁楼文学中心的资助非常少。在美国国内，明尼苏达州艺术家中心的作家群体最负盛名。当然，所有的艺术职业——表演艺术家、视觉艺术家、音乐家、设计师和建筑师的比例都因为"双城"战略高于全国的平均值，这也证明了艺术家中心的贡献。

阁楼文学中心和其他艺术家中心的成功，有赖于充足且持续的艺术社区支持、良好的管理以及稳定的收入来源。该中心之所以可以持续发展，原因在于基金会项目负责人不仅给予其慷慨的支持，更希望该中心成立领导机构来指导建立新的中心。艺术类机构的队伍日渐庞大，各类中心发挥了专业知识特长，有力地塑造了该地区创意产业的独特性。这些中心有助于形成跨越不同艺术门类的密集网络（商业、非营利组织和社区），并提高他们的专业化水平。

通过课程设置、设备提供、运营工作坊和监管，中心以低廉的成本孵化了众多企业，让小型企业和艺术家独资企业成为可能。

2.2.3 圣何塞的ZERO1双年展和车库展

圣何塞的ZERO1双年展和车库展将技术与艺术融合成新的商业领域，并重塑了硅谷作为一个生活和工作场所的形象。ZERO1作为圣何塞的一个非营利性艺术机构，它的主要理念是：（1）艺术的核心是合作、实验、发现和发明；（2）艺术能引发我们对当代世界的批判性理解（Markusen & Gadwa, 2010: 52-53）。ZERO1建立在硅谷非凡的技术实力基础之上，并理解视觉、声音、设计内容以及艺术家独特的创作方式。在未来，ZERO1会对硅谷的经济起到越来越重要的作用。

作为当今世界上最大和最负盛名的同类节日之一，ZERO1的第四次双年展于2012年9月举办，其开幕式吸引了17,000人前来参与，在整个秋季开放期预计接待参观者超过75,000人（http://www.zero1biennial.org/contemporary-art-biennial-engages-visionary-media-artists）。ZERO1向工作在艺术和技术前沿领域的国际及本土艺术家发出艺术竞赛邀请，有超过100名艺术家被选中参加2012年的竞赛，在由圣何塞及整个海湾区内多样的非营利性艺术机构提供的平台上，他们展示了自己大大小小的艺术作品。人们也可以用网络和手机看到这些作品。艺术家引领工作坊全天候的参与到展示硅谷的创造力、创业精神和革新精神中来。这是一个跨界的展览，囊括了视觉和表演艺术、戏剧、音乐及公共艺术设施等不同领域。

ZERO1对艺术和技术的积极革新可以追溯到20世纪90年代中期，当时安迪·坎宁安（Andy Cunningham），一位善于处理公共关系及进行战略沟通的硅谷企业家，在洛杉矶用摩托罗拉公司赞助的200万美元举办了一个互动媒体节。节日云集了众多代表未来发展趋势的艺术家和项目，包括马克·安德森（Marc Andreessen）的艺术作品"揭示马赛克（unveiling Mosaic）"（网景公司前身）。为了后续培养艺术与技术的交叉领域人才并做出示范，坎宁安组建了一个委员会，并成立非营利性组织Ground Zero，在"9·11"事件后更名为ZERO1（Markusen and Gadwa, 2010: 52-3）。

双年展与ZERO1，以及由圣何塞市和地区基金会及公司所支持的40个硅谷艺术团体，乃至硅谷以外的5个团体之间，有着错综复杂的合作关系。作为使用合作伙伴场地的回报，ZERO1推出了非营利性的合作伙伴网络，给他们提供策展的专业知识和国际认可，使他们可以接触到各地有创造力的艺术家们。有志成为硅谷的中心的圣何塞市为艺术发展提供了重要的早期支持。圣何塞市与Adobe公司和圣何塞州立大学一道，帮助ZERO1举办了2006年国际电子艺术论坛和2008年双年展。由于城市的预算紧缩，ZERO1发现自己必须直接与非营利性的文化合作伙伴对有限资源进行竞争，因此ZERO1转向争取慈善事业和私营部门的支持。2010年，在ZERO1约1.5万美元的预算中，有50%-60%由基金会提供，其余大部分来自企业赞助，来自入口端的收费收入不到10%（Markusen and Gadwa, 2010）。展望未来，ZERO1希望实现35%的收入来源以基金作为基础，30%以企业投资为基础。

从ZERO1 2006年第一次双年展到2012年的展览，其展览时间已经从三周时间扩大到四个月，空间范围也超越了硅谷扩大到海湾区的其他地方，获得了新的受众，提供了新的接入点，并志在发展成为整个硅谷地区的双年展。

ZERO1也在加深其对圣何塞的影响，它与圣何塞市合作，创办了国家艺术基金会，向城市赠款支持SOFA地区的六个新建平台。此外，还与城市共同举办了60个临时项目，作为周五晚上街头艺术节的组成部分；另一个创举则是ZERO1还与E-Bay合作，在E-Bay圣何塞总部推出了新的公共艺术项目。

2012年秋天，ZERO1举办了车库展，艺术创造的原则被应用到真实世界的创新挑战中。车库展基于两项革命性的操作原则而建立。首先，它为区域技术公司——如谷歌和Adobe公司，以及更远区域的公司，提供与车库展的艺术家工作三个月到十二个月的机会，共同解决一些诸如"一个自由和开放的互联网世界在十年后看起来会是怎样？"这类创新挑战。技术公司作为客户来阐明问题，并与ZERO1一道寻找合适的艺术家进行解决。乔尔·斯雷顿，ZERO1执行董事认为，"以人为本"的设计将成为21世纪的典范，企业都在问"我们如何才能变得更加有创意"，他们希望得到启发和挑战，在摸索与尝试过程中寻找下一个新事物、新工具和新的应用程序。"我们不是试图使艺术家成为产品开发人员，我们让他们做他们自然而然会做的事，他们向我们展示自己的激进实验，让我们关注到那些颠覆性的诠释。ZERO1的职责就是将艺术实验的准则转化成对企业有用的创造和创新。"

"车库"的另一经营原则是将这项工作，即他们所有的工作，置于一个完全开放的环境，以此面对公众。它在成员工作的地方建立工作室和实验室，使一切公开可见。它的行政办公室也同样透明，人们可以步行进入传媒休息室、办公室和会议室，甚至董事会会议室。ZERO1的组织被展出，其展览都是公开的，非封闭式的。

ZERO1是21世纪的非营利艺术组织如何在迅速变化的世界中发挥作用的一个典范。它更像是一家原创公司，而不是一个艺术展示机构。2010年绿色大奖赛（Green Prix）是一个两年一次的平台，围绕生态运动——人们如何通过在城市空间中使用经改良的滑板、自行车、太阳能汽车，以及自我导航汽车等一切交通工具问题展开。艺术家的作品在游行展示之后，被送到一个人们可以花几天时间仔细观赏并和作品创作者交谈的空间中。

车库展希望通过艺术家的超凡创意为快速发展的企业增加价值，从而也实现自己的繁荣。它始终是一个致力于地方的非营利艺术机构，使圣何塞和

图2-3 "慢车"（slow dog）：维蒂希、杜里、加德纳、李，ZERO1双年展绿色大奖赛，2010
资料来源：ZERO1 San José, California, photo by Patrick Lydon

硅谷可以不仅仅因为它的奇异，更因其艺术的丰富多样性而在未来变得更加著名。

2.2.4 案例之外

在美国、加拿大、英国、澳大利亚等国家，创意产业的主角正在尝试新的组织形式、展示形式和政策，其中有几个值得一提。美国许多州和城市纷纷推出相关项目和网站，通过业务培训、指导、人际联系和资金支持去帮助独立艺术家绘制职业生涯蓝图，提高生活水平。比如总部位于洛杉矶的文化创新中心，已经成为全国在该领域的领导力量之一（www.cciarts.org）。它出版的《艺术事业》的第二版"成为一个盈利自雇艺术家的指南（2012）"成为该领域的顶级读物。

一些地区已经接受了创意产业的挑战，包括先驱路易斯安那州，副州长米奇·朗德罗于2005年召开了文化经济倡议大会，接着奥本协会（Mt. Auburn Associates'）出版了《路易斯安那：当文化决定商业》（2005年）一书。该书将战略眼光集中在食品、烹饪艺术、文学艺术、音乐和历史资产保护等一些该州特色的行业领域中。一项正在实施的创意经济政策是通过州内部税收减免去支持原创艺术作品的销售，以及在指定的城市或乡村文化区内翻新具有历史特色的建筑供城市或乡村特定地区的艺术家和机构使用（要进一步了解此政策"如何在一个小城市中培育艺术作品"，参见Markusen, Gadwa, 2010: 42-3）。

其他城市已经开始设计并赞助创意产业的技术和咨询服务，以帮助小型创业型企业成功。曼彻斯特（英国）的创意产业发展服务（Creative Industry Development Service, CIDS）是一项历经十年之久的努力而形成的服务，它能够激发营利性企业的成长，特别是在时尚和音乐领域，提供战略规划和业务技能上的技术援助，以及形成高效的联系网络。

创意产业发展服务机构CIDS是由当地大学的地理学家贾斯汀·奥康纳（Justin O'Connor）在研究城市创意产业的基础上建立起来的，并得到了曼彻斯特政府的资助。CIDS虽然资金预算有限，但工作十分高效。它促使城市北部出现了一批蓬勃发展的新兴企业（O'Connor and Gu，2010）。然而，该组织由于官僚之间相互争夺在区域内的权利而陷入没落，之后在营利性公司"白室（White Room）"的主持下继续开展工作（http://www.creativetimes.co.uk/directory/the-white-room），此公司由CIDS前总监安迪·洛瓦特（Andy Lovatt）所领导。

2.2.5 洛杉矶会如何？

洛杉矶为创意产业提供了奇妙的实验室，这里进行着关于产业增强计划的试验。这里蕴藏着一支庞大、充满活力的艺术队伍，其中的成员从事着表演、电影或视频、文字、音乐、视觉表达、数字媒体、时尚、设计和娱乐等各种专业活动。洛杉矶的很多创意产业处于龙头地位，但是在广告、宣传、出版等许多方面，洛杉矶的资源集中程度却落后于芝加哥、纽约和波士顿这样的大都市。不过，世界的未来仍可掌握在洛杉矶的专业流水线上——可视听化的交流模式、共享音乐的电子平台、电影和游戏，以及整合各种艺术和设计学科的能力。洛杉矶拥有许多软件和技术人才，这是曾经占主导地位的航空航天产业留下的财富。城市与不同机构举办了各种复杂的商业活动——从庞大的文化产业的企业到无数的小型创业公司。这里的艺术家善于跨越商业、非营利和社区部门之间的界限开展工作——即便他们所工作的机构也很难做到这一点（Markusen et al., 2006）。洛杉矶人口的多样性为增强本地的文化内涵提供了非凡的资源，并将影响传播到了全球各地。

洛杉矶面临的挑战是地区和文化经济的规模和空间分散性，这使其难以形成有效的网络并加以引导。洛杉矶地区居民的艺术参与率远远低于旧金山海湾区，非营利性艺术机构的数量与人口数量之间的比例也要低（Markusen et al., 2011）。洛杉矶地区生活的高成本意味着在这里很难创建人们的集聚空间。一个世纪以来声名显赫的好莱坞所产生的巨大资源，有时很难变成新的、具有前瞻性的技术，或是涵盖未来文化产业的组织模式。

洛杉矶可以从上文描述的任何独特的实验中借用概念与合作安排，并超越他们，定制出自己的艺术和技术措施、丰富的文化内涵，从而创造"以人为本"的未来。如果私营部门的领导人和企业家、非营利性文化艺术团体、艺术和设计培训机构，以及市县领导能走到一起去创造这样的进程，观察这一切的发生将十分有趣。

（致谢：本文英文原版"City Creative Industry Strategies: the State of the Art"首发于奥提斯创意经济报告的附报告（Companion Report to the Otis Report on the Creative Economy）中，感谢报告的许可，使中文版得以刊发本书。）

参考文献

[1] Americans for the Arts. Arts and Economic Prosperity IV. Washington, DC: Americans for the Arts, 2012. http://www.artsusa.org/information_services/research/services/economic_impact/iv/reports.asp.

[2] Americans for the Arts. Creative Industries Reports. Washington, DC: Americans for the Arts, 2012. http://www.artsusa.org/information_services/research/services/creative_industries/default.asp.

[3] BEYERS W, CHRISTOPHER F, DERIK A. The Economic Impact of Music in Seattle and King County. Seattle, WA: Mayor's Office of Film and Music, 2008. http://www.seattle.gov/music/impactstudy.htm.

[4] BEYERS W, BONDS A, WENZL A, SOMMERS P. "The Economic Impact of Seattle's Music Industry." Seattle: City of Seattle, Office of Economic Development, 2004.

[5] BOLLIER D, Ed. Artists, Technology and the Ownership of Creative Content: Creative Control in the Digital Age: Scenarios for the Future. Los Angeles: The Norman Lear Center, the Annenberg School, University of Southern California, 2003. http://www.learcenter.org/html/publications/index.php.

[6] Center for Cultural Innovation. Business of Art: An Artist's Guide to Profitable Employment. Los Angeles: Center for Cultural Innovation, 2012.

[7] EGER J. "STEAM not just STEM." Huffington Post, October 15, 2010. http://www.huffingtonpost.com/john-m-eger/steam-not-just-stem_b_751847.html.

[8] FLORIDA R. "The Geography of America's Music Scenes." The Atlantic Cities, August 6, 2012. http://www.theatlanticcities.com/arts-and-lifestyle/2012/08/geography-americas-music-scenes/2709/.

[9] HOWKINS J. The Creative Economy: How People Make Money from Ideas. Penguin Global, 2006.

[10] IVEY B. Arts, Inc: How Greed and Neglect have Destroyed our Cultural Rights. Berkeley and Los Angeles: University of California Press, 2008.

[11] Los Angeles County Economic Development Corporation. Pacific Standard Time: Arts in Los Angeles, 1945-1980, Economic Impact Analysis. Los Angeles: LAEDC, September 2012. http://www.economicdevelopmenthq.com/blog/laedc-report-economic-impact-pacific-standard-time-art-exhibit-california/.

[12] MARKUSEN A, JOHNSON J. Artists' Centers: Evolution and Impact on Careers, Neighborhoods and Economies. Minneapolis: Humphrey Institute of Public Affairs, University of Minnesota, February 2006. http://www.hhh.umn.edu/projects/prie/PRIE--publications.html.

[13] MARKUSEN A, GADWA A. Creative Placemaking, Washington, DC: Mayors' Institute on City Design and the National Endowment for the Arts, October 2010. www.nea.gov/pub/CreativePlacemaking-Paper.pdf.

[14] MARKUSEN A, SCHROCK G. "The Artistic Dividend: Urban Artistic Specialization and Economic Development Implications." Urban Studies, 2006. Volume 43, No. 10: 1661-1686.

[15] MARKUSEN A, GADWA A, BARBOUR E, BEYERS W. California's Arts and Cultural Ecology. San Francisco: The James Irvine Foundation, September 2011. http://irvine.org/news-insights/publications/arts/arts-ecology-reports.

[16] MARKUSEN A, WASSALL G, DENATALE D, COHEN R. "Defining the Creative Economy: Industry and Occupational Approaches." Economic Development Quarterly, 2008. Vol. 22, No. 1: 24-45.

[17] MARKUSEN A, Gilmore S, Johnson A, Levi Y, Martinez A. Crossover: How Artists Build Careers across Commercial, Nonprofit and Community Work, 2006.

[18] Minneapolis, MN: Project on Regional and Industrial Economics, University of Minnesota for the James Irvine Foundation. http://irvine.org/news-insights/publications/arts.

[19] MARKUSEN A. Los Angeles: America's Artist Super City. Los Angeles: Center for Cultural Innovation, October 2010. http://www.cciarts.org/Publications.html.

[20] MARKUSEN A. "The Arts, Consumption, and Innovation in Regional Development." In Michael Rushton, ed. The Arts, New Growth Theory, and Economic Development. Washington, DC: Brookings Institution and the National Endowment for the Arts, 2012.

[21] Mt. Auburn Associates. Louisiana: Where Culture Means Business. Baton Rouge: State of Louisiana, Office of the Lt. Governor, Department of Culture, Recreation and Tourism, Office of Cultural Development, Louisiana Division of the Arts, July 2005. http://www.crt.state.la.us/CulturalEconomy/MtAuburn/culturaleconomyreport.htm.

[22] O'CONNOR J, GU X. "Developing a Creative Cluster in a Post-industrial City: CIDS and Manchester." The Information Society, 2010. 26: 2, 124-136.

[23] PRATT A. "Innovation and Creativity." In J. R. Short, P.

Hubbard, & T. Hall, Eds., The Sage Companion to the City, London: Sage, 2008 : 266-97.

[24] Rhode Island School of Design. "Bridging the Brain Divide," 2012. http://www.risd.edu/About/STEM_to_STEAM/.

[25] SHELLENBARGER S. "The Next Youth-Magnet Cities," WSJ.com, September 30.U.S. Edition, sec. Careers, 2009.http://online.wsj.com/article/SB10001424052748703787204574442912720525316.html?mod=googlenews_wsj.

[26] SMITH R. "A New Pin on the Arts Map." New York Times, 2011. November 10. http://www.nytimes.com/2011/11/13/arts/design/pacific-standard-time-art-exhibitions-in-la-review.html.

2.3 伦敦 / London

创意经济的政策与程序、过去与现在

安迪·C. 普拉特(Andy C Pratt) 著
杨东 译

London: Policy and Process, Past and Present of the Creative Economy

2.3.1 简介

本节提供了一个案例研究，以此对伦敦既是世界领先的文化和创意城市，同时也是最重要的全球城市进行的思考。显然，这两个论断相互关联，但并不相互依赖。最近涌现出很多有关全球城市和文化，以及文化创意产业之间的确切关系的讨论（Pratt，2011），在此之前，关于全球城市和殖民地与帝国权力体制之间关系的辩论也一度存在（King，1989）。这里并不是要讨论这些重要的争论本身，而是简单表明它们提供了重要的研究背景。

很自然地，我们希望能从伦敦，这座近年来在创意产业和政策方面都被热议的城市中，学到很多的东西。我在这里要先讨论到另外两个问题。首先，大多数情况下，城市尤其是首都城市，可能有，也可能没有，制定地方政策来回应国家层面的政策。这正是伦敦所处的情况，恰如我们发现的那样，国家政策与地方发生的事情之间存在多种多样的关系（反过来，这限定了国家的地方形态和行政权力划分）。其次，关于"创意城市"的繁多讨论均可以追溯到理查德·佛罗里达的研究（Florida R，2002），以及那些通过注重城市设计和场所的提升来吸引"创意阶层"的城市。政策制定者经常采用的一个标准化经验，就是城市需要大力打造文化旗舰项目，以此将城市塑造成文化之都——这既反映了佛罗里达的主张，也吻合那些挑战他主张的批判思想（Peck，2005；Pratt，2008）。位于毕尔巴鄂的古根海姆博物馆就是一个典型例子，但并不是唯一的例子。

我们可以从像伦敦这样的城市得出来的有趣经验是城市拥有的历史——悠久和多元的社会传统、

几百年的经济和文化发展。单个建筑或者事件不可能彻底改变什么（虽然可能丰富现有的遗产）。因此，城市的成功发展，不得不归因于滋养它的悠长而又深厚的根基——文化和实践根基——一种真正的文化生态系统，它可以维持和促进任何特定的发展并巩固已取得的所有成就（Hall, 1998）。这样的生态系统包括了建筑（宏伟或简陋的），但是更加重要和显著的是人类的社会关系，它被专家和技术人员，以及知识和活跃的群众所展现。此外，它亦被文献和图形化的知识仓库所维系，如档案室、图书馆，博物馆和画廊。

简单扼要的引言，主要是为了引导读者探索是什么促使城市得以如此：从建筑物到人，从机构到观众和实践。本节分为三部分，首先，是伦敦当代创意经济的概述；其次，探讨了复杂的政策框架；最后，我们把这些线索综合起来，回到我在开篇提到的开放性主题，即社会关系、场所和时间中的城市特性。

2.3.2 伦敦的创意经济

调查任何城市的文化创意产业所要面对的第一个挑战就是要获取基础数据。伦敦一直遵循着英国在基础数据方面的严谨性，认为发展应基于可信赖的统计资料与数据来源，遵守严格的统计规范以捕捉快速变化的现实环境（DCMS 1998, GLA Economics, 2002）。几乎在所有的情况下，必要的数据在深度和广度上总是滞后于政策制定者和学术机构在综合分析时的需求。然而，伦敦却是世界上可以较好地提供文件资料的城市之一（Mayor of London, 2012）。

这部分内容分为两大块，在第二板块中笔者将研究伦敦地区独有的一些文化产业集群的详细情况。现在，笔者首先要从概述伦敦地区——这个英国的东南部城市入手。表2-3表明了那些集中在伦敦、英国东南和东部地区的媒体行业的相关情况，其中超过一半的文创产业从业者分布在伦敦，而其他行业只有15%聚集在伦敦。除了在伦敦聚集，这些产业在英国其他地方的地理分布也十分广泛，但均表现出以核心城市为中心的集聚趋势，主要分布于区域性城市中（如电视和广播）。广告业在二线城市分布更广，电影业主要活跃在伦敦地区。

表2-3 代表性创意产业的子门类及其在英国的就业分布占比（2007年）

地区	7440: 广告	9211: 电影和电视制作	9212: 电影和视频分布	9220: 广播电视活动	所有 AF 电视（AFTV）	所有产业
单位	% （雇佣百分比）					
W1邮政编码区域	9.43	25.87	19.38	7.43	10.88	0.98
内伦敦	34.38	51.41	73.08	44.05	41.18	9.15
外伦敦	7.80	9.20	7.35	13.37	10.10	6.29
伦敦	42.17	60.62	80.43	57.41	51.28	15.44
伦敦，东南部和东部	61.27	76.95	88.63	60.90	63.74	38.36
英国	100.00	100.00	100.00	100.00	100.00	100.00

将观察尺度缩小，我们可以看到在英国的媒体行业中，有41%的从业者居住在伦敦内城，且11%的从业者都聚集在一个邮编区里（W1，内伦敦西部）。如果想要通过就业聚集度来展示创意产业集群并作粗略分析，我们已经可以做到。但是由于数据的限制，这些特定的媒体行业不能代表广泛的文化和创意产业部门。这种分析应被视为是一个开端，文化产业地理分布的重要性在本节的第二部分将有更加详细的介绍。

我们经常听到基于波特（1996）研究的企业集群（DTI，2001）的一些讨论，但对这些活动的规模却缺乏了解。文化创意产业的相关情况证明，创意集群可以比城市街区还要小，我们给出了3个佐证案例（Pratt，2011）。

（1）广告业

在伦敦，从许多方面来说，广告业都处于媒体产业集群的核心位置。在物质空间上，它起源于Soho，大量企业共同分布在几百平方米的地域范围内。从广告行业的市场来看，电视和电影是至关重要的，其根本来自媒体消费。广告业与电影和电视市场紧密相接，在这个意义上，这些行业之间存在重叠的劳动力市场（尽管不会完全相同，因为每个行业都有自己的专属技能）。

然而，广告业的关键问题是它本身的组织架构。虽然广告业在字面上看起来非常的"国际化"，但实际上广告业嵌入在监管、媒体消费以及观众品味确定的国家市场之中。此外，主导广告业的国际团体通常是三个或者更多的公司，他们之间的关系非常复杂并互相展开竞争。此外，广告业还存在一定程度的垂直分工，不同的服务可能由同一集团内的不同公司来提供（媒体购买，创意服务）（Grabher，2001；Pratt，2006）。

在地方尺度上，这意味着该行业由大量的小公司组成，它们是国际上非常成功的精品创意公司，但也相对短命。公司（特别是创意和执行公司）职员随着职业发展的需求，在小公司和大型控股公司之间徘徊。物质空间上的接近加剧了这种流动，工作人员可以在变换单位的同时仍在同一个地点有效工作。此外，广告业运行模式的关键是口碑，激烈竞争反而预示着一种在业内通过所有参与者密切的相互监督来实现的可持续性。

因此，广告业的从业者要随时紧密关注其他人做了什么、客户是谁。这是一个人员不断流动的行业，行业内非正式的交流在众多招待客户的酒吧和餐厅里随时发生。

（2）电视和广播业

对于伦敦的广播电视活动的产业集群来说，组织架构变革是第一位的，技术的重要性是第二位（Pratt and Gornostaeva，2009）。不可避免的是，传统公共广播服务影响着广播和电视的位置选择。英国广播公司BBC，像其他国家的广播公司一样，是一个整合了管理者、设备和节目播音员的完整程序。电台总部所在地位于牛津广场北部，电视中心在伦敦西部的牧羊人丛林（Shepherds Bush）。英国广播公司拥有自己的工作室，小伦剧场通常用于需要观众在场的现场直播。从旁边的南岸艺术中心可以看出，独立电视台在伦敦拥有很小的市场份额。

根本性的变化发生在1982年建立第4频道时引发的规程重组，这是一次电视行业的创新。该频道相当于出版商，一个平行于图书行业的组织。第4频道的办公室最初设置在Soho以北，不过后来搬到了维多利亚（伦敦内城西部）。至关重要的是，这一规程变化催生了独立电视节目制作市场，独立的制作公司簇拥在传统电视业的外围。

在随后的几年里，英国广播公司和独立电视公司都开始了对第4频道的模式学习，英国广播公司至少将25%的份额转向了外包节目制作。传统电视业所在的Soho以及伦敦西区的子产业簇群，将独立制作公司吸引至此。此外，自1998年以来，独立广播公司和英国BBC承诺要将多达50%的生产支出转移到伦敦之外。除了英国广播公司广播节目的传统区域结构之外，BBC在2004年宣布要将至少两个关键领域（体育和儿童电视节目）落户到像曼彻斯特的新媒体之城这样的地方。

英国广播公司的改革，即节目制作的外包，进一步促使独立制片公司向Soho集聚，进而吸引了后期制作专家的会集（二次制作，外包）。在这期间，英国广播公司在白城（伦敦西区）发展了一个新的电视中心，讽刺的是，即将废弃的旧中心要被发展成文化产业集群地。电视业前景的其他重大变化包括数字电视带来的多频道环境。独立制作进一步受到这个市场扩张的推动，越来越多的新频道被建立起来。但并不是所有电视行业中较小的供应商都位于Soho和伦敦西区，伦敦北部的卡姆登就是一个明显的例外，这里是音乐电视行业的聚集地。

（3）电影业

和其他地方一样，伦敦电影业发展史的故事主体就是协调技术转移的管理和方式变革。电影业有着复杂的生产组织、所有权的变化和投资模式。与电视相比，电影受到国际投资和所有权（特别是美国）的控制。美国将产业总部设在伦敦的原因是出于规则改变：为了转移股份并规避税费，从美元、英镑的币值兑换波动中获利。

从历史角度来说，电影产业的分布形成了两个分支；一是在Soho；二是在外伦敦的北部和西部（例如Pinewood和Shepperton）。Soho地区的主要关注点在于分销和财务。20世纪60年代英国电影的衰落，以及伦敦成为失控的生产避难所，标志着传统业态的失败。然而，由于一系列的电影特效需求，吸引了来自美国的投资。20世纪90年代末蓬勃发展的数字特效奠定了该产业的经济基础，并决定了伦敦数码特效产业在世界上的前沿地位。这类公司主要集中在Soho。

伦敦的电影和电视行业公司投资了新兴的具有大规模数据传输能力的数字基础设施（Soho网络），这些设施不仅集中在各个Soho中蓬勃发展的后期制作公司里，同样也存在于好莱坞。Soho网络成立于1995年，是一个私人发起的行动，它成为竞争异常激烈的公司之间合作的经典案例，这种合作使本地产业更具全球竞争力。数字基础网络、连续再投资的能力和技术，可能是伦敦媒体产业集群最大的财富。随着具体工作流程的不断变化，该行业仍在持续增长（需求来源于多达80%的非动画电影画面，它们需要以某种形式的数字处理加以完善）。

总体上，电影制作的不确定性是一种常态。自20世纪90年代以来，当以项目为基础（project-based）的企业成为行业的主导力量后尤其如此。电视、电影制作公司形成单一项目（部分作为避税工具），安排好资金和分销协议后开始执行。我们已经从报纸上注意到，对劳动力的放松管制长期以来一直是电影业的特点，这种特性延续至今。对于自由职业者，维持正常就业使得托管和合用场地非常必要，以便重新择业时可以避免大额搬迁成本；对于公司，也可以避免高额的启动成本和过长的等候周期。

这三个简短的案例研究，聚焦点不仅在于创意产业的特殊性和地方性，同时也注意到它们在更广泛的范畴中与不同行业相互交织并与全球相联系。下面我们将注意力转向政策框架，试图更加清晰地描述这一活动。

2.3.3 政策介绍

对于所有的政策制定来说，政策的目标、过程和实施很少能完美地达成一致，因为它们通常跨越了不同的政治和经济条件，并结束于不同的起始条件下。对政策进行简单的"输入一输出"，或者"原因-结果"分析是几乎不可能的，或者不建议这样做。正是出于这个原因，我提供了一个政策主题方面的论述，这就像观察在海边破碎的波浪一样：浪潮可能涌来，但是无规律的潮流需要在很长的一段时间之后才能够被识别出来。

我想将这部分内容分为4个方面，在国家和地方政策框架之间交替变化。从20世纪下半叶欧洲国家共同存在的公众支持艺术和文化的广泛框架开始，然后讨论艺术和文化的"福利国家"。英国的政策实施体系可以分为国家机构（本案例集中在伦敦的国家博物馆和美术馆上），以及地方政府处理的当地文化服务和地方博物馆、图书馆及休闲服务（Pratt, 2010）。传统上对"高雅艺术"的推进是为了实现一种公共利益，经验显示这类投资主要集中在伦敦。

20世纪80年代对于英国城市，特别是大城市的地方政府来说是一个重要时期。工党针对其掌控的经济衰退地区（所有的），试图将以文化为核心的城市更新和社会动员作为解决人口问题的政策工具。政治上，这些调动年轻人和下一代选民的政策很有意义。伦敦在这方面是引领者，并且在建立替代产业战略方面更为领先。伦敦工业战略首次将文化产业纳入了经济门类（Greater London Council, 1985），这是一份具有突破意义的文件。尽管，大伦敦议会在此之后不久被废除，但是区域城市已经开展了这样的政策实验——它们成为重要的政策试验场。

1997年，全国新工党政府上台。其第一个重要任务是就是将"国家遗产部（Department of National Heritage）"重新更名为"文化、媒体和体育部（Department of Culture, Media and Sport）"，并建立起"创意产业专责小组"，专门负责编制图示文档（DCMS, 1998）。简言之，发展文化产业的理念开始成为国家目标。然而，这一理念在城市层面进行应用，离不开已经开展的产业政策、能力建设和社会动员。在其国家层面，这需要宣传并提高创意产业的声望和认同度。现在的国家政策，比如支持电影的税收减免，是对旧有"福利"方式的回应。"泰特画廊"国家计划的制定，使泰特现代美术馆得以创建，它是一个非常成功的游客吸引点和重要的画廊（Dean, Donnellan et al. 2010）。

新工党在第二个任期（2005—2010）将区域政策权力下放给了区域发展机构，重要的是，这些机构被要求制定文化规划。这对于再次振兴和拓展主要城市、推进创意产业的实践起到了积极效果。当然，伦敦也不例外，且处于主导地位之上。如前面的数据显示的那样，伦敦和英国东南部的创意产业就业人口占到全英总数的一半，作为重要基地承载着国家在文化方面的核心投资。在这一时期国家针对所有产业的政策中，创意产业是一个受到支持和鼓励的目标"商业集群"。伦敦从这类孵化器和产业集群中获益良多——它们并非前面提到的一些产业，那些产业不是国家直接投资的对象（Mayor of London, 2014）。

2010年后，联合政府的创意产业政策和文化政策回归为福利文化政策（尽管受到很多紧缩措施的限制），试图振兴出口（包括创意产业），并使用创意产业和文化来吸引国外直接投资。伦敦地区的大伦敦政府，由于权力下放和直选市长，导致虽然力推文化产业，但当局没有太多的权力或预算，工作局限于协调该地区内各地方所做的工作。尽管如此，文化已经成为伦敦战略中的关键组成部分，包括举办奥运会、促进区域复兴、重视创意产业，以及通过细节行动提升对文化创意的意识和满足其需求（Mayor of London 2014）。

2.3.4 关于伦敦文化创意经济的政策和实践的思考

很清楚，我们并不能从伦敦获得简单而清晰的经验，这与笔者关于"政策转移（policy transfer）"原则的评论是一致的（pratt, 2009），它格外适用于伦敦。伦敦的经济和非营利形式，以及文化和创意产业政策，就好像"夜间行驶的船"，似乎是以最小的干扰使彼此擦肩而过。此外，国家和地方政府（以及最近的区域政府）之间的复杂关系、政治决定的权利划分以及资源分配等，导致了混乱现象的出现。正如笔者一开始就指出的，在竞争的政策潮流之下，缓慢发展的文化生态系统的输入形成受到的影响并不大。这不是一个理想的情况，要不然看起来，文化和创意产业的生存与最好的政策制定者（及商业文化部门）付出的努力并无关系。

当然，我们必须指出文化和创意产业，特别是"创意产业"的诞生尚不足25年历史。在这期间，它的概念和实践形式发生了翻天覆地的变化，并不知不觉成为第三大经济部门——至少在伦敦是这样（Freeman, 2010）。难怪，政策制定者总是在奋起直追，以跟上产业发展的新形势。英国政府和伦敦政府所做的，是要开始对创意产业进行严格的分析，这是迈向更明智的政策行动的至关重要的一步。这种分析不仅是简单地整理统计数据和指标，分析者已经注意到创意产业中不适用于一般工业政策的微妙组织形式特点。

更深远的思考文化生产生态系统的视角，已经开始聚焦到部门复杂的社会和组织形式上——理论上，丰富的生态系统是伦敦发展的重要因子，类似的城市均具有显著的文化足迹（London Development Agency, 2008; Mayor of London, 2012）。这种令人惊讶的洞察力元素，不仅仅是简单地超越了文化生态系统在范围和规模上的多样性，而是表征了营利部门和非营利部门之间微妙而又重要的相互依赖性。正如本节已经证实的那样，阐述创意经济中的营利和非营利要素极具挑战性，但是我们应该提取出那些日益引发混合和复杂性的经验教训。这表明，对政策制定者来说，以他们的思维方式解决问题是很困难的，并且他们的机构和工具也不能兼顾到同时适用于文化和经济。如果我们想要设计并维持适用于像伦敦这样的全球创意城市的相关政策，就急需探索和建立居于两者之间的界面、机构和机制。

对于地方化（localisation）的问题，这在本节的实证研究中广有涉及，但在政策制定部分却很少提起。在塑造创意集群的驱动力和可持续性方面，我们的认识还在发展之中，包括这些行动在国家和全球层面的平衡——这仍是一个挑战（UNESCO, 2013）。

最后，伦敦亦是自身成功的受害者。新自由主义政策和缺乏区域协调，已经导致了文化在英国的聚集和不平衡发展。这进一步强化了原有的等级政策结构。因此，政策制定者和政治家们一直在努力平衡有助于地区的文化投资。在公共部门资金吃紧的时候，其结果是伦敦实际上损失了投资。这是一个巨大的困境，它不仅仅局限于文化，而是会持续成为伦敦和文化政策中的争议话题。最近促进和鼓励区域城市的尝试，不可避免地削弱了伦敦的实力。从短期来看，这还不会真正影响到伦敦已经积累的基础，但伦敦对英国其他地方扮演着什么样的角色，这将一直是一个问题。

我们不能从伦敦寻求到普世化的经验，但是可以从中吸取一些重要的教训。首先，当代创意经济的复杂和快速变化的特性。其次，虽然在某些方面，新经济反映和再现了其他经济形式和社会发展的分配不均，但是文化创意产业具有特殊性和细微差异，即伦敦所表征的的主导地位及其微观产业集群。学者和政策制定者对于创意经济还有很多需要学习的地方，实现它需要新的分析技巧，以及不同的政策制定的实践探索。

参考文献

[1] Department of Culture, Media and Sport, UK. Creative industries mapping document. London:DCMS ,1998.

[2] DEAN C,DONNELLAN C, PRATT A C. "Tate Modern: pushing the limits of regeneration." City, Culture and Society,2010. 1(2): 79-87.

[3] Deparment of Trade and Industry. Business clusters in the U.K.: a first assessment. Report by Trends Business Research. London:DTI ,2001.

[4] FLORIDA R . The rise of the creative class: and how it's transforming work, leisure, community and everyday life. New York, NY, Basic Books,2002.

[5] FREEMAN A. London's creative workforce: 2009 update. London: Greater London Authority,2010.

[6] GLA Economics. Creativity: London's core business. London: Greater London Authority,2002.

[7] GRABHER G. "Ecologies of creativity: the Village, the Group, and the heterarchic organisation of the British advertising industry." Environment and Planning A,2001. 33(2): 351-374.

[8] Greater London Council. The London industrial strategy. London:Greater London Council,1985.

[9] HALL P M.. Cities in civilization: culture, innovation, and urban order. London, Phoenix Giant, 1999.

[10] KING D A(1989). Global cities: post-imperialism and the internationalisation of London. London, Routledge.

[11] London Development Agency. London: A cultural audit. London: Greater London Authority,2008.

[12] Mayor of London. World Cities Culture Report. London: Mayor of London,2012.

[13] Mayor of London. Cultural Metropolis. London: GLA,2014.

[14] PECK J. "Struggling with the creative class." International Journal of Urban and Regional Research, 2005. 29(4): 740-770.

[15] PORTER M. "Competitive advantage, agglomeration economies and regional policy." International Regional Science Review,1996. 19(1): 85-94.

[16] PRATT A C. "Advertising and creativity, a governance approach: a case study of creative agencies in London." Environment and Planning A,2006. 38(10): 1883–1899.

[17] PRATT A C. "Creative cities: The cultural industries and the creative class." Geografiska Annaler Series B-Human Geography, 2008. 90B(2): 107-117.

[18] PRATT A C. Policy transfer and the field of the cultural and creative industries: learning from Europe? Creative Economies, Creative Cities: Asian-European Perspectives. KONG L, O'CONNOR J. Heidelberg, Germany, 2009.Springer: 9-23.

[19] PRATT A C. "Creative cities: Tensions within and between social, cultural and economic development. A critical reading of the UK experience." City, Culture and Society,2010. 1(1): 13-20.

[20] PRATT A C. The cultural economy and the global city. International Handbook of Globalization and World Cities, 2011.TAYLOR P, DERUDDER B, HOYLER M ,WITLOX F. CHELTENHAM E E: 265-274.

[21] PRATT A C. Microclustering of the media industries in London. Media Clusters. C,2011 Karlsson,PICARD R G. ChELTENHAM E E: 120-135.

[22] PRATT A C , Gornostaeva G. The governance of innovation in the Film and Television industry: a case study of London, UK. Creativity, innovation and the cultural economy. PRATT A C, JEFFCUTT P. London: Routledge,2009.: 119-136.

[23] UNESCO. Creative economy report 2013 special edition: widening local development pathways. Paris: UNESCO/UNDP, 2013.

2.4 北京朝阳 / Beijing Chaoyang

基于企业数据分析的文化创意产业城市空间布局研究

黄鹤 著

Beijing Chaoyang: Research on the Distribution of Cultural and Creative Industries Based on the Analysis of Enterprise Data

近年来，随着中国城市的城市化进程以及转型发展，北京、上海等城市的文化创意产业对城市发展带动的示范效应，使全国范围内文化创意产业受到政府及各方的广泛关注。其中引导产业布局成为政府工作内容中的一个重要部分，聚集区等空间策略较为常见。文化创意产业有其产业特性及其空间特性，通过地区发展的实证研究，对文化创意产业的城市空间布局特征进行梳理归纳，有助于了解其一般性规律，因势利导地引导产业布局，促进城市地区的发展。

2.4.1 相关研究

自20世纪90年代开始，伴随文化经济的兴起，特别是90年代后期以来创意产业在全球范围内的被重视，学者们从经济学、地理学、城市规划、社会学等学科角度对创意产业进行了一系列的研究。在这些研究中，对文化创意产业的空间聚集及其空间特性的研究，一直是学术界关注的重点。

对文化创意产业空间聚集的研究多见于经济地理视角，关注文化创意产业的空间聚集机制及其演化动力等因素。任教美国的英国学者艾伦·J.斯科特（Allen J Scott）对文化经济空间聚集的长期研究，关注于文化经济要素与地理环境的聚合动因与地区性的发展特性。斯科特认为文化经济中企业和劳动力市场的形成过程促进了生产制度和地理环境的聚合，而这样聚合所产生的高回报现象进一步促进了聚合的趋势（Scott，1997），他结合不同创意产业在不同城市聚集的案例，进一步探讨了不同类别文化经济的空间聚集，以及这样的空间聚集如何强化其经济竞争力（Scott，2000）。另一位对创意产业有长期研究的美国经济学家理查德·佛罗里达（Richard Florida）解释了创意产业空间聚集的动因：与创意阶层的空间分布密切相关。创意阶层对于城市生活的舒适和便利程度要求要高于其他阶层。因此，洁净的生活环境，稳定的社会治安，完善的公共设施，便捷的交通和通信，成为吸引创意人才的重要条件。这使得发展良好的地区与创意产业相互促进，具有新鲜想法的创意阶层在区域的聚集分布，形成了这些地区创造财富与价值的"决定性竞争优势"（Florida, 2002）。

此外，Currid对美国纽约创意产业聚集地区的研究、Hutton对设计和服务为主的创意产业空间分布的研究、Markusen对休斯敦以南地区创意产业空间分布及迁徙的研究，以及国内学者对不同地区文化创意产业的空间分布研究（褚劲风，2009；黄江，2011），这些实证研究勾勒出不同城市地区创意产业的空间分布聚集特征与其演化机制。

近20年来的学术研究，对文化创意产业空间聚集研究的理论建构日趋完善，从经济产业、地区发展角度的实证研究也日益丰富。国内城市产业发展升级以及城市增长从增量空间转向存量空间的转变，都使得对文化创意产业空间布局的持续研究显得必要，特别是文化创意产业对城市空间利用特点及其空间容量的定量分析，这在以往的研究中尚不多见。因此，本文以企业数据为切入点，梳理文化创意产业的空间布局特征，并尝试归纳其发展中的主要影响因素。

2.4.2 研究区域、数据来源与基本方法

本节选取的案例地区是北京市朝阳区，这里是北京文化创意产业最为繁荣发展的地区之一，产业类别最为综合、现有各级聚集区数量和规模也是北京各区县中最大的。本文采用的产业企业分类依据2006年颁布的《北京市文化创意产业分类标准》，研究相关的数据主要通过产业数据、企业数据与调研典型聚集区空间数据的方式获得：

- 产业数据源于北京市统计年鉴和朝阳区统计年鉴，并由朝阳区文化创意产业办公室提供各类产业的分项数据；
- 企业数据基于北京市规划委员会朝阳分局组织开展的专题研究工作，获得全区依据现行统计标准的38,568个文创企业数据，并对其空间信息进行分析；
- 对798/751艺术区、北京国家广告园、三间房动漫产业园等现有发展较好的文化创意聚集区进行空间数据和企业租用状况调研。

本文将企业数据与空间数据进行整合分析，在宏观层面分析企业的空间分布特征，在微观层面分析聚集区内企业对城市空间的租用状况，对空间容量进行分析。

2.4.3 朝阳区文化创意产业基本状况

朝阳区是北京的人口大区与经济强区，在文化资源上有着自身独特的优势。在文化遗产方面，朝阳的工业遗产及其再利用具有重要影响力，以798艺术区为典型代表。在文化设施方面，朝阳区2011年申报成为全国首批公共文化服务体系示范区，在公共文化服务体系建设方面较为领先，且经营类的文化设施在北京市层面也优势突出。从城市职能来看，使馆区、奥运公园地区、中央电视台等功能区使朝阳区承担着对外交流、媒体传播及国际体育活动等重要的首都职能。同时，以CBD地区为代表的金融资源、商务服务业资源，中关村电子城为代表的高科技产业研发资源，创意文化资源和高等教育资源在北京市层面都具有优势。上述方面都使朝阳的文化创意产业发展有着良好的基础。

朝阳区的文化创意产业在北京市层面具有突出的特点。在产业发展水平方面，朝阳区的文化创

意产业规模总量大，在全市仅次于海淀区，位于第二。近年来产业发展迅速，2012年朝阳区规模以上单位数占全市总数的26.0%，实现收入占全市文创产业总收入的23.5%，从业人员数量占全市的20.4%（图2-4，图2-5）。

从朝阳区各类文化创意产业的发展状况来看，

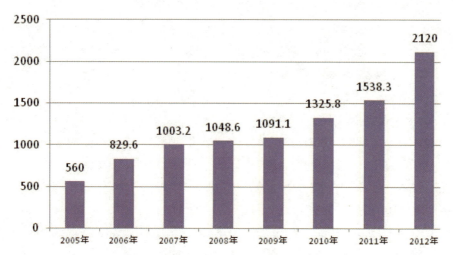

图2-4　2005—2012年朝阳规模以上文化创意企业收入趋势图（单位：亿元）
Income trend of cultural and creative enterprises above designated size in Chaoyang from 2005 to 2012 (unit: one hundred million RMB)
数据来源：北京朝阳区统计年鉴

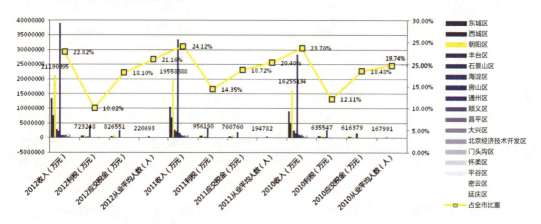

图2-5　2010—2012年北京各区县文化创意产业发展状况
Statistical data of cultural and creative industries in districts and counties in Beijing from 2010 to 2012
数据来源：北京统计年鉴

近年来广告会展、软件网络及计算机服务和旅游休闲这三类附加值高的产业发展势头快，成为朝阳的优势产业（图2-6，图2-7）。

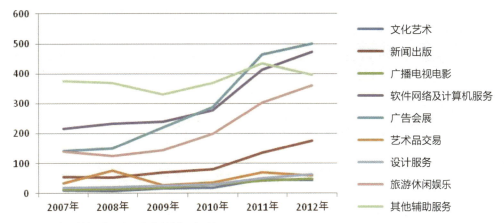

图2-6 朝阳区9类文创产业收入发展状况（单位：亿元）
Income of 9 categories of cultural and creative industries in Chaoyang from 2007 to 2012（unit：one hundred million RMB）
数据来源：北京朝阳文创办

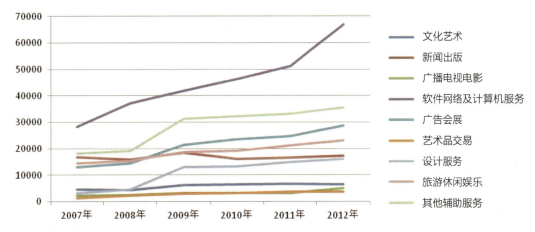

图2-7 朝阳区9类文创产业从业人员状况（单位：人）
Employees of 9 categories of cultural and creative industries in Chaoyang from 2007 to 2012
数据来源：北京朝阳文创办

2.4.4 朝阳区文化创意产业城市空间分布特征及主要影响因素

（1）中小企业为主体的产业构成对集中的城市空间需求不显著

文化创意经济的企业构成特征直接影响到其对城市空间的利用。通过对北京朝阳文化创意企业人数构成的调研，可以看到大量的中小企业构成了文化创意经济的主体，特别是10人以下的企业占到接近一半（图2-8）。企业的注册金额也体现出以中小企业为主体的构成方式（表2-4）。大量的中小企业构成特征在城市空间利用方面表现为对集中的城市空间需求不显著，对城市空间的黏性不高。租金、政策、产业链格局变化等因素都会使得这些企业较易在城市不同区域内转移，并对现有城市空间采取见缝插针式的利用。

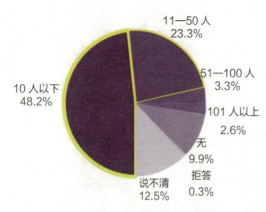

图2-8　2011年零点公司对朝阳文化创意企业的员工人数的调研（N=9488）
Employees in cultural and creative enterprises in Chaoyang surveyed by Horizon Research Consultancy Group in 2011 (N=9488)

该地区内的所有557个商家中，文化创意产业公司的总数为407家、总建筑面积22.24万平方米（图2-9）；其余商家的主要功能有：零售商业41家、总建筑面积3.26万平方米，餐饮业74家、总建筑面积2.99万平方米；其他商务设施21家、总建筑面积5.84万平方米。

798/751地区在艺术区发展方面经历了20年的时间，就其空间利用而言，尽管文创产业面临因空间拓展受限、租金上涨而溢出的状况，但是随着地区内工业空间的进一步腾退，现有的空间容量还能应对一定阶段的发展需求。艺术区中现有的画廊、艺术展览等核心产业的租用面积总量在20万平方米左右（这个面积仅仅相当于地区内西南角兴建中的电子城面积的一半）①，这个空间容量是在20年中不断发展、获得国际声誉、面对全国乃至全球艺术机构的结果，这表明其产业空间拓展的需求并不强烈。

表2-4　2014年北京朝阳区不同注册金额的文创企业构成
Cultural and creative enterprises classified by registered capital

企业注册资金（万）	个数	占总数的百分比
0-10	13,330	34.59%
10-20	897	2.33%
20-50	9,920	25.74%
50-100	7,492	19.44%
100-200	1,952	5.07%
200-500	2,969	7.70%
500以上	1,976	5.13%
总计	38,536	100.00%

数据来源：北京朝阳研究课题

对798/751艺术区、北京国家广告园、三间房动漫产业园等文化创意聚集区的调研表明，在这些聚集区中，大量的文创企业分布其间，租用空间在数量上并不突出。以798/751艺术区为例，目前在

（2）产业聚集与地区发展程度密切相关

佛罗里达认为，创意阶层对于城市生活的舒适和便利程度要求要高于其他阶层，发展较好的地区更易吸引创意人才。朝阳区的文化创意产业发展及其空间分布印证了这一观点。朝阳区2014年文化创意企业的总体空间分布，与地区发展程度密切相关，包括了环境品质、基础设施建设等硬件环境以及经济发展、高素质人群聚集等软环境方面。发展较为成熟的地区，例如三环、四环周边地区，特别是CBD地区、使馆地区、奥运村地区、望京地区等，也是文化创意企业分布最为密集的地区，这些地区中各类的文创企业数量都较多（图2-10，图2-11）。

---

① 798/751艺术区周边的艺术区规模通常不大，其发展程度不及798/751艺术区，其文化创意产业租用的空间面积总量不及798/751艺术区。

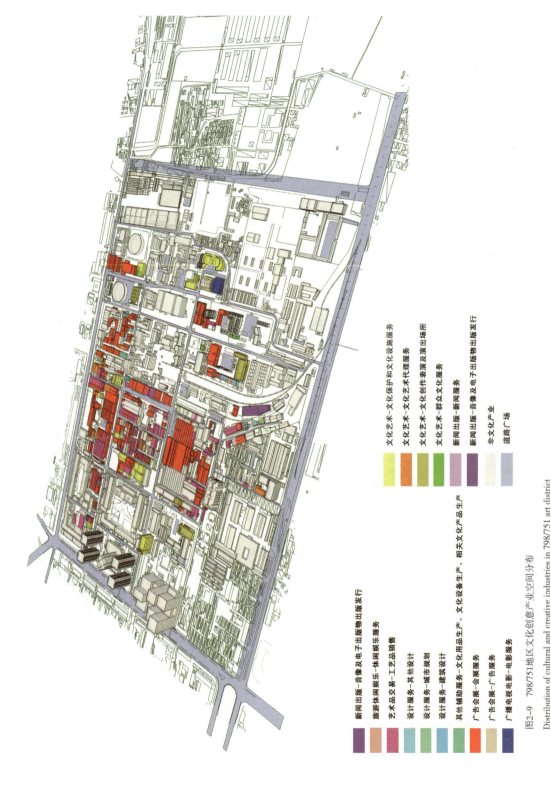

图2-9 798/751地区文化创意产业空间分布
Distribution of cultural and creative industries in 798/751 art district

（3）功能单元及其影响范围对产业聚集的影响

在企业分布总体上与地区发展密切相关的前提下，不同类别的文创企业呈现出一定的空间分异。这与其产业链上重要功能单元的空间分布具有一定程度的相关性。

由于文化创意产业的总体构成特征，文化创意产业链上的大型企业、大型文化消费市场、人才聚集地等对大量中小企业的空间分布产生着非常重要的影响，这些大型企业、大型市场、人才聚集地构成了产业发展的重要功能单元，中小企业通常在这些功能单元周边地区形成簇群式的分布。在朝阳区不同类型的产业分布中，可以看到北京中央电视

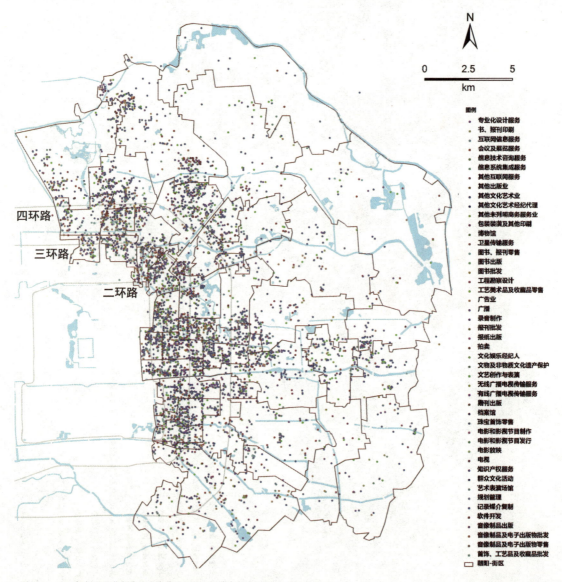

图2-10　2014年朝阳文化创意企业经营地址的空间分布与主要地区（N=38,546）
Distribution of cultural and creative enterprises in Chaoyang in 2014（N=38,546）

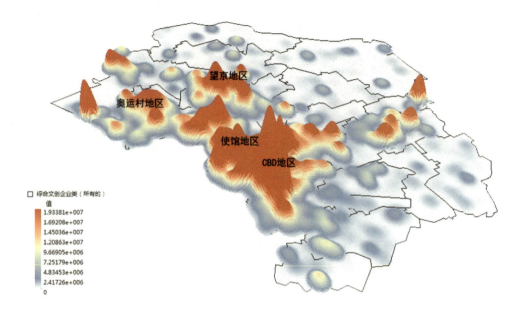

图2-11 朝阳区文化创意企业空间密度分布
（N=38,546）
Spatial density of cultural and creative enterprises in Chaoyang in 2014（N=38,546）

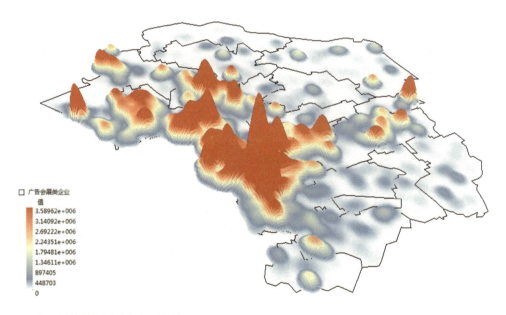

图2-12 广告会展类企业分布（N=7,836）
Spatial density of advertisements & exhibitions enterprises in Chaoyang in 2014（N=7,836）

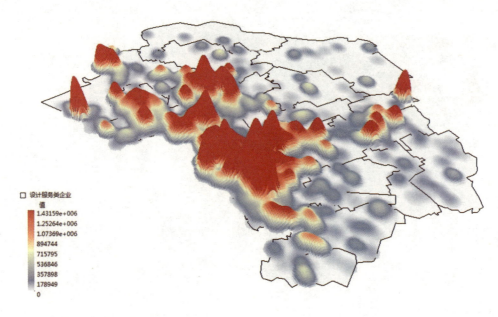

图2-13 设计服务类企业分布（N=3,269）
Spatial density of design service enterprises in Chaoyang in 2014（N=3,269）

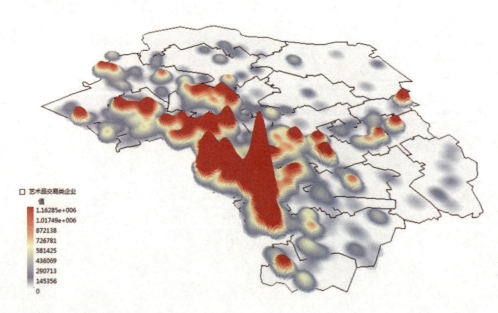

图2-14 艺术品交易类企业分布（N=2,040）
Spatial density of transaction of artwork enterprises in Chaoyang in 2014（N=2,040）

台、北京电视台对传媒广告企业分布的影响，中国传媒大学周边广告会展类、设计服务类企业的聚集，潘家园地区艺术品交易类企业的分布，等等（图2-12，图2-13，图2-14）。

这些功能单元呈现出一定的空间影响范围。从朝阳区的发展状况来看，文化消费类的文化创意企业通常在不到1个平方公里的地区上高度聚集，文化生产类的经济活动对空间聚集的需求不如文化消费那样迫切，功能单元会在更大的空间尺度上影响相关经济活动的分布，例如位于CBD地区的中央电视台、北京电视台与相隔8公里的中国传媒大学作为两端动力源，对通惠河沿线文化传媒走廊地区的带动，中央美院对798艺术区的引发等。这些功能单元在其周边几公里范围内形成一定密度的中小企业聚集分布，形成较有影响力的产业聚集地区。离开这个有效范围，其经济活动的聚集度则大幅减弱（图2-15）。

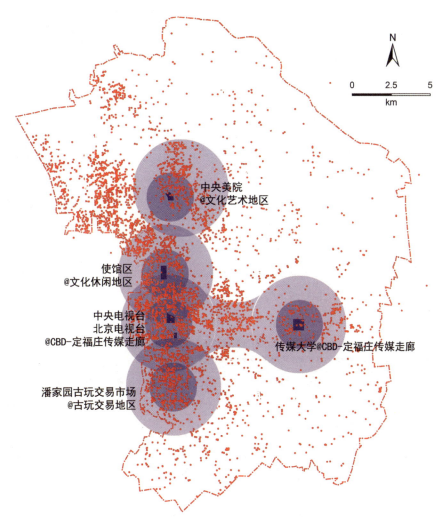

图2-15　朝阳区文化创意产业发展的若干重要功能单元及其周边企业聚集状况
Key functional units of cultural and creative industries with clusters in its surrounding area in Chaoyang

（4）低成本地区对生产类文化创意企业的吸纳

大量中小企业对成本的敏感，使租金水平会在相当程度上影响到文化创意产业，特别是生产类文化创意产业的分布。这不仅在纽约SOHO、英国谢菲尔德文化产业区等西方城市的创意经济地区发展中得到印证，也在朝阳区的文化创意产业分布中鲜明地体现出来。厂房厂区和集体用地这些低成本地区，在吸纳孵化生产类的文化创意产业方面起到了重要作用。例如798/751艺术区、通惠河传媒走廊中若干依托集体用地发展起来的创意园区。并且，这些地区的发展呈现出"聚集区承接产业——良好运营——租金上涨——产业外溢——新聚集区发展"的发展过程。以朝阳大山子地区为例，随着798/751艺术区的租金上涨和空间制约，文化艺术类企业选择落户于周边依托厂区或者集体用地发展而成的艺术地区，这些地区的租金较798/751艺术区低（图2-15，表2-5）。随着其空间满租和租金上涨，文化艺术类企业溢往新的地区。

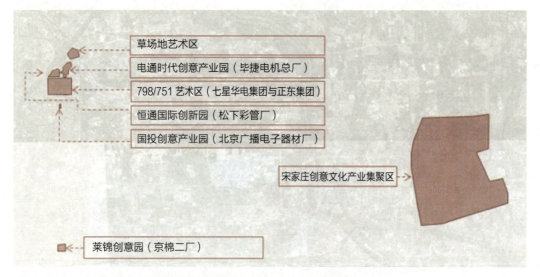

图2-16　北京798/751艺术区周边地区主要文化艺术类聚集区的基本情况
Distribution of art districts near the 798/751 art district

表2-5　北京798/751艺术区周边地区主要文化艺术类聚集区的基本情况（2013年）
Basic information of art districts near the 798/751 art district in 2013

原主要产权单位	聚集区名称	用地面积（公顷）	租金（元/m²/d）	可租空间
798/751厂	798/751艺术区	57.06	6	满租
毕捷电机总厂	京城电通时代创意产业园	18	5.5	即将满租
松下彩管厂	恒通国际创新园	20	4.5	满租
北京广播电子器材厂	国投创意信息产业园	1.8	5	有
京棉二厂	莱锦创意园	13	6	满租
崔各庄乡草场地村	草场地艺术区	19.98	1.8	有
宋庄镇	宋庄镇文化创意产业集聚区	1120	1	有

（5）政策对产业空间分布的影响

由于各级政府对文化创意产业发展的重视，相关扶持政策出台以引导产业发展。其中，结合空间范围的政策对产业的空间布局有着重要影响。在朝阳区内，国家级、市级、区级以及街乡政府的政策综合作用于产业的空间分布。作为国家级高科技园区，中关村系列园区是最早具备较为完整的扶持政策的城市地区。针对高科技企业（包括文化创意产业中的计算机、软件及网络服务产业）的产业政策使被划定在政策区内的城市地区在吸引企业注册和经营方面具有较强优势，这在朝阳电子城北区的发展中得以验证，大量高科技企业落户于此。与中关村园区相类似，一些国家级园区（如位于通惠河畔的北京国家广告产业园区）在一定的城市区域内，对鼓励发展的产业实行迁入企业奖励、房租优惠、园区环境建设、公共服务平台建设、创新奖励、人才户口优惠等全方位的优惠政策。北京市级、朝阳区级层面的聚集区主要执行北京市颁布的系列相关政策，与空间范围相关的政策主要体现在入驻企业的行政事业性收费减免、租金补贴、人才认证、政府采购等方面。对于街乡级的聚集区，街乡政府则主要通过租金方面的优惠政策和解决人才户口的政策来吸引相关企业。

上述这些不同层面、不同力度的扶持政策，在一定空间范围内会降低企业经营成本，从而影响着文化创意企业的选址。例如在以798艺术区为典型代表的大山子艺术区和国家广告产业园区，呈现出较为明显的文化艺术类和广告传媒类企业的聚集发展势态，除产业本身受市场规律作用的聚集发展外，扶持政策的影响不容忽视。随着2014年底国家文化产业创新试验区落地朝阳CBD——定福庄地区，先行先试的文化产业政策将进一步促进该地区内文化创意企业的聚集。

在相关扶持政策出台的同时，一些现行管理政策在一定程度上影响到文化创意企业的空间分布。例如由于对集体用地和工业厂房企业注册的相关限制政策，使位于上述两类用地上的大多数聚集区形成企业注册和经营分离的现象——这些地区由于低租金在吸引企业前来经营方面具有优势，但也导致了此类聚集区有租金无税收的状况。一些集体用地上的聚集区，由于无法使其环境建设、招商引企活动被认可在现行土地政策、产业政策的合法性范围之内，试图通过成为中央各部委挂牌的国家级聚集区来对相关经济活动予以保障。

（6）文化创意产业城市空间布局的主要影响因素

从朝阳区企业数据与空间数据的整合分析，对现有的文化创意产业空间聚集提供了客观的观察途径，通过分析可看到文化创意产业空间分布和空间利用的主要影响因素包括：地区发展程度、产业链上的重要功能单位布局、与空间相关的租金和税收水平。这与文化创意产业的产业构成特性与从业人员特性密切相关。上述因素在市场环境和政策干预的综合作用下，影响产业在城市空间的分布。

2.4.5 对现有空间政策的思考

划定空间区域促进产业聚集，是城市政府推动文化创意产业发展的重要途径之一。北京市在促进文化创意产业空间聚集方面经历了从划定聚集区到功能区的发展转变，其中原有聚集区内产业聚集度不够是调整的原因之一。朝阳区文化创意企业的空间分布与聚集区关系表明，位于划定聚集区内企业占总数的15.8%[①]，位于2014年划定的功能区范围内的企业占总数的57.8%（表2-6）。无论是聚集区还是功能区，都可以看到文化创意企业分布和划定的聚集区和功能区在空间区位上的差异（图2-17，图2-18）。

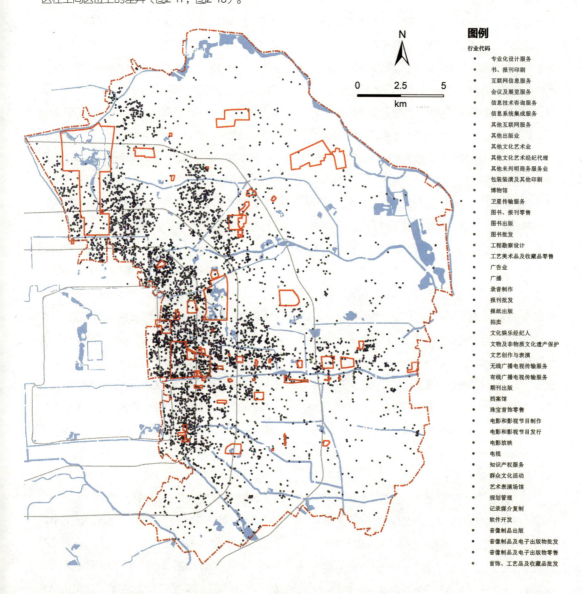

图2-17 朝阳区文化创意企业分布与聚集区关系（图中带框地区为划定的各级聚集区空间范围）
Distribution of cultural and creative enterprises and designated industries zones in Chaoyang（areas edged by red line are designated industries zones）

① 朝阳区现已经形成和划定了若干产业聚集地区，包括北京国家广告产业园、国家音乐产业基地、国家动画产业基地、国家版权贸易基地、国家科技文化孵化产业基地5个国家级文化创意产业基地，798艺术区等8个市级聚集区，竞园图片产业基地等14个区级聚集区。此外，还有莱锦创意产业园等30个重点产业基地。

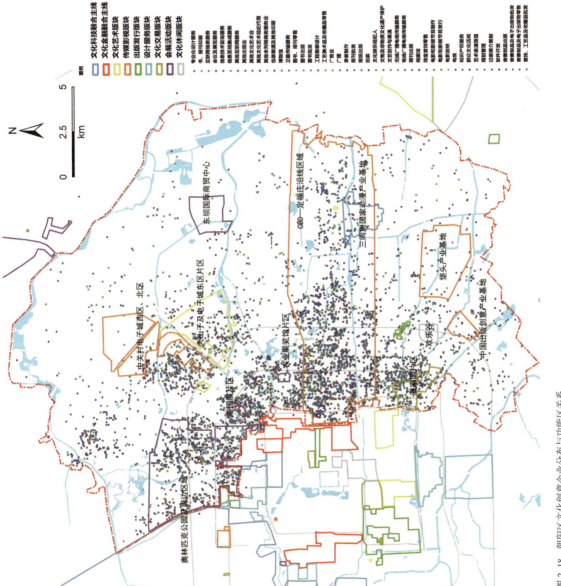

图 2-18 朝阳区文化创意企业分布与功能区关系
Distribution of cultural and creative enterprises and designated industries functional zones in Chaoyang

表2-6　朝阳区各文创功能区内的企业状况
Cultural and creative enterprises in the designated industries functional zones in Chaoyang

名称	总计（个）	功能区面积（km²）	企业密度（个/km²）
三间房国家动漫产业基地	631	3.58	176.26
大山子及电子城东区片区	1,414	8.43	167.73
CBD—定福庄沿线区域	13,713	78	175.81
中关村电子城西区、北区	1,130	8.11	139.33
垡头产业基地	106	10.71	9.90
中国出版创意产业基地	11	0.26	42.31
潘家园片区	635	2.77	229.24
欢乐谷	2	1	2.00
东坝国际商贸中心	7	3.50	2.00
奥林匹克公园及周边区域	4,605	27.45	167.76
老国展片区	18	0.23	78.26
农业展览馆片区	7	0.36	19.44
区内企业总计	22,279	144.40	154.29
占朝阳此类文创企业的比例	57.81%		

　　这样的差异，促使我们对于现有文化创意产业的空间政策进行思考。聚集区或功能区设立的目的在于促进产业的空间聚集，避免地区间同质的产业发展与无序竞争。这样的设立目的在执行时往往会出现多目标指向，比如产业地区与特色地区的混淆，一些具有特色但并不是产业聚集发展的地区（如朝阳公园等）也成为聚集区之一；比如成熟发展和尚待发展的聚集区均涵盖在扶持政策之内，同等对待；比如考虑到各地区利益，平衡设置聚集区的做法。在北京市划定聚集区的阶段，由于产业政策与空间范围并不匹配，因而对于相当多的聚集区而言，边界划定与否并无意义。2014年提出的功能区划定参照中关村模式，产业政策覆盖功能区，使空间边界具备政策属性。然而面积巨大的功能区在何等程度上体现出产业的空间聚集也是众议纷纭。

　　从朝阳区文化创意企业的空间分布，可以清晰地看到市场主导的发展模式。CBD地区等在无特定政策的情况下，其文创产业的空间聚集仍是非常突出。因此，是否可以这样来看待政策干预的意义：对文化创意产业的空间引导政策是对市场机制的调节，是综合了产业政策、地区更新及文化活动的空间策略，针对少量待发展的特定地区，使政策、资金的运用更为有效，带动地区的综合发展。空间政策干预的重点是对产业链上重要功能单位的空间布局引导，使其引发所在地区的产业聚集；对政策区范围内经营成本的调节，通过降低地区内的租金、税收等，吸引企业入驻。由于文化创意产业从业者的特点，扶持政策的重点应更多的着力于提供公共服务、改善环境品质、培育良好的人文环境等方面，吸引创意人群的落户。以朝阳区为例，文化创意产业的聚集发展宜与城市功能区相结合，主要针对大山子地区和通惠河东侧地区，以文化创意产业为主导，促进地区的综合发展。而对于其他地区，宜充分发挥市场机制对产业要素的空间配置，自发发展。

2.4.6 结论

从北京市朝阳区文化创意企业数据与空间数据的整合分析，可以梳理出朝阳区文化创意产业城市空间布局的一些基本特征：

- 中小企业为主体的产业构成使文化创意产业总体上对集中性的城市空间需求不显著，并呈现出与城市其他功能混合发展的空间特性；
- 文创产业的分布与城市地区的发展程度密切相关，涉及城市地区的物质环境与人文环境；
- 包括大型企业、大型消费市场、人才聚集地等产业链上的重要功能单元对大量中小企业的空间聚集具有重要影响，并呈现出一定的空间影响范围；
- 大量的中小企业对成本敏感，因此低租金地区、税收优惠地区在文创产业承接方面具有优势。

由上可见，地区发展水平、产业链上的重要功能单位布局、空间成本是影响文化创意产业空间布局的主要因素。市场配置与政策干预对上述因素的综合作用，形成了文化创意产业的城市空间布局。

朝阳文化创意产业的空间布局清晰地表明了市场主导的作用。基于此，促进文创产业聚集的空间策略应综合产业政策、地区更新及文化活动等方面，针对少量待发展的特定地区，使政策的运用更为有效。

参考文献

[1] SCOTT A J. The Cultural Economy of Cities. International Journal of Urban and Regional Research, 1997.21:323-339.

[2] SCOTT A J. The Cultural Economy of Cities. London: SAGE Publications, 2000.

[3] FLORIDA R. The Rise of the Creative Class. And How It's Transforming Work, Leisure and Everyday Life. New York: Basic Books, c2002.

[4] HUTTON T, THOMAS A. Spatiality, Built Form, and Creative Industry Development in the Inner City[J]. Environment & Planning, 200638(10): 1819-1841.

[5] CURRID E. New York as a Global Creative Hub: A Competitive Analysis of Four Theories on World Cities[J]. Economic Development Quarterly, 2006, 20: 330-350.

[6] MARKUSEN A, KING D. The Artistic Divided: The Arts' Hidden Contributions to Regional Development. Project on Regional and Industrial Economics, Minneapolis. Minneapolis: Humphrey Institute of Public Affairs, University of Minnesota, 2003.

[7] 褚劲风.上海创意产业空间集聚的影响因素分析.经济地理，2009(1)：102-107.

[8] 黄江，胡晓鸣.创意产业企业空间分布研究——以杭州为例.经济地理，2011（11）：1851-1856.

2.5 宜兴 / Yixing

历久弥新的创意制作城市

胡舒扬，罗震东 著

Yixing: An Enduring Creative City of Ceramics Craft

2.5.1 宜兴：中国的陶文化中心

作为中国最著名的"陶都"，宜兴依托古老而发达的艺术陶瓷产业，已经发展成为一座典型的手工业创意制作城市。宜兴坐落于苏浙皖交界，是长三角宁杭城镇带与江苏城镇体系规划所确定的"宜溧金高"生态板块的中心城市（图2-19）。狭义上的"陶都"指的是紫砂的发源地——宜兴市丁蜀镇，1954年由原丁山、蜀山、汤渡三个集镇合并而成。如今丁蜀镇是宜兴市中心城区"双城结构"的南部板块，镇域面积205平方公里，人口规模约14.9万[①]。

丁蜀镇自古以来既是产茶名区，也是制陶名区（徐秀棠等，2006），茶文化与陶文化在此共生、共融。五六百年来，无数能工巧匠将无限灵感融入一方小小的陶制品中，使陶器的制作技术和艺术创造水平不断提高，人文情怀绵延不绝。陶艺制作与文化相交织塑造了宜兴紫砂的地理品牌（钱丽芸，2011），共同谱写了厚重的陶都发展史，奠定了创意制作城市的发展基础。明中期以来，江南地区社会经济高度发达，开始出现资本主义萌芽，以紫砂为代表的宜兴手工制陶业逐渐脱离农业独立发展起来。宜兴紫砂在数百年的发展史中始终维持家庭作坊生产的经营模式，产业管理机制自由灵活，形成了"无官窑、有官气"的地方特色。为满足富裕阶层对生活品质和文化消费的追求，当地艺人不仅持续创新工种和技艺，更是邀请文人雅士参与绘画、

---

① 数据来源：《2013年宜兴年鉴》。

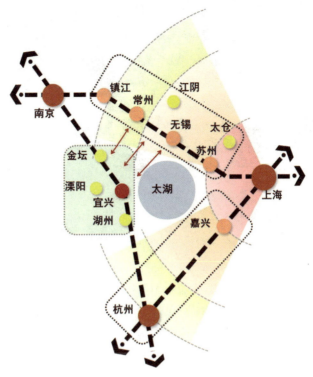

图2-19　宜兴在长三角格局中的地理区位

题诗、刻字等制作工序，极大地提高了制陶产业在文化价值和创意设计环节的附加值。改革开放以来，宜兴以历次"紫砂热"为契机，积极塑造、营销"陶都"城市形象，推进企业改制，推动创意产业多元化发展，使城市特色历久弥新。

（1）富有创意的"陶都"城市形象

"陶都"的景观特色和城市意象充分融合山水肌理和创意设计，并在细节处体现陶文化符号。城市选址"背山面水"，形成了"山核水轴、因陶而兴"的陶都格局和自然路网形态。丁蜀镇青龙山、黄龙山等山体蕴含有大量陶土原材料和烧制陶瓷所必需的燃料；蠡河、画溪河、白宕河构成了陶瓷原料和成品的水上交通要道（图2-20）。因此，传统的制陶手工作坊往往依山傍水而建，形成以村庄为核心的陶艺生产聚落。新中国建立以来制陶产业依托紫砂工艺厂、陶瓷商城等一批大型产业空间，形成了"符号性空间集群式分布、家庭小作坊就近零散分布"的总体空间特征。大到城市中心、交通枢纽，小到一条街道、一例城市家具，都能挖掘到"陶文化"的创造性设计。典型如宁杭高铁宜兴站的建筑设计灵感来自于茶壶与茶杯[①]，主站房以红褐色陶板为立面材料，令旅客踏出高铁站即能感受到宜兴的紫泥芬芳。在丁蜀街头随处可见陶片堆砌而成的"墙面"，无论是无心插柳还是有心设计，这种泛着亮丽阳光的立体构成在国内是独一无二的风景线。

---

① "一个茶壶"是指造型方正、以红褐色陶板为主立面材料的车站主站房；"两个茶杯"是指高铁站房两侧配套建设的公交及客运中心和旅游集散中心。

图2-20 孕育艺术陶瓷产业的自然地理环境

（2）宜兴艺术陶瓷产业集群：权责清晰的创意制作产业

宜兴的创意产业是在艺术陶瓷产业的基础上壮大、衍生出来的。当代宜兴艺术陶瓷产业的"五朵金花"是指紫砂、青瓷、均陶、精陶、美彩陶，它们各自发展并形成了完整的产业链（图2-21）。其中紫砂无疑是发展最好、影响最大的一支，以紫砂为核心的创意作品的传统手工价值和文化艺术价值，赋予了宜兴创意产业崇高的地位和持续发展的动力。不同价值链环节的企业所依托的广泛而强大的师承关系、亲缘关系和供需关系紧密地结合在一起，形成了深厚的社会资本和复杂的本地企业网络。产业集群主体分工明确，权责清晰，生产和销售企业、政府部门、行业协会等非政府组织，与知识机构、服务机构等共同构成了多元化的集群主体。在创意制作产业基础上，会展交易、体验旅游、广告设计、服务外包等一批文创产业蓬勃兴起，形成手工业与配套服务业联动发展的局面。

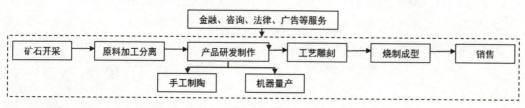

图2-21 宜兴艺术陶瓷产业的产业链构成

自20世纪90年代一批国有企业①改制以后，宜兴艺术陶瓷企业呈现出民营企业和私营企业数量众多、规模袖珍的特征。以紫砂产业为例，它的就业带动能力惊人，形成了金字塔型人才架构（图2-22）。据统计，目前宜兴紫砂直接从业人员3万多人，间接从业人员达10万多人，其中具有技术职称者5000多人②。在紫砂产品制作环节，共有12家以制作紫砂壶为主的大型股份制或民营企业③。个体私营企业则是层出不穷，民间壶艺作坊2000多家，紫砂花盆生产企业200多家，其中具有合法独立享有民事权利并承担民事义务的组织有1000多个。在产品销售环节，仅中国陶都陶瓷城集聚的商户就已超过1200家，遍布丁蜀街头的经销店面更是数以千计④。

依托大师效应、市场营销和不断推陈出新的创造能力，宜兴艺术陶瓷产业在国内、国际市场有着强大的影响力。改革开放以来，伴随企业改制和国民收入水平的提高，宜兴紫砂拥有了前所未有的发展环境，先后经历了20世纪80年代和90年代的"港台热"和21世纪以来的"全民热"乃至"全球热"。随着"茶文化""慢生活"等健康、文化消费概念全面进入普通民众的视野，销售渠道日益多元化，紫砂壶（特别是高端壶）爱好者、收藏者越来越多，紫砂壶价格更是连年上涨，大师作品拍卖价格屡创新高⑤。近年来，宜兴紫砂积极开拓国际市场，仅2009年紫砂壶出口额就达到1.69亿美元

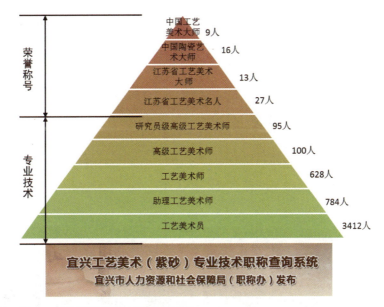

图2-22 金字塔型的宜兴工艺美术人才架构

---

① 例如计划经济时期著名的紫砂一厂。
② 数据来源：政府镇政府访谈资料及宜兴工艺美术（紫砂）专业技术职称查询系统官方网站http://www.yxrsrc.gov.cn/search/search_gymszc.htm。
③ 分别为：宜兴方圆紫砂工艺有限公司、宜兴精陶股份有限公司、宜兴陶瓷进出口公司、宜兴昌华陶艺有限公司、宜兴均陶工艺有限公司、宜兴紫砂工艺厂、宜兴紫砂工艺二厂、宜兴彩陶工艺厂、宜兴长乐弘陶瓷有限公司、宜兴范家壶庄陶瓷艺术有限公司、宜兴宝山工艺陶瓷有限公司以及丁蜀紫砂工艺厂。
④ 数据来源：丁蜀镇政府访谈和中国宜兴紫砂工艺厂、中国陶都陶瓷城等企业访谈。
⑤ 以中国工艺美术大师顾景舟的作品为例：他的一把紫砂壶在2008年的拍卖成交价仅为156万元，在2014年中国嘉德2014春季拍卖会上，顾老的"九头咏梅茶具"以2875万元成交，刷新了紫砂拍卖市场的最高纪录。

（顾允涛，2012）。虽然紫砂产业的经济价值在宜兴经济中的比重不断下降，但紫砂的社会价值与日俱增，紫砂已经成为宜兴最重要、最靓丽的名片。

2.5.2 创意制作企业的发展转型

宜兴艺术陶瓷企业规模微小的特征催生了民间手艺人风格各异的创新优势，然而"闭门造车"所带来的品牌效应不足和产品创新的路径依赖也不可避免。因此，围绕品牌聚力、研发创新和文化传播的目的，宜兴创意制作企业一直在尝试自我转型。超越传统的"前店后坊"模式，一些新兴的企业类型开始展现出非凡的创新引擎能力和行业示范作用，成为现阶段的发展主流：

（1）组织管理一体、企业成员独立的民营企业。这类企业脱胎于计划经济时期的国有企业，20世纪末改制为民营企业，企业内部各作坊自负盈亏。企业依托数十年来积累的品牌优势，发挥着强大的人才聚力和组织管理作用。宜兴紫砂工艺厂（图2-23，原紫砂一厂）是这类企业的代表，2002年改制后，采取低价出租500间厂房的形式吸引了2000多名新老员工，成立500多家工作室，其中有国家级专业技术职称者800多人。紫砂工艺厂下设生产经营部、市场管理部、研究所等分支机构，为厂内的小微企业搭建信息交流和技术升级的平台。宜兴市均陶工艺有限公司、宜兴市碧玉青瓷有限公司也是同类型知名企业。

（2）以大师工作室和陶艺研究所为代表的庄园化、研发型的企业。在宜兴政府的支持下，一些国家级和省级工艺美术大师纷纷出资购地，开设别具一格的大师工作室。这些技艺高超的陶艺大师是紫砂创意研发的领军人物，大师工作室于是成为一个个兼具教育、培训和研发功能的孵化器（图2-24，长乐弘陶庄，国家工艺美术大师徐秀棠先生的工作室）。此外，一批自发创办的学术研究机构，例如宜兴紫砂陶艺研究所、宜兴市蜀山紫砂研究所、宜兴均陶研究所，以进行学术交流、组织紫砂艺术研究与开发为己任，长期致力于文献资料收集、信息档案库建设、原材料研究、造型与装饰研究等研发活动，为创意产业的发展提供技术支撑。

（3）陶艺制作与体验式旅游相结合的企业，以旅游区小微企业为代表。这类企业以"亲尝制壶之趣"的体验式旅游为卖点，是将紫砂文化"走出去"和外来游客"走进来"相结合的一大尝试。体验馆大多分布在历史文化街区，与当地的观光旅游

图2-23　紫砂工艺厂新（左）老（右）厂房对比

图2-24　长乐弘陶庄内部别具一格的陶瓷布景

项目相结合。店家通过媒体、网络和口碑等渠道获得客源，并提供专业定制服务和必要的餐饮、住宿服务。来访的客人不仅可以购买体验馆的馆藏陶艺作品，更可以亲自动手，体验"塑形""刻壶""烧壶"的完整制壶过程（图2-25）。

图2-25　古南街"雨茗轩"制壶体验馆

2.5.3 紫砂创新人才的培养机制

数百年来，宜兴紫砂"父带子，师带徒"的代际传授模式被完整地传承下来，是当代宜兴陶艺界人才培养的重要模式之一。然而随着社会经济的发展，集体化的职业教育作为一种高效的人才培养模式逐渐受到"传道者"和"受业者"的青睐。宜兴本地有三所著名的工艺美术类职业技术学校：无锡工艺职业技术学院、宜兴市陶瓷实训基地（丁蜀成校）、江苏省宜兴丁蜀中等专业学校。三所学校纷纷聘请当地工艺美术大师担任高级讲师或艺术顾问，旨在培养陶艺制作领域的青年技术人才。迄今三所学校的陶艺专业培养了大量毕业生，获得职业技术职称者数以千计，支撑起了宜兴新生陶艺人才的半壁江山。仅以无锡工艺职业技术学院为例，学校开设的陶艺设计、陶瓷工业等专业是省属高等职业技术学院中最具特色的专业；学校师资力量雄厚，274名教职员工中有112人拥有硕士以上学历，182人拥有中高级以上技术职称；学生就业率连续多年保持在98%以上，就业竞争力位居江苏省高职高专院校前三位。

宜兴的职业教育院校并不驻足于"闭门造车"的人才培养模式，它们积极引进外地优质教育资源，创造性地开展了地方培训机构与国内高等院校合作的人才培养模式。2012年，江苏省工艺美术协会、学会、丁蜀镇人民政府、宜兴紫砂工艺厂联合清华大学美术学院合作成立了紫砂高级研修班，由宜兴多位国家工艺美术大师和清华美院12位资深教授共同培养高端陶艺人才。无锡工艺职业技术学院也积极与南京艺术学院等高等院校进行"转本"对接合作。与此同时，北京大学、南京化工学院、南京艺术学院、江南大学等一批高等院校也以合办性质设立了陶瓷专业，形成了陶艺人才培养的多元渠道。

2.5.4 政府推进紫砂产业发展的治理手段："善意忽视，暗中扶持"

随着中国经济、社会的发展，宜兴城市政府已经清晰、深刻地认识到紫砂产业的发展对于宜兴的多重价值和意义，壮大艺术陶瓷产业是一项切切实实的富民工程和文化工程。艺术陶瓷产业虽然不能为政府带来巨大的产值和税收[①]，但它所创造的社会效应和影响力是巨大的，是城市美誉度的直接来源。同时围绕紫砂产业，大量人流、物流、资金流、信息流涌入宜兴，极大地带动了实体经济、旅游产业及相关文创产业的发展。由于宜兴艺术陶瓷产业地缘根植性和市场根植性很强，长期以来依靠集群内部治理与创新取得了辉煌而稳定的成绩，因此城市政府无意干扰企业发展的自由环境，在"善意忽视"的同时"暗中扶持"，奉行"不管就是最好的管"。一方面全面向行业协会、市场主体分权；另一方面不断健全、规范的行业监管和政策法规，统筹规划、整合资源，依靠科技与文化促进产业的转型升级。

（1）明确产业定位和重点扶持门类

发展以紫砂为龙头的艺术陶瓷创意制作产业，是宜兴政府推进"传统产业升级计划"的重要组成部分。城市政府对艺术陶瓷产业的发展有着清晰的思路，重点营销紫砂特色品牌，努力将宜兴发展成世界制壶中心、制盆（陶瓷花盆）中心及釉下彩陶

---

① 2011年，宜兴的支柱产业——电线电缆产业年产值达到725.6亿元，紫砂产业仅创造80亿元的产值。受制于紫砂产业的个体化特性，这一产业几乎不贡献税收。

瓷餐具制造中心。初步拟定的四大重点扶持产业门类为：（1）陶艺制作产业。政府鼓励多种性质、多种形式的陶艺制作企业自由发展，鼓励"五朵金花"形成自身特色。（2）创业设计类产业。政府规划、引导大师工作室集聚区和创意设计园区，以紫砂泰斗为引领，植入创意引擎，并通过职称考核和作品评比促进创意成果涌现。（3）文化旅游产业。围绕当地历史悠久的采矿区、古窑遗址和历史文化街区、陶艺村等发展观光旅游和体验式旅游，整合青龙山、黄龙山地质公园、蜀山古南街、东坡书院、紫砂工艺厂、陶瓷博物馆等旅游景点，形成大紫砂文化旅游体验区。（4）宣传、包装等延伸产业。包括针对产品流通和品牌营销的金融、保险、咨询、广告等服务业，以及壶具包装、茶海、茶洗等配套产品制造产业，甚至建筑设计和室内设计行业。

（2）积极推动重大公共设施建设

除了基本的道路交通和市政基础设施建设，宜兴政府积极进行"陶都"的公共文化设施建设，典型设施如中国陶都陶瓷城和中国宜兴陶瓷博物馆。中国陶都陶瓷城是江苏省、无锡市和宜兴市三级政府确定的"十一五"重点工程，它的建设初衷是通过一个集中、集聚的大型经销市场改变丁蜀城区陶艺品商店遍布街头、市容较差的情况，同时搭建宜兴紫砂制品的展销平台和陶瓷艺术的交流中心。陶瓷城总规划面积约66.7万平方米，总建筑面积约58万平方米，目前是中国最大的综合性陶瓷商贸旅游城，并正在申报国家4A级文化旅游景区。项目一期工程已建成投运，容纳了1200多家陶艺门店。中国陶都陶瓷艺术国际博览中心是一期工程的地标建筑，众多本地商户和来自江西景德镇、浙江龙泉、福建德化等各大陶瓷产区的商户已经入驻。二期工程将进一步规划建设已故紫砂泰斗的纪念馆和当代大师艺术馆、工作室，以及针对游客的体验式淘吧、餐饮、五星级酒店等配套服务设施[1]。

中国宜兴陶瓷博物馆是中国最早成立的陶瓷博物馆，也是中国规模最大的唯一的一座地方陶瓷博物馆。2013年11月正式获批为中国紫砂博物馆，成为宜兴历史上第一座"国字号"博物馆，肩负着弘扬紫砂文化、加强国内国际陶文化交流的使命。馆区占地面积4万平方米，展厅面积3 000多平方米，重点展示宜兴的制陶历史和以紫砂陶为主的宜兴陶瓷艺术珍品。博物馆现已成为江苏省爱国主义教育基地，定期举办面向国内外紫砂爱好者的展览和交流活动。馆内同时设有紫砂研究所、古陶瓷研究所以及十多个陶艺工作室，是宜兴紫砂创意设计领域的重要力量[2]。

（3）研究规划艺术陶瓷产业的空间布局

产业发展引导与空间规划始终是宜兴城市政府的关注重点。针对历史形成的紫砂文化集聚区，政府的工作重点是重大历史遗存的保护和传统陶艺制作空间的整治，而对自发形成的生产及交易市场基本保持着善意的忽视，尽量减少不必要的干涉。宜兴政府编制实施的《宜兴市历史文化名城保护规划（2009—2020）》，重点针对紫砂生产场所和建构筑物、陶瓷文化相关聚落、名人故居和相关非物质文化遗产进行保护和利用；将传统紫砂制作空间——蜀山古南街划定为历史文化街区，将紫砂陶矿开采空间——青龙山—黄龙山—解放路划定为风貌控制区。在历史文化名城保护的框架下，宜兴政

---

① 资料来源：中国陶都陶瓷城实地调研及其官方网站http://www.taodu.net/qyjj/qiyejianjie.html。
② 资料来源：中国紫砂博物馆官方网站http://www.yxtcbwg.com/。

府进一步编制实施更为详细和可操作的《蜀山古南街历史文化街区保护规划》（图2-26、图2-27），重点保护明清以来陶瓷生产、经营的核心空间，规划总面积46公顷（1公顷等于1万平方米），其中历史街区保护面积12.8公顷。在相关保护、控制规划编制的同时，宜兴政府已经陆续实施历史文化建筑、遗存的保护与修缮工作。2006年政府启动了古窑址的修缮工作，千年古窑——前墅古龙窑、前进古龙窑均被列为全国重点文物保护单位，保护工作力图留下古老陶艺制作的"活标本"。围绕古南街历史街区的保护与复兴，宜兴政府开始着手启动以顾景舟大师故居为代表的一批大师故居和名人旧居保护与修缮工作。在对历史文化空间进行积极保护的同时，宜兴政府针对紫砂一厂、二厂、四厂等新中国成立后的陶瓷生产集聚区以及西望村、紫砂村、双桥村等特色紫砂村，提出了相应的整治和开发要求，力图使宜兴的紫砂文化空间呈现古今交融、连续成片的面貌。

在充分结合既有的历史文化保护空间和传统陶瓷制作空间的基础上，政府初步规划了丁蜀城区形成"一轴、一带、三片、多点"的艺术陶瓷产业空间格局（图2-28）。南北向的陶都路—白宕路是沟通宜兴两大主城区（宜城、丁蜀）的交通要道，并与高铁站、高速公路有比较便捷的联系，目前已经布局了吴冠中博物馆、葛盛陶庄等一批特色博物馆和创意工作室。规划形成宜兴的陶文化对外展示轴，一方面紧密结合高铁新城的"陶都风情小镇"建设；另一方面严格控制陶都路中段的功能布局和城市设计，积极引导街道家具、建筑物形态和立面等展示陶文化特色。东西向约3公里的通蜀路基本串联了丁蜀城区最为重要的传统紫砂特色文化空间，如中段的古南街、蜀山、紫砂厂老厂区，东段的西望、双桥等紫砂特色村，西段的长乐弘陶庄、鲍志强紫砂艺术馆、季畅园等大师工作室长廊，共同构成了陶都特色风貌的另一条最为重要的轴线。规划整治、改善的"三片"包括"蜀山—紫砂老厂"艺术陶瓷生产集群、中国陶都陶瓷城艺术陶瓷集聚片区和"青龙山-黄龙山"紫砂矿坑风貌保护区。在相对集中的紫砂文化特色片区外，丁蜀老城区还分布着前墅龙窑古窑址、宜兴陶瓷博物馆、均陶研究所等陶文化节点，众多文化空间的保护与发展建设共同支撑起城区的陶文化空间格局。

（4）进行危机公关保护品牌价值

随着宜兴艺术陶瓷产业尤其紫砂产业的蓬勃发展，产业发展危机开始显现。最典型的事件就是2010年央视报道的"原料造假危机"，报道披露紫砂泥矿面临枯竭，一些炼泥厂使用浙江、安徽等外地矿料或者普通陶土，通过添加化工原料或陶瓷色料进行调色，加工生产所谓的原矿紫砂泥。同年，相关媒体又报道了宜兴的"代工壶"问题，指出部分艺人利用职称弄虚作假，找人制作"代工壶"，刻上自己的印章赚取差价。据调查，原料造假和代工确实存在，但基本属于个别行为，然而在当今的网络时代，央视及各路媒体的报道迅速传播，给宜兴艺术陶瓷产业特别是紫砂产业带来非常严重、消极的影响[①]。在上述危机的背后，更为深刻的危机是传承者的创新乏力。由于集群内部网络沟通的便捷性，艺术陶从业者制作技能和经验的外溢非常迅速，再加上目前技术创新者缺乏相关知识产权保护，艺人间相互模仿、抄袭的现象屡见不鲜，作品

---

① 资料来源：2010年5月央视每周质量报告《央视再曝紫砂壶内幕:用化工原料调出紫砂色》

图2-26 《蜀山古南街历史文化街区保护规划》总平面图

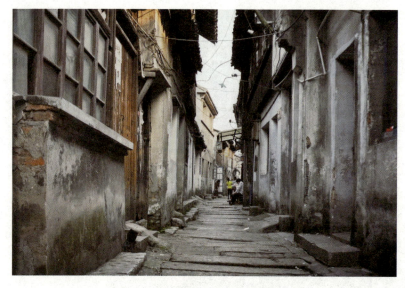

图2-27 古南街现状建筑风貌

图2-28 丁蜀城区艺术陶瓷产业的总体空间格局

的原创价值受到削弱（顾允涛，2012）。面对上述显性和隐形的发展危机，宜兴政府果断改变不干涉的原则，站到前台，以政府信誉担保积极应对危机。一方面进行全方位的摸底调查，了解紫砂矿的民间储量，用实际数据澄清紫砂泥矿告急的不实新闻，并邀请CCTV2专门做了一期中国财经报道《砂里能淘多少金》，用事实和真相来破解消费者的顾虑。另一方面政府和行业协会密切合作，开始从源头抓起，健全市场管理机制，使诚信制作、诚信经营的理念深入千万制陶人家，同时积极引导以创新、创意为核心的正确价值观，促使宜兴艺术陶瓷产业的发展回归理性。

2.5.5 非政府组织：构建企业联盟和政企沟通的桥梁

政府固然在宜兴创意城市的发展过程中扮演着非常重要的角色，但"陶都"的繁荣离不开非政府组织的积极作为。正是非政府组织所构建的政府、企业等多元主体之间长期的协同治理机制，保证、呵护了宜兴创意制作产业的持续、健康发展。而创意宜兴的未来发展必须继续依靠多元主体对协同治理方式的探索和完善，才能历久弥新。

（1）基于行业协会的企业联盟："名人效应、积极作为"

由于艺术陶瓷行业的手工创意特色，企业大多为小微企业，单个企业往往人微言轻，需要行业协会、商会等非政府组织建立小微企业合作交流的联盟和政企沟通的桥梁（史俊棠，2012）。宜兴市陶瓷行业协会（以下简称陶协）成立于2002年6月，是由宜兴地区陶瓷企业、相关单位及个人会员自愿组成的非营利性社会团体，发展至今共拥有会员单位400多家[①]，其中艺术陶瓷专业委员会是陶协最早成立的分会之一。陶协成立之初，一批知名企业和艺术大师倾力加盟，依托会员的名人效应，陶协的行业影响力迅速扩大。作为政府与企业的中间人，陶协既是政府公共政策的施行者，更是当仁不让的行业活动组织者和实干家。十余年间，陶协毫不懈怠地呵护着这一创意制作产业的繁衍生息，其主要职能和成绩包括：

①服务会员单位，加强行业管理，规范市场行为。陶协每年为会员组织多次评比活动和专业技能培训，并配合工商局组织职称考核，鼓励制陶艺人推陈出新。例如，两年一次的"全国陶瓷艺术设计创新评比"活动催生了一大批优秀的青年人才和创作佳品。同时，陶协参与本行业技术标准、管理标准的制订工作，并要求会员带头贯彻实施相关行业准则，为整个行业树立诚信经营的榜样。面对行业危机，陶协密切配合政府，联合知名企业和行业名人进行多种方式的公共危机管理，取得了良好的效果。

②配合政府申请遗产保护和城市荣誉。在宜兴政府与陶协的共同努力下，2006年，"宜兴紫砂陶制作技艺"被列入国家首批非物质文化遗产名录，并被世界知识产权组织和国家工商行政管理总局商标局批准为地理标志证明商标。目前，政府与陶协正群策群力，为"宜兴紫砂"申报世界非物质文化遗产，陶协在申遗的资料准备和现场调度中发挥了至关重要的作用。2008年宜兴被文化部授予"陶瓷之乡"的荣誉称号；2009年"宜兴紫砂陶制作技

---

① 资料来源：宜兴陶瓷行业协会官方网站http://www.jstaoxie.com.

艺"被列入文化部申报世界非物质文化遗产的预备名单江苏省第一位；2011年宜兴成功荣获"中国陶瓷历史文化名城"的称号。

③弘扬紫砂文化，促进国内外陶文化交流。十多年的发展中，陶协倾力打造出一个特色文化交流品牌——中国宜兴国际陶瓷文化艺术节。陶艺节是政府主办、陶协承办的年度陶艺盛事①。陶协秉承"以陶为媒，以艺会友"的节日主题，在陶瓷博物馆、陶瓷城等多个分会场组织陶瓷精品博览交易会、宜兴陶瓷艺术研讨会，并充分发挥宜兴的旅游资源优势，开展宜兴旅游观光活动。此外，陶协每年主办或配合承办多次陶艺展，带领陶文化走出宜兴、走出国门，与国内外著名陶瓷产区的相关组织建立合作互动关系。例如，陶协协助政府先后在北京、上海、深圳举办"陶都风——中国宜兴陶瓷艺术展"，与韩国陶瓷文化协会缔结为友好协会，多次组团赴美国参加陶瓷教育年会等活动。

④组织编纂行业史料，推进中华传统陶瓷艺术的学术研究。陶协业已编辑出版了《宜兴紫砂史》，出版发行专业刊物《陶都通讯》《宜兴紫砂》和《江苏陶艺》，并为《宜兴事志》编写长达5万字的"陶都卷"，为宜兴陶瓷历史和技艺的整理、推广做出了巨大的贡献。

（2）基于农村专业合作社的基层合作组织

丁蜀镇老镇区周边分布着一批以家庭作坊群为主体的紫砂特色村，它们是城镇紫砂产业向乡村地区技术溢出的典型代表。20世纪80年代中期，宜兴紫砂一厂、二厂等国有企业经营情况良好，为扩大经营力度，大型国企依托本地社会网络和亲缘关系，在镇区周边的乡村开设培训班培养紫砂技术工人，紫砂特色村由此而生。随着"家家制壶，户户弄陶"格局的形成，这批特色村庄纷纷成立农民专业合作社，以期创新农村地区紫砂产业经营体制，提高农民的组织化程度，繁荣乡村集体经济。

"中国紫砂第一村"——西望村是合作社成功运营的典型代表。2009年西望村成立了全国首家农民手工业专业合作社——宜兴市丁蜀镇西望紫砂陶瓷专业合作社。合作社采用"制作基地+大户+农户"的合作模式，组织社员抱团闯市场，联手致富，社员定期缴纳一定的会费，享受合作社提供的制作技艺培训、组织产品交流、统一市场营销、统一品牌制作等服务。具体而言：①设立全手工制壶技艺培训班（图2-29），聘请制壶高级技师对社员进行免费而系统的技术技能培训；②组织两年一次的"希望杯"壶艺评比，并为获奖者积极申报技术职称；③组织社员参加诸如广州茶叶博览会、郑州陶艺博览会等展销活动；④参与协办宜兴国际陶瓷文化艺术节，并在西望村开设分会场参与国际交流；⑤合作社以村集体为单位创立了"西望村"品牌，会员可申请为自己的作品贴标。在专业合作社的不懈努力下，全村600多户居民中，已有80%的农户从事紫砂茶壶和紫砂雕塑制作，其中300多人拥有专业技术职称。2014年，西望村紫砂产业的产值达到1.5亿元，制陶者人均收入8万元左右，其中入社社员制陶收入比同村非社员平均高出2万元②。

2.5.6 结语

作为中国陶文化的中心，宜兴创意城市的发展与以紫砂为核心的艺术陶瓷产业的发展息息相关，

---

① "中国宜兴国际陶瓷文化艺术节"首届于1988年5月上旬举办，此后每两年举办一届，2013年开始每年举办一届。
② 资料和数据来源：西望村村书记访谈。

图2-29 宜兴政府、丁蜀成校与西望村农民专业合作社共同承办全手工制壶培训班

并深深地根植于宜兴浓厚的传统文化与艺术氛围之中。宜兴不仅是"陶都",这座江南历史文化名城同时也是"教授之乡""院士之乡""书画之乡",徐悲鸿、吴冠中、吴大羽、尹瘦石等一大批在海内外享有盛誉的艺术大师诞生于此。当今宜兴更是培养、吸引、聚集了众多工艺美术大师和书画创意人才,他们奠定了城市浓郁的创意氛围。城市发展的核心是人的发展,创意城市发展的核心是创意人才的发展。宜兴之所以能够集聚如此众多的人才资源,离不开宜兴城市政府与行业协会、民间组织、学校、企业、手工艺人共同构建的多方合作、协同治理的机制。正是这种机制进一步创造了城市自由、包容、诚信的社会氛围,构成了宜兴历久弥新的真正原因。

(感谢宜兴市规划局朱乾辉局长、邵旻书记、马斌强副局长、王烨峰主任、徐伯君所长对本研究调研给予的巨大支持和帮助。)

参考文献

[1] 徐秀棠,山谷. 紫砂入门十讲. 上海古籍出版社,2006.
[2] 钱丽芸,朱竑. 地方性与传承:宜兴紫砂文化的地理品牌与变迁. 地理科学,2011, 31(10): 1166-1171.
[3] 朱郁华. 中国茶具的历史发展及美学风格的嬗变. 江南学院学报. 2000(03).
[4] 胡燕. 宜兴紫砂发展历史及活态传承研究. 南京农业大学,2012.
[5] 史俊棠. 精彩陶都——宜兴市陶瓷行业协会成立十周年纪念. 2012.
[6] 顾允涛. 产业集群网络性风险及其规避研究. 安徽财经大学,2012.

2.6 珀斯 / Perth

对一个 3—5 年音乐节计划执行 2 年后停办的调查

克里斯汀·巴里克（Ballico），
莱利亚·格林（Lelia Green） 著
唐婧娴 译

Perth: An Examination of the One Movement for Music Festival which Was a Three to Five Year Plan, But Stopped After Two

　　OMFM音乐节运动起源于西澳大利亚州（WA）珀斯（Perth）城市委员会发展创意产业的意愿。2009年10月和2010年10月，该活动连续两次在珀斯举行，内容主要包括音乐商业会议和现场音乐节，均持续若干天。珀斯希望通过这一活动增强与亚太地区音乐市场的联系，同时将珀斯培育为区域的文化之都和创意产业中心。然而，在活动持续两年后，议会要求调查音乐节活动中政府资助的分配和使用情况，资金的大量亏损使OMFM不得不被叫停。质疑的声音主要围绕政府的资助是否使州政府陷入财政危机之中，以及相较其他以商业为驱动、创意产业为基础的音乐活动，OMFM的支持者究竟扮演了什么角色。本节将探讨如何在政府支持下发展此类活动，揭示珀斯政府对创意和文化的态度变化，以及政府是如何推动城市成为区域文化之都和创意产业中心，并将其打造为国际游客的吸引点的。文中还将讨论政府在该类活动中所扮演的角色，以及音乐产业中商业实体与政府之间紧张的关系。

2.6.1 引言

　　在当前的国际环境中，各个城市和国家不断尝试通过品牌塑造创建属于自己的特色，实现自身的差异化发展，创意产业恰好给这种需求提供了一种实现方式。贝坎（Baycan, 2011: 15）指出"除了知识和创新，文化和创意产业已成为城市竞争力中的关键要素"。澳大利亚西部城市珀斯就把创意产业作为城市增长的核心要素之一（City of Perth, 2015）。珀斯的政策制定者将创意产业定义为"能够将创意想法转换为商业产出的产业"，强调创意产业对经济、社会、文化产出的贡献，它们是"先进而活跃的区域经济的重要因素……对于塑造区域的文化认同感十分重要……考虑到不断加剧的国际劳动力流动，创意产业是吸引和留住各行业人才的重要因素"（City of Perth, 2015）。为支持创意产业发展，珀斯推出了首个关联政策，即"通过聚集专业人员和鼓励想法交换，来加强创意产业网络和关系的构建"（City of Perth, 2015）。

本节将概述珀斯是如何通过支持音乐创意产业，塑造自身文化身份的，重点关注政府组织和政策在培育区域专业艺术网络及其音乐相关产业的过程中所发挥的作用。这里以OMFM音乐节为研究案例，阐述其从产生到最后被叫停的全过程。OMFM在2009年和2010年连续举办，活动持续若干天，内容包括音乐商业会议和现场音乐节等，场地遍及珀斯CBD的多个区域。它帮助音乐业界、音乐家和粉丝形成了互动的网络联系，并发掘出新涌现的艺术家，同时促进城市文化创意产业的发展，让城市体现出更多的文化与艺术性。在若干音乐支持者（Sunset Events, A and R Worldwide, and, Chugg Entertainment）及EventsCorp的共同合作下，这个活动得以举办，三年内（2009，2010，2011）共花费了270万美元。

本节的关注点将放在商业基金通过政府实体投资音乐领域的内在复杂性，政府并不参与艺术活动，而是通过对特定产业的扶持来参与投资。笔者首先介绍OMFM的发展情况，然后探讨商业化决策对艺术所造成的影响。通过对大卫·奇蒂，SunsetEvents（音乐传媒），Eventscorp大卫·凡·欧朗（公共服务商）的访谈，以及对政府公报、草案和媒体报道的分析，最终总结出政府与非营利艺术部门结合发展创意产业的经验教训，并对城市战略的其他方面做出评价。

2.6.2 澳大利亚创意产业和国家创新体系

在21世纪头十年的中后期，OMFM建立的初级阶段，澳大利亚逐渐意识到了创意产业的潜在价值。政府希望效仿英国早年布莱尔执政时期的做法，建立OMFM活动，掌握创意产业发展政策的话语权（Flew, 2012）。事实上，在西澳政府探讨创办OMFM之时，同时还开展了一场关于国家创新体系的全球对话（OECD, 1997），而此时国际上有关创意产业的讨论已经进展十年之久。

澳大利亚很重视有关创意产业发展的讨论。2005年，两大主要国际竞争力研究协会提供数百万美金成立从事创意产业与创新研究的ARC中心。2008年1月，国家政府对澳大利亚创新体系的动力和影响其发展的"瓶颈"问题进行了评估。评估呼吁公众参与（NISR 2008）全国范围的风险评估。随后报告被出版，因为评估主席是泰瑞·卡特勒，该文件也被称为卡特勒报告（Cutler, 2008）。报告的封面上写着一句告诫："冒险意味着进取与大胆、风险并存，但它也暗含着前瞻性，需要（我们）随时准备抓住机遇。创新的澳大利亚将是进取而冒险的，这种创新精神是我们澳大利亚人所需要的"。（Cutler, 2008: cover）

关于珀斯的讨论显示出，OMFM这种由创意产业提供的新视角所带来的初始狂热而创办的活动在逐步降温，创意产业最终被国家创新体系中内在的主流科学技术所取代，或者说操控。可以看到，这种风向从创意产业向技术理念创新转变的一个表现是"创意产业"在224页之长的卡特勒报告中仅被引用了一次（Cutler, 2008: 114），而其他实例能从ARC中心所用的参考文献标题中找到。即便如此，拥抱"大胆、冒险"的提议依然吸引了一些政策制定者的关注。虽然具有争议，但OMFM活动就是对此做出的一个回应。

2.6.3 珀斯的创意特征

珀斯位于西澳大利亚南部海岸天鹅河畔，与东海岸主要的人口聚集区相距甚远。西澳大利亚州拥有澳大利亚三分之一大陆面积，珀斯是该州的首府城市，与之最近的同等级城市是澳大利亚南部的阿德莱德，两者之间的距离超过2000公里。这两个城市之间的土地荒凉而少有人烟。如果按照行驶距离来算，相比澳大利亚东海岸的城市，珀斯可能和亚洲城市更近一些。

城市在地理上的隔离，使之处在全国文化创意活动的外围。维多利亚州和新南威尔士州的首府城市墨尔本和悉尼才是民族音乐和媒体行业的聚集地。再加上人口流动的历史问题，很多创意工作者离开了珀斯，到更大更好的城市聚集区生活。因此，珀斯一直处于文化自卑感之中，少有可以作为创造力的原材料（Drake，2003）。此外，出生于珀斯的艺术家也没能丰富本地的创意产品，使地方的创意和文化特征变得模糊（de-identified reference）。他们认为自己不得不离开西部，给自己的职业生涯一个"合理"的发展机会，寻找新的受众。为了打入全国市场，相较于靠近决策中心的墨尔本和悉尼的艺术家，处在孤立语言环境的珀斯音乐家需要更多的时间和金钱投入。对此，西澳大利亚州政府制定了一系列资助措施来减少音乐家们的成本，并帮西澳的乐队和音乐人打入国内和国际市场，这样的背景使对音乐产业的讨论成为西澳创意产业政策和措施研究中特别有趣的部分。

2.6.4 西澳大利亚政府在发展和利用音乐创意文化产业中所扮演的角色

西澳政府在发展珀斯音乐创造力、促进文化认同的过程中，发挥了重要的多方面的作用。通过各种部门和机构，政府为本地音乐产业的运作提供资金和管理措施，制定的战略内容包括：支持地方现场音乐会和大型户外音乐节，为音乐人提供录制音乐的资金，组织拓展音乐人职业发展道路的游历活动等。这些措施强调，要培养当地的文化创意认同感，为音乐人突破城市限制的职业发展提供支持。除了部分资金用于支持西澳音乐节和音乐商业会议之外，大部分本地音乐方面的投资用于活动事件策划组织，以及扶持音乐人参与国内国际赛事。从这个角度来看，珀斯和西澳大利亚州是文化创意的生长点——政策扶持下的一颗新星。

珀斯的本土音乐产业政策和资助计划包含现代音乐教育资助计划（成立于2002年，由同行从多个方面进行评价和遴选，包括行业发展情况、技术发展情况、创意产业游历补助等），该计划由文化和艺术部提供资金。近年来，一些大型的活动也可以得到资金支持，由西澳旅游局活动分支EventsCorp运行管理，OMFM正是通过它获得了充足的资金。

将传统旅游导向的项目资金分配给艺术导向的活动，显示出政府对音乐产业的态度转变，认为音乐也可以作为吸引旅游的可行途径，音乐将成为城市景观的展示橱窗。为了响应国家对创意产业的支持，在OMFM活动举办的头些年，这个艺术导向的活动获得西澳旅游计划的资助。政府态度的转变，以及珀斯为成为创意文化城市所做的努力，再加上音乐家、产业和观众的共同支持，促成了OMFM活动的发生。

2.6.5 案例研究：OMFM

珀斯OMFM音乐节借鉴了珀斯音乐人在海外长期参与类似活动的经验，并受到澳大利亚音乐节活动快速增长的激励，在所获支持的推动下举办。如上所述，OMFM的发展得益于政策制定者对于艺术态度的转变，他们发现音乐节可以作为旅游产业的潜在驱动力,这种转变在发展珀斯文化和创意产业的号召下被进一步强化。

目前,地方政府致力于建立国际联系。例如,2005年现代音乐教育资助计划的专门拨款已到位,这些资金可以帮助当地的音乐家到国际场合演出,如纽约的CMJ音乐马拉松、德克萨斯州奥斯汀的SXSW（South by South West）（Guazelli, pers. comm., 2010）。此外,为举办OMFM,西澳大利亚音乐公司（WAM）也为各种其他活动提供了资助,如戛纳的MIDEM、新加坡音乐节等。公众之所以支持本地音乐产业参与国际音乐节,主要是认为这样可以让音乐人与业界投资商和潜在观众接触。本地现场音乐节的增长也促进了OMFM支持政策的形成。众多迹象表明,这种音乐节的方式让人们可以到音乐的殿堂中享受现场音乐,在国内外均有可以发展的市场。

首届OMFM举办之前的十年,西澳大利亚的节日活动成倍增长。1998—2009年,州内的音乐节活动从一年一次增长到一年七次（表2-7）。

表2-7　西澳大利亚在1998—2009年举办的当代音乐节摘录

年	节　日
1998	松林之中音乐节（In The Pines）
1999	重要之日音乐节；松林之中音乐节；摇滚音乐节（Big Day Out; In The Pines; Rock-It）
2000	重要之日音乐节；松林之中音乐节；摇滚音乐节（Big Day Out; In The Pines; Rock-It）
2001	重要之日音乐节；松林之中音乐节；摇滚音乐节（Big Day Out; In The Pines; Rock-It）
2002	重要之日音乐节；松林之中音乐节；摇滚音乐节（Big Day Out; In The Pines; Rock-It）
2003	重要之日音乐节；松林之中音乐节；摇滚音乐节（Big Day Out; In The Pines; Rock-It）
2004	重要之日音乐节；松林之中音乐节；摇滚音乐节；西海岸布鲁斯n生根音乐节（Big Day Out; In The Pines; Rock-It; West Coast Blues n Roots）
2005	重要之日音乐节；松林之中音乐节；摇滚音乐节；海岸摇滚者音乐节；南界音乐节；西海岸布鲁斯n生根音乐节（Big Day Out; In The Pines; Rock-It; Rollercoaster; Southbound; West Coast Blues n Roots）
2006	重要之日音乐节；松林之中音乐节；摇滚音乐节；海岸摇滚者音乐节；南界音乐节；海岸摇滚周末终结者音乐节；西海岸布鲁斯n生根音乐节（Big Day Out; In The Pines; Rock-It; Rollercoaster; Southbound; Wave Rock Weekender; West Coast Blues n Roots）
2007	重要之日音乐节；黑杰克音乐节；松林之中音乐节；海岸摇滚者音乐节；南界音乐节；海岸摇滚周末终结者音乐节；西海岸布鲁斯n生根音乐节（Big Day Out; Blackjack; In The Pines; Rollercoaster; Southbound; Wave Rock Weekender; West Coast Blues n Roots）
2008	重要之日音乐节；松林之中音乐节；海岸摇滚者音乐节；南界音乐节；海岸摇滚周末终结者音乐节；西海岸布鲁斯n生根音乐节（Big Day Out; In The Pines; Rollercoaster; Southbound; Wave Rock Weekender; West Coast Blues n Roots）
2009	重要之日音乐节；松林之中音乐节；摇滚音乐节；圣·杰罗米大道音乐节；南界音乐节；海岸摇滚周末终结者音乐节；西海岸布鲁斯n生根音乐节（Big Day Out; In The Pines; Rock-It; St Jerome's Laneway Festival; Southbound; Wave Rock Weekender; West Coast Blues n Roots）

节日活动的增长似乎是创意产业作为创新引擎、创新企业繁荣发展的有力证据。可以认为这代表着音乐消费方式的转变。这种市场变化并不在本节的讨论范围内，强调现场音乐节活动对市场的塑造作用没有什么特殊意义，不过，它证明了像OMFM一类的活动是可行的。珀斯就是要通过支持现场音乐会的发展，来树立自己创意产业中心的品牌和独特性。

即便是珀斯本地的普通观众都会支持来表演的乐队，不难想象珀斯音乐业界领先的企业家在国际音乐业务会议和展销会上的贡献是显而易见的。为现场音乐会提供专业服务的市场在澳大利亚迅速扩展，反映了音乐节价值的快速上升。在产业导向的OMFM活动诞生之前，澳大利亚就有一些小型的音乐节日，这些小型音乐节强化了本土音乐人与国内国际行业人员间的联系。这类活动一般由地方音乐宣传组织举办（如布里斯班的QMusic, 墨尔本的MusicVictoria, 悉尼的MusicNSW），活动成为音乐家和音乐行业非正式的学习和联络机会，在这一过程中观众也可以发现一些新鲜的音乐作品。

那时，唯一将商务会议和音乐节结合的就是珀斯一年一度的WAM音乐节，它由西澳音乐组织，是为了纪念当地现代音乐而举行的音乐活动，以现场音乐会的形式重点向当地观众展示本地音乐，偶尔会有些例外。参加会议的企业中本地企业比例很高（WAM, 2010），当然一些认为珀斯有发展潜力的国内国际知名人士也会到访会议。但相比较而言，WAM音乐节的视野范围相比于OMFM期望达成的目标要窄得多，狭隘得多。另一个不同是WAM每年都会举行西澳大利亚州音乐奖颁奖晚会。这些奖项主要为鼓励对西澳大利亚本土音乐产业和文化结构做出贡献的艺术家、行业成员而设立。从这个角度来看，WAM是发展音乐创意产业，肯定优秀音乐人、新音乐人的盛会。WAM前CEO保罗·伯德拉维奇曾说："WAM享誉东海岸，很多乐队在他们出版唱片时都会以自己获得西澳大利亚州音乐奖作为宣传。我觉得这对活动的可信度是最好的证明。"

2009年10月，OMFM活动首次在西澳珀斯举行，内容包括传统音乐、大众音乐、现场音乐节和创意/音乐产业会议，以及酒吧、俱乐部内的各种展示和现场表演等。第一次音乐节主题为"艺术家、产业、歌迷的整合（Artist, Industry, Fan, United）"，活动希望拓展音乐商务的范围，寻找其在亚太地区的机遇，此外还希望借此将珀斯打造为音乐旅游目的地。如果说WAM音乐节是重点围绕本地的音乐活动，OMFM则是国际音乐人、珀斯特色音乐人和澳大利亚著名音乐人的"对外输出"窗口，它被推崇为人们发现新音乐的场所。

OMFM的主要举办场所位于珀斯CBD，采用传统表演场地与并不十分传统的城市地点（如滨海艺术中心）和非传统表演空间（如停车场）相结合的模式。在活动开展的两年中，项目尽可能地渗透和利用起各种城市空间，为艺术家提供更好的机会。这样既可以收回一些成本，还能对创意和创新形成新的探索。但随着文化禁令的颁布，OMFM变成一种"有风险的尝试"，导致活动的整体成本逐渐增加。

OMFM一类的活动在正式举办之前其实酝酿已久。这个想法最初由曼彻斯特学术教授史蒂芬·莱德海德（Steve Redhead）提出，他是西澳政府创意产业特别工作组驻珀斯的主席。其雏形"城市中的3A（In The City AAA）"仿效了曼彻斯特的一个长期活动"在城市中（In the City）"。珀斯最早的城市型音乐展示出现在2007年，但是在托尼·威尔逊（Tony Wilson, 曼彻斯特"In The City"的创始人）死后无疾而终。后来，在西澳旅游局和Sunset

Events、查格娱乐公司、A&R环球公司的支持下，这一活动理念又重新复活。

首届OMFM的主办方曾说道："亚洲、大洋洲和环太平洋地区的音乐产业是OMFM赖以增长的核心市场，音乐节将让珀斯在活动的三天成为音乐界的'中心'。OMFM将填补澳大利亚地区举办音乐节的急迫需求……这对艺术人、音乐界、粉丝来讲都是一件浓墨重彩的活动。OMFM将会带来积极的变化（OMFMP, 2008：2）。"

为了达成活动目的，珀斯将自身定位为创意产业和文化活动的基地，城市将成为面向亚太地区的展示空间。随着国际、国内的音乐代表来到珀斯，珀斯本土的音乐人也拥有了与外界接触的机会，城市中形成了新的观众群体。他们都希望通过如此强大的产业，如此重要的音乐盛会，来引起媒体的广泛关注，展示自己的城市。

OMFM音乐节和音乐产业的发展促成了EventsCorp、Sunset Events、查格娱乐公司、A&R环球公司之间伙伴关系的建立。活动在诸多方面都达到了新的高度，包括：获准举办权限，达到州际和国际列席标准，具备一系列国际级音乐展示窗口，会议发言人为国家和国际音乐界高管，活动结束后提交审计材料。此活动原预计三年内可获得270万美元的拨款，根据西澳大利亚立法议会（Parliament of Western Australia Legislative Assembly, October 13, 2009：1；GrantandTorre, 2009：2）OMFM最终只收到158万美元。奇蒂（Chitty）和凡·欧朗（van Ooran）在访谈中说，OMFM预计将举办五年，但是财政损失影响了顺利的预算支持。EventsCorp集团的大卫·凡·欧朗（David Van Ooran）解释说，与由大型活动基金支持的体育赛事相比，"我们认为对OMFM要有更具战略性的观点。随着时间的推移，在一定扶持下举办的音乐节活动将会像体育赛事一样，获得类似的产出……我们在未来将一直朝这个方向努力。但是，投资艺术、文化和音乐活动的方式还是会有一些不同，需要给他们时间，逐渐培育和壮大他们"（pers. comm., 2010）。

SunsetEvents的大卫·奇蒂（David Chitty）也表达了政府的长远打算意愿："这将是一个三至五年的计划"（pers. comm., 2010）。回顾著名的德州奥斯汀"South by South West"活动（为建立观众群和音乐产业而举办），大卫·奇蒂说："OMFM是一个不同类别的活动……它的目标消费群体需要一段时间才能注意到这个活动，因为最初活动的价值无法快速显现。其与"South by South West"的范式十分相似——因为乐队并不知名，第一年几乎没有粉丝来，后来，观众们发现这里曾表演过的乐队越来越流行。之后，活动的口碑就传开了，这个活动成为发掘新乐队的场所，"South by South West"花了五年时间才吸引了今天众多的粉丝"（pers. comm., 2010）。

2009年10月16日至18日举行的首届OMF，主要包括音乐节和音乐商务会议两部分。音乐节向公众开放，有为期两天的音乐展览（购票）和为期三天的周边活动（免票）。全国和地方的音乐组织都融入表演中，对不同风格的音乐有组合上的编排。音乐展览吸引了80个国内外艺术家进行展示，周边活动吸引了107个珀斯本地乐队进行表演。现场音乐会遍布珀斯CBD的七类场地之中，包括街角、停车场、火车站、小路、传统音乐表演场，还有城市中心天鹅河北岸的滨海艺术中心区（OMFMP, 2009a；PCC, 2010：10-11）。商务会议分为两个板块，一个是MUSEXPO亚太会议；另一个被称为"独立时代"。MUSEXPO效仿在洛杉矶和欧洲举行的MUSEXPO活动；"独立时代"则聚焦于独立音乐。OMFM的会议在帕米利希尔顿饭店举行，有超过90个国内和国际演讲者和展示者出席，另外，活动对会议出席的代表团还提供了24小时不间断的展示窗口（OMFMP, 2009b: 2-3; PCC, 2010: 10）。

2010年10月6日至10日举行的第二届音乐节，增加了三天的扩展活动内容，包括一场众星云集的"暮光之城"国际演唱会。此外，现场音乐展示的数量增多，范围也进一步扩大（Chugg Entertainment, 2010）。主办方认为活动规模的扩大可以带来更多的投资回报，国内外参与的音乐团体会在这里花更多的时间和金钱。然而，尽管活动时间延长，但是活动的投资依然亏损严重，后续的举办再也不能维持。凡·欧朗认为（Romaro, 2011）："OMFM在初始的两年中确实通过会议、现场音乐会和展示活动吸引了国内外很多的乐队、代表团体和产业投资人来到珀斯，但是在滨海艺术中心的部分并没有服从于组织者，这对整个活动的可行性产生了影响。"

虽然一些支持者和部分音乐媒体行业人员认为OMFM是成功的，但是持续的经济亏损让这个活动最终被终止。刚开始，这个活动只是被推迟到2012年，但是经过OMFM倡导者和EventsCorp的讨论，认为活动应当取消。经济上的损失也引起了原本为这件事情筹措资金的政治家和政策制定者的注意。有意见认为，在这个活动的资金筹集过程中，西澳旅游局（及其延伸机构EventsCorp）使政府陷入严重的财政危机，却没有让纳税人获得应有的价值回报。政府机构要求对活动支出和有效性进行深入审查，即OMFM投资的财务结构和收益。随后，议会调查又接踵而至。

议会对OMFM的调查于2011年4月启动。其职权指定的调查内容包括：活动资助制定过程中部门的决策过程；合作伙伴及政府部门对该活动管理和财务支持的战略及其有效性；支持该活动给公共和私营部门带来的风险；活动预期产出评估体系。此外，本地表演者的付费和非付费财务结构也遭到了质疑（例如，Fringe Festival艺穗节的表演没有经过财务审查）。调查希望搞清WAM在OMFM活动的举办中扮演了何种潜在角色，考虑到WAM已经举办了一段时间，调查还希望了解开展此类活动是否可能获得相似的国际关注度（Legislative Assembly, 2011）。

2.6.6 来自OMFM的启示

OMFM的案例证明了在音乐创意产业以及更宽泛的文化产业上，政府与商业机构之间关系的复杂性。不同的机构具有不同的动机：政府希望找到增长的引擎；音乐投资人希望抢夺新生代的乐队并提升自己的品牌，以此获得投资回报。广泛的文化参与有助于塑造城市品牌，提升社会生活，让城市成为更有活力的工作、生活、投资场所（Florida, 2002; Howkins, 2001）。虽然这些目标并不矛盾，但OMFM的发展及终止，证明了短时间内让艺术部门得到政府所需要的、确切数量的经济回报是十分困难的。只有当政府各部门都具有长期发展的视野，深入理解这些"冒险企业"才有可能成功，否则，即便项目本身是有前瞻性和冒险精神的，任何回报的迟来都可能使之成为将原计划打为"坏政策、坏投资"的伪证据。

参考文献

[1] BAYCAN T. Creative cities: context and perspective. In Sustainable City and Creativity: Promoting Creative Urban Initiatives, L. F. Girard, T. Baycan & P. Nijkamp (eds) (15-54). Farnham, UK: Ashgate, 2011.

[2] City of Perth Creative Industries [website], City of

Perth, 2015.http://www.perth.wa.gov.au/business/key-industry/creative-industries.

[3] CASPALL L.Outcomes and success from the inaugural one movement for music 2009 in Perth, Western Australia. Perth: Eventscorp,2010.

[4] Chugg Entertainment One movement for music announces final additions to weekend line up. Accessed December 10, 2014 from, 2010. http://www.chuggentertainment.com/tour/318/One+Movement+For+Music+.

[5] Cutler and Co, Ltd . Venturous Australia: building strength in innovation, 2008.http://www.business.nsw.gov.au/__data/assets/pdf_file/0016/5407/NIS_review_Web3.pdf.

[6] Department of Culture and the Arts (DCA). (n.d.). Applying for grants. Accessed September 9 2010, from http://www.dca.wa.gov.au/funding/information_for_all_applicants/Apply.

[7] Department of Culture and the Arts (DCA). The Western Australian,2006.

[8] contemporary music program: Interim report. Perth: Author.

[9] DRAKE G. . 'This place gives me space': place and creativity in the creative industries, 2003. Geoforum 34 (4) (November): 511–524.

[10] Eventscorp. Major international markets. Perth: Author,2008.

[11] FLEW T. The Creative Industries: Culture and Policy, London, UK: Sage,2012.

[12] FLORIDA R. The Rise of the Creative Class: And How It's Transforming Work, Leisure, Community and Everyday Life, New York: Basic Books,2002.

[13] GRANT S, TORRE G. Promoter denies musos being ripped off. The Perth Voice, 2009, September 5.pp. 1 -2.

[14] HOWKINS J. The creative economy: How people make money from ideas. England: Penguin Books,2001.

[15] JOHNSON L. Cultural capitals: Revaluing the arts, remaking urban spaces. Farnham: Ashgate,2009.

[16] Legislative Assembly. Media release: Inquiry into the WA Tourism Commission support for music festival, 23 February 2011.

[17] NISR . Review of the National Innovation System, Canberra: Australian Government,2008.

[18] OECD . National Innovation Systems, Organisation for Economic Co-operation and Development,1997. http://www.oecd.org/dataoecd/35/56/2101733.pdf <accessed 18 Feb 2015>.

[19] One Movement for Music Perth (OMFMP). Media release: October 28 2008. Perth: Author,2008.

[20] One Movement for Music Perth (OMFMP). The first major announcement: Countdown to a groundbreaking movement. Sydney: Ferris Davies PRM,2009a.

[21] One Movement for Music Perth (OMFMP). The second announcement: One movement for music Perth turns it up a notch. Sydney: Ferris Davies PRM,2009b.

[22] Perth City Council (PCC). Marketing sponsorship and international relations committee: Meeting minutes May 18 2010. Perth: Author,2010.

[23] ROMARO A. 2011. http://www.fasterlouder.com.au/news/29420/One-Movement-for-Music-Perth-discontinued.

[24] South by Southwest (SXSW). SXSW music. Accessed September 8 2010, from http://sxsw.com/music.

[25] West Australian Music Industry Association (WAM). Conference program. Accessed September 8 2010, from http://www.wam.asn.au/Portals/0/docs/WAMi_Festival/WAMi_2010/WAMi10_Conference_Programme.pdf.

[26] West Australian Music Industry Association (WAM). 2010 WAMi music business conference. Accessed September 8 2010, from http://wam.asn.au/Events/WAMiFestival/WAMiFestival2010/2010WAMiMusicBusinessConference/tabid/160/Default.aspx.

第三章
创意与城市更新

Creativity and Urban Regeneration

鲁尔区 / Ruhr

纽卡斯尔 / Newcastle

维也纳 / Vienna

布达佩斯 / Budapest

多伦多 / Toronto

马尔默 / Malmö

纽卡斯尔

镜头里的创意实践

纽卡斯尔
马德里
维也纳
弗罗茨瓦夫
布拉格

马德里

维也纳

维也纳

马德里

弗罗茨瓦夫

布拉格

维也纳

3.1 鲁尔区 / Ruhr
以文化为导向复兴老工业区的成就与局限

克劳斯·昆兹曼（Klaus R. Kunzmann） 著
陶岸君 译

Ruhr: Achievements and Limits of Culture-led Regeneration in an Old Industrial Region

近半个世纪以来，经济结构转变、新技术发展和全球化使德国鲁尔区经受了严重的经济衰退。鲁尔区曾经是德国重要的工业区，煤炭开采、钢铁等重工业曾是这一地区的主导产业。过去几十年来，北莱茵-威斯特法伦州（North Rhine-Westphalia）与市、郡政府为了应对巨大的挑战，不断改变区域发展战略，但成效寥寥。由于传统的经济发展策略未能实现预期目标，德国于1989年启动建设了埃姆舍（Emscher）国际建筑展览公园，成为德国经济发展的转折点。为期十年的发展计划将鲁尔区的工业遗址转变为文化地标，将曾经关闭的工业区向公众开放，对重塑鲁尔区的形象起到了重要作用。许多老工业建筑、废弃的钢厂和煤矿转变为文化和知识街区，博物馆、剧院、音乐厅、文化创意产业及创新科技园均聚集在一个交通便利的区域性的大型国家景观公园内。鉴于鲁尔区为此做出的巨大努力，欧盟委员会于2004年将其指定为欧洲文化之都。这些事件的开展，通过诸多项目提升了鲁尔区的形象，使其作为一个文化的生产和消费实验室给世人留下了深刻印象。然而，很多文化项目虽然吸引了新的旅游者，提升了文化消费，提高了鲁尔区的宜居性，但正如一些业主预计的那样，它们仍然无法弥补传统工业职能衰落带来的损失。本节将从鲁尔区的发展案例中总结一些经验，并将阐述文化复兴的一些障碍。

在全球化、信息化和通信技术创新的时代，老工业城市、地区在应对结构转变方面面临着严峻挑战。曾经繁荣的老工业区正在经历传统产业衰退、煤矿与钢铁厂关闭（如匹兹堡、鲁尔区和里尔）、纺织业与汽车制造业萧条（里尔、里昂和底特律）以及港口地位被新物流技术取代（安特卫普、热那亚和马尔默）等阵痛。老工业区在公民与企业、劳动力和价值需求方面均显示出这种变化。它们必须应对不断恶化的工业城市景观及其带来的负面形象。虽然公众在帮助区域经济适应产业结构变化带来的挑战和鼓励新城市经济发展方面做出了很多努力，但并未取得真正的成功。现代工业和服务业倾向于布局在面貌更好、宜居标准更高的地区，而大片被污染的工业棕地则无人问津。相比奄奄一息的老工业区，优质的年轻劳动者为了寻求就业机会更愿意去那些现代化的城区。

重新发现文化，就是重新发现那些长期被忽视的区位因素和城市发展的根本维度。城市和老工业区开始探索工业遗产的价值，以及开展以文化为导向的城市地区废弃港口设施和工业棕地的复兴改造（Bianchini，1990；Ache, etc, 1992；Bianchini, Parkinson, 1994）。首先，老港口区的海滨发展项目备受国际关注，包括伦敦、阿姆斯特丹和巴塞罗那；之后，像毕尔巴鄂（Bilbao）或马尔默（Malmö）等地的单一标志性旗舰项目也受到了媒体和游客的关注。虽然它们提升了对文化基础设施、文化服务、文化活动及文化创意产业的投资期望，但文化服务与活动以及文化创意产业都无法弥补和解决传统产业没落后的失业问题，也很难对建设一个更美好的城市新形象作出贡献。德国鲁尔区是这样一种衰退的老工业区，该区很早就开始对工业遗产的重要性及文化创意产业在推动地区经济创新上可能扮演的角色进行了探索。本节探讨了鲁尔区以文化为导向的区域复兴的成果和局限。

3.1.1 鲁尔：一个不简单的地区

鲁尔区是北莱茵-威斯特法伦州的一个重要城市聚集区，人口约为500万，面积达4435平方公里，有11个市郡。直至20世纪60年代，该地区都是德国工业的心脏（KVR 1995；Benedikt/Willamowski 2000；RVR 2012a）。19世纪末到"二战"以后的第一个十年间，由于煤炭开采、钢铁生产和相关产业的蓬勃发展，鲁尔区成为德国经济发展的重要动力。20世纪60年代，该地区逐步开始出现经济衰退的迹象。受阻于强大的煤炭和钢铁企业势力，新兴产业无法得到政界和工会的支持而面临发展障碍。煤炭和钢铁企业的需求主导了本地区基础设施网络的发展，但它们为实现地区经济现代化而作出的努力则并不具有前瞻性。截至20世纪70年代初，鲁尔区的所有大城市都建立了州立大学。

五十多年来，鲁尔区一直在努力与产业结构变化引发的所有已知影响作斗争。预计到2020年，历时几百多年的采煤产业将终结，只有钢铁厂仍将依赖从巴西和澳大利亚进口的铁矿石和煤炭，继续生产优质钢材。虽然工业生产中涌现出一些新的小型产业细分部门，但是这些新的中小企业和正在发展中的服务行业无法为该区带来足够多的工作机会。因此，尽管该地区具有良好的公共福利制度和长期的地区企业社会责任传统，部分地缓解了失业造成的影响，但与德国西部其他地区相比，鲁尔区的失业率仍然居高不下。这种现实环境反映了百年来工业发展优势所带来的正负面影响，这点不足为奇。尽管鲁尔区的自然环境在过去三十多年里得到了大力改善，但与德国的其他城市（如慕尼黑、汉堡和法兰克福）相比较，鲁尔区工业城市的景观吸引力仍然有限。显然，鲁尔区并不是一个主要的旅游区，这里仍存在着很多为煤炭和钢铁公司所有的工业棕地，它们正在等待来自私人或公共的投资——尽管市场对于这些区位缺少吸引力的工业用地没有太多需求。考虑到土壤的污染问题，重新利用原工业用地建造住房是并不一种普遍的选择。曾经的一个煤炭公司将其名称变更为Evonic，成功转型生产起化学制品，并如其他中国企业一样将产品销往世界各地（Evonik，2014）。

虽然自然环境存在一些显而易见的缺陷，但鲁尔区的宜居水平仍在平均水平之上，这里的房价能够承受，物价也相对较低。鲁尔区并未对流动人口进行严格管制，区域内和区域间的公共交通系统运转良好。该地区设有广泛的教育设施和休闲娱乐设施。密集的公共歌剧院、交响乐团和艺术博物馆网络使得人们能轻松享受到各种文化设施（Prossek etc，2009）。鉴于其工业历史和战争破坏影响，鲁尔区并不是一个适合旅游的地区，只有荷兰游客除外，他们在购物时会参观一些工业遗迹。因此，鲁尔区的文化景点主要是针对区域性人群，而不是更加广泛的外来游客。

尽管鲁尔区的市民满意度相对较高，然而人口却呈持续下降趋势，部分原因是德国的出生率普遍较低。人口下降也是鲁尔区竞争力低于其他西德城市的原因，它会对区域经济和劳动力市场产生巨大影响。此外，外国移民在德国寻找工作并开始一段新的生活时，由于鲁尔地区没有蓬勃发展的区域劳动力市场，则他们基本不会愿意选择在该地定居，这与法兰克福、斯图加特、慕尼黑等大都市或柏林的情况形成鲜明对比。

杜塞尔多夫（Dusseldorf）是鲁尔区外莱茵河边一座繁华的城市，这里有53个强势的地方政府机构和一个强有力的州政府，在鲁尔区处于支配地位。多特蒙德（Dortmund）、埃森（Essen）、杜伊斯堡（Duisburg）、波鸿（Boshum）和盖尔森基森（Gelsenkirchen）是该区其他几个较大的城市，它们在城市群的政治历程中起着主导地位。尽管这些城市都是鲁尔地区联合会（RVR）（最早成立于1920年，属于地方政府协会）的成员，但该地区并未建立起有效的区域性管理机构（Schmidt，1912）。该协会权力有限，且不能干预其成员的城市发展建设。由于州政府监督下制定的区域规划受到鲁尔区53个地方政府既得利益的制约，加上传统社会民主主义政治体制形式的影响，大型能源企业在规划和决策制定过程中占据了主导地位，对其产生了关键影响。由于历史原因，德国著名的中小型企业不是鲁尔区的重要经济力量。区域媒体（WAZ）势单力薄，也没有什么影响力，它们无法为政治控制提供关键的区域平台，也不是未来区域创新的驱动力。它们宁愿跟随小报去报道和支持地方战略，来应和传统工人阶级读者的期望（Bohumil etc，2012）。在这个地区中，独立的区域智囊团并不存在，大学的建立并不能填补这样的不足。在过去几十年里，尽管鲁尔区的许多设想得到了实现，但它们对地方政治和工业利益相关者并未产生期望的深刻影响（Kunzmann，1987，1991，2006，2013；Bongert，Kirchhof，2006）。

3.1.2 埃姆舍IBA公园创新精神的回顾

20世纪80年代末至90年代，克里斯托弗（Christoph Zöpel，年轻的城市规划部部长，是一名社会民主人士）受到其顾问卡尔（Karl Ganser）的启发，针对鲁尔区最弱势的部分（即埃姆舍区域，当前鲁尔区的一个新兴区域）推出了国际建筑展（IBA）。在德国，举办国际建筑展览会是一项具有百年悠久历史的传统。建筑展览会不是展出真的建筑物，而是一系列可以展示的有益于新的城市发展的方法与设施。埃姆舍（Emscher）IBA公园旨在为鲁尔区建立一个新的形象和身份，保留工业区现存的工业遗址，并重建工业厂房以备日后使用，如废弃的钢铁厂或煤矿。克里斯托弗做的一个重要决定是：重新处理老工业区时，必须停止对废弃工业结构的进一步拆除，并将它们列为重要历史遗迹。然而，毫无疑问，这一举动并未得到企业土地所有人的认同，他们担心各种保护措施会妨碍房地产开发可能带来的成果收益。国家财产基金的存在为某些不受企业欢迎的决策实施铺就了道路，使得地方政府能够收购其行政边界范围内的棕地（Genske, Hauser, 2003; Heyer, 2014）。

埃姆舍IBA公园改造的战略思想及其获得的成功被反复描述和推崇（IBA, 1999; Grohé, Kunzmann, 1999; Kunzmann, 2004），得到了全世界的关注（Kunzmann, 2011）。然而，与来自建筑规划界的国际性赞誉形成鲜明对比的是，埃姆舍IBA公园的创新并不是一项全面的区域发展战略。为这个项目专门成立的IBA执行机构，它的权限和行动并不能合法地覆盖所有重要的政策领域，如交通、教育和地方经济发展等，尽管它成功保护了鲁尔区的重要工业遗址未来免受拆毁。

州政府做了一个明智的选择，决定运营这样一个充满希望的复合的区域项目。在了解已设机构存在的规避内部风险的管理文化后，州政府决定建立一个新的小型机构（运作10年）来管理IBA项目，而不是交由已有的区域机构负责。这个机构招募了为数不多的有能力的专业人员，成立了由来自国家部门及地方政府的代表们组成的监督委员会，并邀请专家（主要来自区域外）组成科学咨询委员会。另一项决策也是至关重要，即该机构只是一个具有协调功能的智库，没有预算来实施任何项目。它仅仅起到了一个桥梁作用，来接洽和下发来自单一国家部委的预算。

埃姆舍IBA公园项目激发了什么？为我们带来了什么？与此相关的旗舰项目如下：

- 位于埃森市北部的德国最大的煤矿区矿业同盟（Zeche Zollverin）被重建为文化活动和产业中心（具有博物馆、工作坊、创意产业、文化培训中心、活动空间等功能）。Zeche Zollverin在2001年成功获得"世界最美煤矿"称号，入选联合国教科文组织遗址。
- 波鸿市的钢铁厂被重建为音乐会和戏剧表演活动中心。它建于2002年，是鲁尔区三届"三年展"节日的主要演出地点。
- 杜伊斯堡内港被重建为集办公、文化娱乐和居住为一体的多功能中心。
- 杜伊斯堡闲置的钢架被改造成一个供公众休闲娱乐的公园。
- 一个巨大的储气罐被改建成瞭望塔和用来进行特殊展览的展示空间。1999年和2014年期间，保加利亚籍美国艺术家克里斯托（Christo）和他的妻子用这一构筑物举办了大型展览。

除这些旗舰项目之外，鲁尔区很多地方的其他一些闲置工业构筑物也被转化为具有多种用途的"新"建筑（如办公室、工作坊、小型工业厂房、艺术家工作室等）。此外，为了展示现代建筑在工业景观区域内的地位，国际建筑师还在鲁尔区建造了一些现代化的科技园。

其他令人印象深刻的项目包括：沿埃姆舍河两边开发的2000（80×25）平方公里的景观公园；用开放的排水渠将埃姆舍河水重新引入天然水系中；在该区多个炉渣山顶上设立地标（标志性艺术项目）等，这些项目均由知名的国际艺术家所创造。工业企业下属的房屋公司所拥有的许多煤矿聚居地得到了升级，且不允许那些感兴趣的中产阶级家庭来此租住，从而维系了聚居地原有的社会维度。此外，鲁尔区也启动了一批新的住房项目，以展示传统住房的延续性和可负担的现代环保房屋的可行性。十年时间里，IBA已经实施了100多个项目，并鼓励着人们未来在该地区实施更多的项目。

IBA成为区域项目成功运作的典范，参与活动的每个人都从为期十年的埃姆舍IBA公园的创新活动中吸收到了有用的经验。IBA的成功证明以下五个因素是成功的关键：

- 工业结构可用于现代用途，并且在塑造区域**特征**时，这类工业结构与哥特式大教堂的标志性一样重要；
- **形象**十分重要，它可以展示项目的可行性，加深地方和国际媒体的印象；
- 为了赢取业主和市民的信任，并获得政界的支持，举办相关**活动**显得非常重要；
- **文化**是一种吸引人们和媒体关注，引发创造力的完美方式；
- **区域**维度也很重要，因为它在一个多中心的地区，使得个体项目超越城市边界而被联系成一个区域整体。

埃姆舍IBA公园已经得到了全世界的关注，使很多国家从中受到启发。它成为世界政策顾问、规划师和建筑师的一个参考范例，以探索城市复兴和老工业区发展的新途径，并寻求最佳的实践方式。坦白地讲，如前所述，埃姆舍公园国际建筑展并未成功解决产业结构变化引发的问题：它无法对传统工业出现的数以千计的失业问题作出修补；无法解决城市密集区所面临的交通挑战；无法创建新的城市景观以克服城市的内部扩张；无法将该区转变为完整的宜居之地；无法克服来自本地城市管理者们的阻力，从而针对区域发展合作事宜达成共识。然而，埃姆舍IBA公园实现了超越，成为：

- **灵感**空间：创新已经成为其他区域面临相似挑战时的灵感源泉；
- **演示**空间：埃姆舍IBA公园创新表明工业结构是值得保护的，它们能适应现代化的用途；
- **反思**的空间：该地区实施的很多项目，迫使规划者们不断反思历史的重要性和呈现城市发展的现代化特点。它激发游客们探索这类项目在自己的家园或者其他条件下能否实施；
- **延伸和愿景**空间：经验表明，国外游客获得的启发比现实要丰富得多，因此在愿景上具有开放的思维；
- **激励**空间：通过实施对闲置钢结构、煤矿区及其他工业结构和遗址的改造，可以对主流舆论和政治企业的反对意见加以回应；
- **希望**空间：该举措表明，一旦内生型资本被正确应用，老工业区将有一个更繁荣的未来。

IBA已经成为鲁尔区的一个独特示范，其保存和创造性利用工业遗址的激情、成功开发大型区域景观公园的成就，以及使埃姆舍河重新自然化的雄心，已经成为吸引世界各地专业的年轻游客的"磁石"（Reicher etc, 2011; Kunzmann, 2011）。

3.1.3 鲁尔2010：欧洲文化之都

埃姆舍IBA公园的成就对于鲁尔区成功获得2010年"欧洲文化之都"提名起到了重要作用（Ruhr2010, 2011）。最初，当鲁尔区的一些人表示要申请这一名声大噪的称号——"欧洲文化之都"时，大家普遍认为希望渺茫。欧盟委员会每年会向一个欧盟成员国中的一个城市授予这个称号（仅有边际财政补贴）。德国的15座城市为争取该称号进行了竞争，包括一些传统文化名城，如波茨坦（Potsdam）、奥格斯堡（Augsburg）和科隆（Cologne）。活动结束时，鲁尔区的创新理念得到了国际仲裁委员会的认可，并赢得了竞赛——在很大程度上它是基于埃姆舍IBA公园的创新经验和之前的努力。埃森作为德国的一座标志性城市（符合欧洲委员会规定），成为鲁尔区"欧洲文化之都"活动的主导中心。在53个地方政府共同合作，并提供大量本土文化项目的基础上，这项活动执行的周期长达12个多月，涉及四个活动领域：城市机遇、城市创意、城市文化和城市艺术。通过来自这四个领域的号召，项目管理者将相关事件都纳入其中，这可以视为是文化对活动作出的贡献；地方政府和民间团体也利用这个机会，将他们的一些想法与地方情况融入其中。提议的文化项目的范围相当广泛，表现出大家对该地区的经济前景抱有很大希望。

2010年是文化主导地方政治的一年。在这一年，文化预算得以形成。所有本地的公共和私人文化机构及组织，都积极利用文化年来推动文化发展，从区域文化活动中受益颇多。文化年被人们视为是该区域的一面旗帜。事实上，对于区域文化社团、艺术家、音乐家、艺术爱好者和地方政府文化管理者而言，这是值得庆祝的欢聚的一年，它成为吸引国际艺术家和音乐家到访的完美理由。尽管活动在优先顺序设置方面出现了一些小问题，但鲁尔区的每个人都享受到了文化活动带来的节日气氛。区域和一些国际媒体纷纷对此表示赞叹和钦佩。

令人印象深刻的文化盛会结束后，它为我们留下了什么？

显然，这次活动已经成为鲁尔区历史上一个值得纪念的里程碑，也是通往后工业化未来道路上的里程碑。第一，它标志着该区过渡到了一个崭新的城市时代；第二，它作为一项区域性活动，强化了城市聚集区的区域维度（此维度仍不在市民乃至政治家的思考范围里）；第三，得益于之前的埃姆舍IBA公园，长达一年的文化活动强化了对工业遗址的保护战略，将废弃煤矿区和钢结构转变为创意文化型的区域、创新和变革实验室。工业遗址已经被用作文化展示和演讲的载体和舞台，这些表演的影响在世界各地传播，成为经济成功转型和结构调整的标志。在工业遗址保护活动中，迟疑不决的决策者和企业管理者已经越来越深刻地意识到了文化对区域发展的价值；第四，大型活动积累了大量个人和机构的运作经验，这些通过数目众多的书籍、画册、宣传册和传单得以传播，记录并赞扬了此类活动和各独立项目的成功之处。活动前已经长达一年的表演及排练，也使该区的创意和文化产业从其衍生产品和服务中获益颇多，并因此大大提升了文化创意产业可以在区域内外建立起新声誉的期望。区域利益相关者希望活动及区域文化遗址带来的创意形象，可以一直吸引游客到这里来参观。

在2010年的文化之都期间，三大项目作为特别活动出现，在可行性、实施进度和项目调整上都可圈可点。

- 得到克房伯基金会慷慨赞助后，埃森市佛克旺（Folkwang）博物馆规模得以扩建。英国建筑师戴卫·奇普菲尔德通过其备受赞誉的设计，对该博物馆进行了现代化的处理。这所一流博物馆中定期举办的特别展览及展出的知名收藏品，吸引了来自德国各地的游客。

- "多特蒙德U"是多特蒙德市内具有争议性的地标，与火车站和市中心相邻，它曾是当地著名的啤酒生产基地。此标志性建筑经过翻新，被用作为现代艺术博物馆及其他与文化有关的用途。遗憾的是，拥有周边土地的开发商对文化方面的投资并不感兴趣。因此，此地标性建筑成为该区孤立的一个文化标志，它不足以激发其周边地区举办文化活动的热情。

- 负责该活动的一名董事，利用此次机会成立了"欧洲创意经济中心（ECCE）"，旨在推动鲁尔区的文化创意产业发展。中心得到欧盟和州政府的支持，并从州政府和地区城市协会举办的各种活动中获益。

欧洲文化之都的节庆结束后，新鲁尔区的梦想很快也就结束了。区域合作逐渐被地方主义代替。

地方文化预算被冻结，设施建设在活动结束后面临着财政困难等问题。2010年，尽管国际媒体上出现了很多正面报道，但鲁尔区的工业形象并未因此改变多少。不过，这次活动使决策者相信，该地区的文化基础设施、文化活动和文化创意产业，对于增强城市在21世纪的国际竞争力和满足新一代市民的宜居性需求而言是必不可少的。

3.1.4 以文化为导向复兴鲁尔区：获得了怎样的成就？

与1989年相比，通过埃姆舍IBA公园创新活动努力重塑区域形象并保护遗留的工业遗址过程，使得2014年的鲁尔区展示了一种截然不同的风貌。作为创新活动的旗舰项目，埃森市北部的Zeche Zollverein、波鸿市的世纪大厅或盖尔森基兴市的煤气厂均处于满负荷运转状态。人造山丘上的地标已经成为该地区居民家庭在周末的观光首选。在很多地方，工业遗址已经成为文化活动的展示舞台，用于推进创意文化产业。2014年，一些场地表现得很亮眼，具体情况如下：

- 得益于UNESCO标签及其建筑形象，埃森的Zeche Zollverein已经成为一个非常知名的文化中心，与文化组合有关的功能特点吸引了大量本地游客、国际游客、文化企业家和活动运营商。鲁尔区的博物馆，包括其令人印象深刻的全景餐厅，已经成为公众喜爱的旅游点，并适合于举办各类公共和私人活动。著名的佛克旺艺术大学正计划将其设计系搬迁到此地。作为遗址地周边地域的主要业主，Montan Grundstücksgesellschaft正在进行基于土地储备的开发和营销工作，这些储备土地将专用于开发新的办公楼和住房。活动场地吸引了对文化项目感兴趣的人士的眼光，成为创意企业和新兴公司的聚集地。截至2014年底，活动似乎已经收回了巨额的公共投资。
- 波鸿的世纪大厅（Jahrhunderthalle）已经成为举办鲁尔区三年展、创新性国际戏剧和音乐艺术节的传统活动场所，吸引了该地区主要的导演和音乐家们。此活动场地与城市之间的新城市区域开发即将结束，待开发完工时，它能成为世纪大厅与市中心区的良好纽带。
- 原奥伯豪森（Oberhausen）市的煤气厂常常被用来举办备受欢迎的展览，从132米高的工业结构上可以俯瞰该区奇妙的全景。煤气厂吸引着该地区范围内外的游客，尤其是周边购物中心的顾客，它是一个特殊的里程碑式建筑。
- 杜伊斯堡Küppermühle博物馆（由赫尔佐格和德梅隆设计）扩建工程已经完成。这个德国最大的私人现代艺术博物馆，通过埃姆舍公园港口重建获得了令人意想不到的成功。
- 多特蒙德具有争议性的标志性建筑"多特蒙德U"的现代博物馆及那些与文化有关的设施是该城市的新亮点，尽管在很大程度上它严重增加了城市的预算负担。
- Kamp-Lintfort原煤矿区——Kamp-Lintfort是鲁尔区北部一个小工业城镇，原煤矿区正逐步转型为创意产业区。
- 鲁尔区区域文化发展总体规划由鲁尔区各地方政府共同努力制定完成。2010年，这一计划得到了鲁尔区域联盟的一致认可，文化对塑造全新的区域意识作出了贡献。规划在制定展览战略时，博物馆也被纳为合作对象。然而，通过兼并文化活动中心的方式来减少国家补贴，以及更好地组织劳动力的部门压力正在变大。
- 欧洲创意产业中心ECCE位于多特蒙德，现正在扩大其活动范围。基于公众资助，该地区开展了有益的国际研究，推动了六个创意地点新型企业的建立与发展（WMR 2012）。

整体评估下来，以文化为导向的鲁尔区复兴在实施结果上好坏参半：三大旗舰场地（埃森、波鸿和杜伊斯堡）的文化形象从埃姆舍河公园项目开展以来不断被强化；其他项目则处于停滞状态或并未像他们的倡导者声称的那样成功，甚至部分项目（多特蒙德）仍处于争议之中。得益于公共投资的支持，鲁尔区工业遗址保护项目一直是公共部门政策主导下的成功典范，这个项目未来还需要经过时间的历练，让传统的私营部门也能接受该举措并参与项目之中。

然而，尽管对工业遗址保护项目进行了巨大投资，并举办了一系列相关的旗舰项目活动，但鲁尔区仍未能因此克服其经济停滞等遗留问题。与德国其他城市地区相比，至少在经济方面，鲁尔区州政府对此作出了最大努力，但是无论该地区的宜居度如何，地区的竞争力水平始终不尽如人意。以国家补贴为主的传统工业基地已经败落，且无法通过企业业主的影响来进行改革——大型企业、银行、机构投资者更愿意在法兰克福、慕尼黑和汉堡等地区投资和聚集，这些地区也是流动的高素质国际专业人士首选的迁入地；而所谓的创意阶层，也喜欢在这些城市或柏林、莱比锡（Leipzig）和科隆等地方居住和工作。目前，还没有多少游客把鲁尔区作为旅游目的地，大学和新技术园区亦影响甚微。鲁尔区一直未能成功转型成为一个吸引人的适于居住的地方，媒体也极少提及该地区。不过，这里拥有具备一定开发潜力的大量土地，能够借此举办与文化有关的活动。

3.1.5 我们可以从鲁尔区学到什么？

如前面所说，无论如何，鲁尔区一直是区域复兴的榜样，以文化为导向的复兴活动对此起到了重要作用。鲁尔区的经验表明，当致力于废弃工业建筑物的改造工作时，可以将文化作为促进经济发展的重要工具和因素（尽管也存在一些明显的局限性）。总结起来，我们到底可以通过鲁尔区的经验学习到什么？

- **时间很重要**：20世纪80年代末为保留鲁尔区工业遗址所做的初步努力很重要。随后，跟随先驱者的步伐，一代人为此付出了积极的行动，他们倡导保护旧建筑物，避免其被拆毁，并将它们转变为经济上可行的企业投资机会。可见，我们需要对首次提出的文化、学术或政治等理念持有耐心，直至它们被理解并转化为行动。城市改造项目比较耗费时间，相比城市新区的发展项目，城市改造项目更具有挑战性。在推动此类单个项目时，把握窗口期显得至关重要，否则它们可能会因经济原因、原则问题，或意料之外的支持情况而失败。

- **领导力很重要**：超出常规的创新理念，需要知名人士利用其热情或在制度上的权力来指导城市改造过程。项目实施过程中，来自他们的交流和领导能力是克服制度约束或消除多方面障碍的关键因素——这些障碍因那些不希望项目得以实施的人所造成。在民主政治主导地方决策过程的区域里，政治领导是缓解冲突意见或矛盾双方的关键。

- **先驱很重要**：创新需要先驱者，即那些相信自己想法和愿景的人、不知疲倦地追求承诺实施的人、敢于对抗一切障碍和制度异议的人、怀着极大个人兴趣开展工作的人、相信自己将改变人们思维并向人们展示美好未来新途径的人。尽管很多先驱者离开鲁尔区到了其他地区，但对于他们而言，鲁尔区提供了一个开放式的创新环境。在这里，他们的创举已经得到了越来越多的认可和赞赏。

- **位置很重要**：通常，在区位重要的位置寻找一处废弃的工业结构加以重新利用并不难。如果充分发挥市场力的作用，土地所有人或私人开发商将会很容易找到方式方法去重新利用工业构筑物（即使这类工业结构被列为工业遗址建筑）。然而，对于那些私人开发商和投资者不感兴趣的地方，公共部门不得不采取主动措施，通过政府主导或寻求公私合作来推进项目改造。经验表明，市民对此可能会表示反对，因为城市更新可能造成城市住宅的高档化。同时，这还涉及土地所有权问题，尽管这一挑战已经通过建立北莱茵-威斯特法伦州土地基金的方式得以解决——基金使得本地政府在编制合理方案后，可以利用土地基金进行棕地开发。
- **形象很重要**：在全球化和新技术时代，"区域形象"已经成为获得公众支持的重要沟通桥梁。鲁尔区的经验表明，公共部门须证实废弃工业结构通过公共投资朝现代用途方面转型的可行性。只有当部分项目已经实现，且与这类结构有关的项目和活动所产生的影响得到认可时，人们才会意识到将公共资金用到这类项目上是有意义的。这种意义无法单纯通过文字来宣传，因为公众、时间宝贵的政治家和企业利益相关者没工夫去阅读那些的精美宣传手册。因此，宣传固然很好，但直观的形象更加有效。
- **活动很重要**：通过举办活动，人们可以参观新项目并体验它们传达的精神，可以从心理方面探索项目的特殊品质，并与他人分享自己的印象甚至是感觉。活动在项目实施过程中起到了重要作用，这已在鲁尔区得到了证实。将废弃的工业结构用作为音乐剧、戏剧舞台或艺术展览台，可以吸引从未到过此处的人们前往，或吸引原来在这工作的工人体验他们原来工作环境经改造后的全新面貌。
- **时代精神很重要**：城市改造过程会受到地方领导和区域媒体宣扬的时代精神口号的影响，媒体环境往往成为帮助改造项目达成目标的重要因素，在热门的创意产业领域便是如此。曾经在几十年里，鲁尔区完全忽视了文化创意产业的潜力。随着该地区日渐获得国际关注，并受柏林将自身打造成创意产业最佳地点的影响，鲁尔区开始注重文化和创意。尽管与柏林或其他大城市相比，鲁尔区因为缺乏积极的生活形象导致改造获得的成功有限，但它已经开始成为年轻一代选择的定居点。最近，鲁尔区新成立了一个文化机构以推动创意产业发展，机构得到了北莱茵-威斯特法伦州政府的大力支持。在鲁尔，文化在促进区域产业结构变化中所起的作用始终是政府关注的对象（WMR，2013）。

这一切表明，除非规划师、城市规划专家或建筑师为自己的概念和设计设想了更广阔的发展前景，否则他们所描绘的用意良好的项目蓝图无法取得机会来实现。是广阔的发展背景，还是上述的社会和文化环境维度更加重要，亦值得我们深思。

3.1.6 文化复兴的障碍

鲁尔区成功的文化复兴让人印象深刻，但我们并不能过高估计它的影响。虽然我们可以从地区文化复兴中吸取到很多经验，但其中仍有一些制约因素，主要体现在以下几个方面：

- **缺少内生的地方文化资本**。从废墟中重建文化环境并非易事，文化复兴不能仅依赖于旅游业，还与地方文化社区相关。倘若不能植根于地方文化传统和潜能，倘若没有充满活力、富有创意和尽心尽责的文化社区来持久维持创新的力量，并在复苏的工业环境中融入新的文化因素，那么文化复苏项目只能停留在肤浅单一的水平之上。若要成功实现文化复苏，需要大量的耐心和付出，才能在那些文化基础设施和文化事件缺乏关注的地方创造新的文化吸引力。文化复苏不是一种"自下而上"的运作模式，也不是强制的"自上而下"模式，文化生活是一种随着时间和地方社区发展而缓慢演变的综合性城市区域行动。

- **通过区划划定文化创意产业空间**。过去，规划者们经常通过区划按照土地利用性质或功能进行用地分类，以确定文化复兴活动发生的空间位置，但这样做无法保证在现实中能如偿所愿地获得成功。即使有上层的政策指令，规划者也不太可能通过发布文化活动指令来实现梦想。如前文所述，只有充分了解地方文化潜能，以此为基础，才能鼓励规划者和开发商在当前的开发状态下为实现文化复兴打造新的项目与活动。

- **文化复兴是一个过程，而非建成项目**。如同复杂城市环境中开展的很多活动一样，文化复兴是一个过程，而非一个建成项目。考虑到这个过程的复杂性，以及在共同规划和决策制定中很多利益相关人的需求，很多不可预见的因素会在执行过程中发生。由于早期设计阶段未曾考虑到这些因素，因此持续调整和改变策略成了无法避免的事情，这个过程的顺利推进需要更多的创新、灵活性、快速决策，以及不断的交流与持续的信任。

- **文化复兴需要公私合作，不能仅依赖于公共部门和公共预算**。文化复兴项目的复杂性，使得公私合作可能是开发这类项目最完备的可用方案。公共合伙人和私人合伙人各具特长，公共合伙人了解符合项目处理要求的管理内容，私人合作人在多层面的项目融资和市场规模拓展等方面具有更加丰富的经验。公共与私人合伙人共同承担责任、财务负担和风险。

- **只有在开放、自由的社会政治环境下，才能成功实现文化复兴**。将工业棕地转变为文化区域，需要有一个支持这类发展的开放的政治环境。复兴活动潜在的高成本、复兴过程的复杂多变，以及复兴过程是否能最终成功的不确定性等，使得文化复兴项目比建设新住宅区、购物中心或新工业开发区的风险更高。只有在开放的社会政治环境下，才能通过持续的沟通过程成功实现策略的逐步确认和实施。

- **文化复兴加速绅士化过程**。文化复兴项目提升了项目周边地区的吸引力和地产价值。消息灵通的开发商们可能会充分利用附近地区的连带机遇，探索新的开发潜能，结果导致该地区土地和房产价格的不断提升。居民和店主出于经济原因，被迫离开他们原有的居所和店铺，转而去城市的其他地方定居和工作。在这种情况下，文化复兴通常会引发社区抗议行为，他们意在引起媒体关注、延长复兴过程。

- **为打造文化旗舰项目而设的地方预算**。过去的经验告诉我们，文化旗舰项目（和更大范围的文化复兴项目）需要根据地方的文化政策成本来设定预算。街区和城区的文化发展需要为获得充分的财政支持而不断奋斗，促使旗舰项目吸引的游客、旅游者和地方居民等，能够接受基于预算给予项目重要的政治支持。这种支持的形成，并不依赖于政策制定者和媒体，而在于广泛的社会动员。

- **文化复兴需要具备文化能力的尽职尽责的领导**。任何城市的复兴项目都需要尽心尽责的领导，对于文化复兴而言，这一点尤为重要。文化复兴不仅需要来自一般程序、金融与法律管理资质等方面的保障，还需要文化层面的保证。领导者要具备推进文化和善于沟通的能力，与地方文化社区成员的交流需要注入更多的经验与感受，才能保证文化项目的内容与目标得以成功协商。地方文化社区的反对意见有时可能成为文化复兴的严重制约因素，尤其当国际标准和地方文化产生冲突时。

- **跨领域机构合作是策略成功的关键**：在文化复兴程序下开发项目时，至少应在城市的三个主要行政部门之间达成合作：建设和城市开发部门、文化事务部门和经济发展促进部门，这对于从城市、文化和经济层面整合复兴项目来说至关重要。否则，仅以城市发展规模、土地所有人和开发商既得利益为目的的项目开发，容易忽视文化或广域的经济问题。
- **文化消费的局限性**：文化产品和服务需要那些愿意为此埋单的人过来消费，这就需要在文化中心的腹地具有一定的人口密度，同时具有参加文化事件并愿意为此埋单的客户。对于文化企业家和服务供应商来说亦是如此，除非他们依赖于网上购物。一些数据显示：部分家庭每月在文化产品和服务上的消费还不到10%，因此，我们通常高估了创意与文化产业对经济影响的期望值。

即使在全球化和价值融合的大时代背景下，文化很大程度依然取决于一个地区的内生资源，它与历史、宗教和语言密切相关。虽然城市和地区需开发满足自身需求的特定策略，但它们仍能从其他城市的政策和策略中学习经验。在针对文化复兴建构区域和地方政策时，已形成的管理机构和政策传统是重要的影响和决定因素。

3.1.7 结语

近半个世纪以来，鲁尔区一直是城市复兴的实验室。长期以来，文化并未在工业区的复兴过程中占据重要地位（Kunzmann，1988）。中产阶级认为文化是一种奢侈、娱乐和休闲元素，而与地区的经济重要性无关。20世纪90年代后期，这种观念逐渐发生了转变。随着埃姆舍IBA公园的开展，地方利益相关人开始慢慢关注文化经济层面的情况。他们意识到文化事件和不寻常的文化基础设施能吸引旅游者和媒体关注。或许，世界上没有其他的老工业区在保护工业遗址和利用文化创造积极的社会政治环境方面做出了如此多的努力。没有其他地区能像鲁尔区那样，为保护工业遗址而探寻可行的方式和方法，而不只是将建筑结构转移至博物馆。没有哪个地区能在将这种想法付诸现实的过程中得到了如此多的公共筹资。鲁尔区是宝贵的经验总结，有失望和失败，也有成就与成功。鲁尔区的成就显而易见，也可以效仿；那些从鲁尔区成功转型中受益的人对此称赞不已。失败的故事已埋藏在审计师的评估报告和学术研究文件中，或是在项目参与者的记忆中。

参考文献

[1] ACHE P, HANSJÜRGEN B, KUNZMANN K R, WEGENER M, HRSG. Die Emscherzone: Strukturwandel, Disparitäten und eine Bauausstellung. Dortmunder Beiträge zur Raumplanung. Dortmund,1992.Bd. 58.

[2] BENEDIKT A, WILLAMOWSKI H. Kommunalverband Ruhrgebiet. Essen: Klartext,2000.

[3] BIANCHINI F. 'Urban renaissance? The arts and the urban regeneration process', in MacGregor S, Pimlott B. Tackling the Inner Cities Oxford, Clarendon.1990.

[4] BIANCHINI F, PARKINSON M, eds. Cultural Policy and Urban Regeneration: The West European Experience. Manchester University Press,1994.

[5] BOHUMIL J, HEINZE R, LEHNER F, STROHMEIER K P. Viel erreicht-wenig gewonnen: Ein realistischer Blick auf das Ruhrgebiet. Essen: Klartext, 2012.

[6] BONGERT D, KIRCHHOF R, HRSG. Bericht aus der Zukunft des Ruhrgebiets. Das Jahr 2031. Bottrop: Pomp Verlag,2006.

[7] Evonik. Annual Report 2013. Essen:Evonik, 2014.

[8] GANSER K. Liebe Auf den zweiten Blick. Internationale Bauausstellung Emscher Park. Dortmund,1999.

[9] GENSKE DIETER D,HAUSER S, EDS .Die Brache als Chance: Ein transdisziplinärer Dialog über verbrauchte Flächen. Heidelberg: Springer,2003.

[10] GROHÉ T,KUNZMANN K R. The International Building Exhibition Emscher Park: Another Approach to Sustainable Development.In: LUTZKY N, et al. eds., Strategies for Sustainable Development of European Metropolitan Regions. European Metropolitan Regions Project. Evaluation Report,1999.Urban 21: Global Conference on the Urban Future.

[11] HEVER R.Eckpunkte eines Konzepts für den kommunalen Grundstücksfond Ruhrgebiet,2014. WWW. Retreived 11.01.2015.

[12] KARADIMITRIOU N, MAGALHAES C D ,VERHAGE R. Olanning Risk and Property Dvelopment. Urban Regeneration in England, France and the Netherlands. London: Routledge,2013.

[13] KASTORFF-VIEHMANN R, UTKU Y ,RUHR R, HRSG. Regionale Planung im Ruhrgebiet. Von Robert Schmidt lernen? Essen: Klartext,2015. 107-120.

[14] KUNZMANN K R. Ruhr 2038 - Ein Szenario. Das Ruhrgebiet in fünfzig Jahren: Eines von 25.348.906 denkbaren Szenarien, Revier-Kultur, Zeitschrift der Gesellschaft Kunst, Politik, (1987) Heft 3-4, 125-131.

[15] KUNZMANN K R. Mehr Kultur an die Ruhr, Die ZEIT, Hamburg, April 1988.

[16] KUNZMANN K R. Creative Brownfield Redevelopment: The Experience of the IBA Emscher Park Initiative in the Ruhr in Germany. In: GREENSTEIN R, SUNGU-ERYILMAZ Y, eds. Recycling the City: The Use and Reuse of Urban Land. Cambridge:Lincoln Institute of Land Policy , 2004. 201-217.

[17] KUNZMANN K R. Reflexionen über die Zukunft des Raumes. Dortmunder Beiträge zur Raumplanung, Bd. 111. Dortmund,2006.

[18] KUNZMANN K R. Innovative Handlungskonzepte für die strukturelle Erneuerung des Ruhrgebietes. In: ILS Hg. Perspektiven der Landesentwicklung Nordrhein-Westfalens im neuen Europa. Dortmund:ILS-Taschenbücher, 1991. 135-149.

[19] KUNZMANN K R. The Ruhr and IBA: Revitalizing an Old Industrial Region. (Guest editor, together with Wang Fang and Liu Jian), Urban Planning International,2007. Vol. 22, Nr.3. Beijing. With several articles in Chinese on the achievements of regeneration policies in the Ruhr/Germany.

[20] KUNZMANN K R. The implications of rapid economic growth in China for spatial development in metropolitan city-regions in Europe. Town Planning Review,2008. Vol. 79 , Nr. 2-3, 331- 346.

[21] KUNZMANN K R. Ruhrgebietslied, In: Meine Pieter van Dijk, Jan van der Meer and Jan van der Borg eds. From urban systems to sustainable competitive metropolitan regions. Essays in honor of Leo van den Berg. Erasmus University Rotterdam,2013. 71-91.

[22] KUNZMANN K R. Die internationale Wirkung der IBA Emscher Park. In: REICHER C, NIEMANN L , UTTKE A, HRSG. Internationale Bauausstellung Emscher Park: Impulse. Essen: Klartext,2011. 68-183.

[23] KVR (= Kommunalverband Ruhrgebiet), Hrsg. Wege, Spuren. Festschrift zum 75- jährigen Bestehen des Kommunalverbandes Ruhrgebiet. Essen,1995.

[24] PROSSEK A, SCHNEIDER H, HORST A W, WETTERAU B,WIKTORIN D, HRSG. Atlas der Metropole Ruhr: Vielfalt und Wandel des Ruhrgebiets im Kartenbild. Köln: Emons.2009.

[25] RAG Montan Immobilien.Kultur und Kohle: Kreativwirtschaft auf ehemaligen Zechenstandorten in der Metropole Ruhr. Essen, 2008.

[26] Reicher C, Niemann L ,Uttke A, Hrsg. Internationale Bauausstellung Emscher Park: Impulse. Essen: Klartext,2011.

[27] RUHR 2010. Hrsg. RUHR.2010. Die Unmögliche Kulturhauptstadt. Chronik eine Metropole im Werden. Essen: Klartext,2011.

[28] RUHR 2010, Hrsg. Ruhr 2010. Die unmögliche Kulturhauptstadt. Chronik einer Metropole im Werden. Essen: Klartext,2011.

[29] RVR, Hrsg. Metropole Ruhr. Landeskundliche Betrachtung des neuen Ruhrgebiets. Essen,2012a.

[30] RVR, Hrsg. Masterplan Kulturmetropole Ruhr. Essen, 2012b.

[31] Schmidt R.Denkschrift betreffend Grundsätze zur Aufstellung eines General-Siedelungsplanes. Hrsg. Vom Regionalverband Ruhr. Essen: Klartext, (1912/2009).

[32] WMR (=Wirtschaftsförderung Metropole Ruhr) und ecce (=European Centre for Creative Econo-my Kreativwirtschaft Ruhr. Innovationsmotor für Wirtschaft, Kultur und Stadtent-wicklung. Mühlheim,2012.

[33] WMR. Creative Economy Ruhr. Driver for innovation, economy , culture and urban development. Mülheim,2013.

3.2 纽卡斯尔 / Newcastle
将工业遗产转变为文化与创造力

大卫·查尔斯（David Charles） 著
周文竹 译

Newcastle: Converting Industrial Heritage to Culture and Creativity

3.2.1 引言

作为最早实现工业化的国家之一，甚至可以说是第一个实现工业化的国家，英国拥有丰富的工业遗产，目前这些工业遗产和许多前工业化时代遗留下来的历史建筑一同受到立法保护，免于拆迁，且人们认为较新的非工业建筑也值得保护。部分与工业社会发源地相关的工业遗产具有全球性的保护价值和意义，但它们仍不得不同其他许多工业遗产及值得保留的建筑争夺修缮资金以求被重新利用。因此，英国长期以来都存在着这些方面的争论，即哪些旧工业建筑和遗产应该得到保留，它们可以有哪些新用途，以及可利用的遗产资金中有多少可以投向工业遗产等（Stratton，2000）。

英国的许多工业遗产均集中在国家北部和西部，远离伦敦和东南部发展中心。伴随着经济活力不足以及缺乏重建这些老工业区所需的资源，这些老工业区面临衰落甚至是被废弃的危险。因此，这些工业革命的发源中心一方面急需经济刺激，另一方面却承载着大量废弃地和老旧工业厂房。它们中有一些现在或至少曾经在当地具有遗产意义，但却无法持续原本的用途，其他替代用途对它们的需求较低，并且它们的房产价值低而改造成本高，可利用资本十分有限。因此，尽管英国拥有重要的遗产资源，但这些资源多数都位于重新开发难度较大，但又需要新形式经济增长刺激的地方。

过去的解决方法经常是清除旧工业，改造土地以用作新开发，有时还会将土地改造为暂时性的绿色开放空间直至出现开发机会，或成为永久性的绿色开放空间。然而，对于许多位于市中心的遗产以及具有特殊历史或建筑意义的遗产而言，这显然并不理想。一种替代方案就是将工业遗产作为新的旅游经济而发展（Park，2013）——在诸多案例中以工业遗产刺激经济发展被作为众多策略中最后的选择。这一方案连同其他战略促使文化创意产业成为振兴城市经济的基础（Comunian，2011）。

这一节以老工业城市——泰恩河畔的纽卡斯尔为重点，探究了工业遗产保护改造的变化，以及这种保护与新兴的文化创意产业是如何联系起来并更新和转型当地经济基础的。

3.2.2 英国工业遗产的保护

英国作为最早的工业化国家拥有大量工业遗产，涉及多种产业——煤炭及矿石开采等采掘工业、纺织及服装工厂和仓库、港口及造船厂、世界最早的铁路、钢铁厂、化工厂及其他形式的工程及制造工业。这些遗产在质量和再利用可能性上各不相同。部分重要遗产具有全球性意义，被联合国教科文组织所收录并恢复成博物馆级的旅游及表演景点。联合国教科文组织收录的24个英国遗产中有8个为工业遗产，其重要性可见一斑——这些遗产包括铁桥峡谷（是世界第一座铁桥遗产，同时也是工业革命的发源地）、德文特河谷工厂群（诞生工厂制度的棉纺厂）、康沃尔和西德文矿业景观、布莱纳文（南威尔士的煤炭及钢铁镇）、庞特基西斯特输水道、索尔泰尔（纺织厂兼纺织村）、新拉纳克（另一个纺织厂兼纺织村）以及利物浦海上遗产（包括大量码头及仓库）。然而在英国，普遍保护工业建筑的政策制定仍然过于缓慢。

英国的保护政策开始于19世纪，当时主要集中于古迹的保护，尤其是古物、教堂、大教堂、城堡及其他类似遗产，但自那时起的很长一段时间内保护政策发展相对较慢。直到1932年，《城镇及乡村规划法案》才将保护范围扩展至居民住宅，并且由于战争破坏的原因促成了国家历史建筑名录的创建，同时制定了所有者对被收录的建筑进行改造或拆迁必须经过申请许可的法定要求（Hunter，1996）。最初收录对象主要集中于1850年之前建造并保存"完好的建筑"，仅有极少数建筑晚于该时间。一些新的保护协会的创立才使人们产生了对较晚且标志性较低的建筑进行保护的意识，这些协会包括：1937年成立的乔治小组、1958年成立的维多利亚学会以及1979年成立的三十学会（后更名为20世纪学会）。随着时间的推移，古建筑名录逐渐扩充，新形式的建筑得到认定，新保护区最终建立，包括工业区。

20世纪70年代以前，除具有特别突出意义的遗产外，多数工业遗产均遭到拆除。极少工业建筑被认为具有保护价值，除非它们能够成为装饰建筑的良好范例或具有突出的历史意义。可引证的拆除案例很多，标志性的例子就是毁灭了1979年位于伦敦并堪称精致装饰艺术的费尔斯通轮胎工厂。该工厂停止生产并出售给一家开发公司，该公司在得知该工厂将被收录到保护名录的情况下，提前下令于某个周末毁掉装饰性建筑的中央区。对此，规划部长的回应就是立即收录一系列20世纪30年代的其他建筑，并紧急草拟收录面临拆除威胁的建筑的新标准（Stamp，1996）。

20世纪80年代对于工业遗产而言是一个关键时期，在80年代之初生产大衰退，传统制造业领域极具低迷，很多传统制造业都使用相对老旧的建筑。这一时期英国工业面临的生产力水平低下问题，可能是因为持续使用的旧式房屋不能适应现代制造业的发展。随着房地产市场的关注点被旧工业厂房及废弃地所充斥，政府的一项应对措施就是制定计划并建立相关机构来清空这些地点，以准备将其用于新的工业、商业和居住开发。原工业建筑中只有那些具有美学魅力的建筑或是具有易于改造成新用途的有潜力的建筑才能得以保留。通常，尽管人们希望能完全改造某一遗产，但因此带来的大规模土方工程意味着保留任何现有建筑都是很困难的。尽管在以往的重新建设中，时常采用的方式是保留原址的基本形式，只替换个别建筑——但土方挖掘技术以及清除废弃污染的愿望意味着，在进行完包括坡度重整及新道路网络建造在内的原址改造后，新的场地通常与原貌毫无相似之处。

在此背景下，希望通过保护重要建筑、码头等基础设施，并将它们改造为临时博物馆等新用途的措施来保留工业历史痕迹的愿望日益增长。标志性建筑通常都是再开发区域的重中之重，其形式常常是以新建筑再现已经被拆除的旧工业建筑风格，虽然设计这些新建筑的目的是让其产生不同用途。在某些情况下，一些地方成立了为保护特定工业遗产免于遭受综合性的再开发的社区团体。

到21世纪初时，工业遗产得到了更有力的保护，更多工业建筑被收录，更多工业保护区得以建立，同时在将工业遗产用于新用途方面也积累了更丰富的经验。其中，既有商业用途也有居住用途，即使这些建筑具有的是强烈而实在的工业风格而非装饰性或古典特征。由于建筑类型的不同，利用上也会有所不同——在诸如约克郡或英格兰西北部等地的原纺织区，小工厂和仓库更能引起改造兴趣，而在东北部等地区，采矿、造船厂和炼钢厂则更吸引人。

以前还采用的一种策略就是将面临拆除的部分小型工业建筑移至露天博物馆（Stratton，1996）。大铁桥就是一个著名的例子，其中自工业革命诞生起经挽救的建筑被重置于原建筑及构筑物旁边；另外，位于纽卡斯尔附近的比米什的北英格兰露天博物馆也见证了一个小工厂和小规模工业景观的再现。但这只能倾向于解决一些相对较小的濒危建筑的保护问题，并且当人们希望尽可能在原生背景下保护这些建筑时，这一策略如今并不受欢迎。

3.2.3 工业遗产的类型

工业遗产形式多样，各种形式在保护及再利用潜力上各具特色。以下分类的目的在于提高工业遗产保留或新用途改造的可能性。

- 矿区及其他类似受污染的场址：英国拥有大量矿藏，这些矿藏经常采用深度开采（涉及地面建筑）方式，使人类可以进入矿区并采出矿产及废料，然后将它们装载到铁轨上。因此，许多矿场旁会产生废料堆，但也有能够进行地面采矿和采石的矿井。随着采矿活动及废料堆积的结束，这些场所多数被清除，尽管部分小型建筑及构筑物可能得以保留，采石场则可能被保留或浸没，作为便利设施（Edwards，Llurdés，1996）。康沃尔的伊甸园工程在矿井上建设充气式塑料构筑物，用以创造人造生物群落，展示来自不同气候区的植物。

- 加工工业构筑物（如化工和钢铁厂）：对这类建筑的保护经验十分有限，几乎该类建筑在其寿命终结时都被拆除。这其中，一个重要特例是位于谢菲尔德的麦格纳中心（曾经为钢铁厂，后改造成科学探险中心）。多数该类场址都有安全及污染问题，并且不存在好的替代用途。

- 交通基础设施——码头、铁路和桥梁：该类遗产的保护主要通过将不再用作工业用途的原址用作休闲之用。码头通常改造成游船码头或用作新的房屋或办公楼用地，许多旧铁路则留作传统蒸汽时代铁路遗产或用作自行车道或人行道，桥梁及其他建筑则作为特色景观固定下来。

- 工厂及磨坊：工厂及磨坊包含多种类型建筑，其范围从基本的棚屋一直到以砖块或石头为建筑特色的坚固建筑。其中，许多较牢靠的建筑如今已发展出新用途，尤其是结构坚固、内部空间良好的部分。位于索尔泰尔（Saltaire）的索尔特（salt）工厂就是一个经典案例，它容纳了一个博物馆、一家收藏大卫·霍克尼（David Hockney）作品的画廊、多家商店和咖啡厅以及包括部分制造厂在内的不同作坊（Greenhalf, 1998）。

- 仓库：如同工厂一样，许多高质量的仓库建筑仍然很牢固且可作为他用，这些建筑具备进行充满活力和可行性的改造可能。部分仓库因为天花板高度有限，开窗小，使得替代用途的利用难度大。位于利物浦的阿尔伯特码头被列为一级遗产，它是一个拥有大群优质且兼具历史及城镇景观价值仓库的经典案例，这里改造后实现了多种用途，包括画廊、博物馆、电视演播厅、酒店、零售店及办公室（Parkinson, 1988）。

- 工业化房屋/示范村：工厂、磨坊或矿区旁边建造了许多专用房屋群，这些房屋通常都被纳入常规的住房市场。一些条件极差的房屋逐渐被拆除，而一些达到高标准的房屋则成为保护区。格拉斯哥（Glasgow）附近的新拉纳克（New Lanark）就是一个有趣的案例。这个在强大家长式理念下运营的最早期工业区如今改造为大型博物馆并成为旅游景点，同时还被列入联合国教科文组织遗产名录（Donnachie, Hewitt, 1993）。

英国不同地区产业结构的性质使得工业遗产以不同的形式得以保留。专门从事纺织及服装制作以及某些商品进出口的地区，拥有丰富的精心建造的工厂和仓库遗产。专门从事煤矿开采和钢铁制造的地区，由于旧工厂已被清除和美化，如今除了工人住房外，几乎看不出其工业历史。因此，英国工业建筑的再利用主要以英格兰西北部以及伦敦码头区的部分地区为主。

3.2.4 英国工业遗址用以发展文化创意产业的潜力

英国老工业建筑的新用途范围十分广泛，从住房、办公室一直到博物馆和大学。但其中一项特别有意思的用途是容纳文化创意产业，该类产业不仅需求灵活多样，也在英国经济活动体系中迅速成长。

文化创意产业被视为是一项城市复兴战略（Comunian, 2011; Evans, Shaw, 2004）。在英国，兰德里（Landry, 2000）认为文化产业的地位应该是创意城市崛起的核心因素，也是发展经济及振兴老工业城市的动力。将创意城市作为创意产业（Montgomery, 2005）或创意阶层（Florida, 2002）聚集地的这一理念，为将创意产业作为地方经济的核心战略提供了支撑。

尽管由于现有资产的不同，使得确切的空间布局也有所不同，但几乎每个城市都在其经济发展战略内将文化创意产业作为一个核心集群（Comunian, 2011）。

部分创意产业集群或产业园可与历史上的产业集群联系起来，例如位于伯明翰的珠宝园区（Pollard, 2004）或位于诺丁汉的蕾丝园区。大体上，为了促进以旅游为基础的消费，对标志性文化设施的投资时常存在混乱的组合，而以生产为导向的战略可能清晰地聚焦在新媒体、游戏技术或传统广播媒体上。另外，全球化文化资产和植根于本地文化的地方重建项目之间存在矛盾（Comunian, 2011, Bailey, 2004）。

全球标志性文化设施和创意产业孕育中心都被建议要重新利用工业遗产建筑。大型工业建筑被认为适用于承办画廊，尤其是在知名的海滨区域，例如位于伦敦的泰特现代美术馆或位于利物浦阿尔伯特码头的北泰特艺术馆。同时，创意产业通常更倾向于价格低廉、内部设计个性化、以及可接受脏乱（用于艺术研究）的建筑。随着诸如纽约等地的国际新发展模式的流行，后工业创意产业园已传遍世界，尤其是在英国的老工业城市。

3.2.5 纽卡斯尔案例研究

（1）纽卡斯尔及其工业史

泰恩（Tyne）河畔的纽卡斯尔是英格兰东北部具有历史意义的地区首府，位于伦敦北部约400公里的东北海岸。该城市建立于泰恩河北岸、距离海岸线13.7公里的最低架桥点。如今的城市建成区包含河两岸以前相互独立的许多定居点。尽管市区面积仅有28平方公里，但沿着整条河的城市区域是一项历史遗产，市中心位于河畔地带且部分延伸至盖茨黑德（Gateshead），这使得最靠近其南部的盖茨黑德在空间上基本成为城市的另一半。在下游地区，泰恩河畔的地方政府与建成区相连，构成泰恩河畔城市圈的核心，2012年人口达到约83.25万人，包括通勤区在内的较大城区达到160万人，从这个定义上来说它可能是英国第五到第七大的城市。

罗马人建立的要塞，是河流通道北面的一个防御性地点以及哈德良城墙的一部分，并于1080年成为诺曼据点所在，即"新"城堡。中世纪时城堡周围发展起来一个城镇，防护着泰恩河的南面沿线，并成为该地区农产品以及更为重要的煤炭出口的港口。该城镇是那时最重要的省级定居点（尽管并未正式认定为城市），有着坚固的城区防护。

18、19世纪，纽卡斯尔发展迅猛，1745年后部分城墙被拆除，在通往河流两岸的许多货车线路或早期铁路的辅助下，河流沿岸的煤炭贸易及相关产业繁荣发展。纽卡斯尔是该地区的资本中心，是一座受商人控制并覆盖孕育贵族土地气息的连栋住宅的城市。19世纪纽卡斯尔的迅速扩张，构筑出圈层发展的地理形态。工业主要沿河发展，其中，港口活动沿码头周围地区，化工、制革和玻璃位于河流附近地区，造船及军备位于通向沃尔森德（Wallsend）的下游地区以及埃尔斯威克（Elswick）的上游地区，煤炭出口则位于连接矿区与河流的货车线路沿线。平行于河流，位于河流两岸的满是工人住房的密集街道占据了工厂及造船厂上方的坡地。中产阶级的近郊住宅区则建于远离河流的杰斯蒙德区（Jemond）和戈斯福斯区（Gosforth）的市中心北部，或者位于Low Fell的盖茨黑德南部以及泰恩茅斯和惠特利海湾沿岸（Purdue, 2011）。

继续往北，诺森伯兰（Northumberland）煤田东南部发展成为另一个工业区，包含一个由小村庄和城镇组成的聚居地网络。往南，桑德兰（Sunderland）发展成为主要的煤炭及制造业中心，沿途还有许多小矿村分布在达拉谟（Durham）对面。

这一时期，作为铁路发源地之一，该地区经历了巨大的变革。新的蒸汽技术被用于煤矿提炼，其他新技术也不断发展创造出来。地区通过新技术运用、铁路以及之后的蒸汽动力船等进行运输。造船技术、军备以及之后的电涡轮发电技术的进步等，均是推动泰恩河畔工业发展的关键力量。于是，支持和传播新技术的各种机构在纽卡斯尔纷纷建立，它们可以分享到市中心那些古典风格、以石头为饰面的高雅建筑（Purdue, 2011）所形成的特色氛围。

20世纪人口持续增长，但经济结构调整却随同该地区的许多主要产业一样陷入相对下滑之中，而随之而来的更是完全下滑。两次世界大战虽然支撑了造船业、煤炭和重工业的短暂发展，但除此之外，各种市场份额持续下滑并爆发大规模失业——尤其是在两次世界大战之间。

发生改变的最突出时期可能是在20世纪60年代，城市在发展方向及经济结构方面均制定了现代化战略。经济上，对煤炭产业的长期依赖得以终结，整个城市区域内大量小型矿井停产关闭，只留下较新的海岸矿区又存在了几十年。整个城市内由政府赞助的工业区中涌现的新制造业，提供了新的就业机会。矿区停产和污染活动的结束，如炼焦厂的关闭等，一些土地复垦方案在改变着地区的面貌。新形式的就业包括照明工程、电气及电子产业、化学品产业以及以消费者为导向的制造业，如服装和食品，其中大多数都是英资或美资公司的分工厂。纽卡斯尔市正在逐步现代化，这还表现在清除贫民窟、在河畔重建社区的行动上。市中心大规模的重建运动带来了新建成的高速公路。这种雄心勃勃的重建行动随着1979年启动的地铁系统（当时英国唯一的新地铁系统）的建成达到了高潮，但20世纪70年代，伴随石油危机到来的衰退时期使该城市再次面临经济困境的挑战。值得注意的是20世纪60、70年代中，城市通过谨慎的规划将老工业社区从城市中隔离出来形成了独立的城市区域，并用新的道路网络将它与老区连接起来——泰恩河沿岸的地铁系统将这些社区连为一体，新城区和扩张项目利用这些地区和原有村庄之间的土地进行建设。

始于20世纪80年代的结构调整导致的最重要结果是：该区许多生产涡轮发电机及国防设备等产品的传统工程公司衰落，并伴随着20世纪60、70年代外来投资的流失。造成这种现象的原因时常大相径庭，传统公司由于在国际化市场条件下缺乏竞争力和创新投入而被迫关闭，而外来投资者则会经常对逐渐过剩的特定技术进行投资。这些使得该地区不得不面临这样的挑战：本土公司丧失了专业技术及技能，而政策规定是以新一轮相似的自由分厂业主来取代早期的外来投资者。20世纪90年代，新的外来投资者的供给开始逐渐停止，随后到来的工党政府开始建立新的地区发展机构，重新思考地区战略及其对城市所起的作用。新战略的重心是创新、企业家精神及创新氛围，多年的物质重建开始见到成效（Charles, Benneworth, 2001）。

21世纪初，纽卡斯尔城市区域仍是英国最大的城市区域之一（依据城市区域的相关定义，其人口约占第七位），尽管它总是由于当地政府的脆弱及中心城市权利太小而时常被认为重要性较低。经济上，该城市区域仍落后于其他地区，从多数经济及社会指标上来看，东北部在英格兰地区是最弱势的。但是，纽卡斯尔市及与其相邻的盖茨黑德在对外形象上都有显著提高，如时代周刊及新闻周刊文章所描述的那样，纽卡斯尔是世界创意城市之一，同时也是"隐藏的首府"。新的文化设施和标志，以及创新服务的发展将激发出新的城市活力，但是这一点能否克服过去的产业转型带来的阴影，还有待证明。

（2）纽卡斯尔的工业遗产

纽卡斯尔的工业遗产至少可追溯到18世纪，部分要素在全国都意义非凡。但是，纽卡斯有较长一段破坏和清除古老工业遗产的历史。在城市圈及周边地区的大部分区域，采矿及造船业占据着历史性的主导地位，这类遗留建筑成为该地区发展面临的问题：采矿及造船业占据了大面积的土地，但在为这些构筑物及专门性建筑寻找替代用途方面，其潜力有限，导致仅有少部分构筑物得到保护。即便是铁路遗迹这类具有突出重要性的遗产，受到保护的也只是与持续运营的铁路线路相连的少数建筑。一个重要的特例是位于纽卡斯尔中部的老斯蒂芬森工厂，下文会对其加以说明（Morgan，2013）。

作为泰恩河具有主导地位的老工业建筑的一个例子，位于河南岸的盖茨黑德拥有古老的邓斯坦煤炭转运码头，这里有为把煤炭运送至船只而建造的大型木质构筑物。据说，这座长达545米的转运码头是欧洲最大的木质建筑，目前已被列为历史遗迹。但1977年之前，它还一直被用于出口煤炭，之后作为1990年盖茨黑德园艺博览会的重点展品进行了重建，此后经历两次大火，结构遭受破坏，目前再次进行了重建。作为木质码头，遗产并不能产生什么收益以支付其自身的维护费用，因此有人建议将其用作为展示雕塑艺术的场所。其他相关的工业遗产，例如造船厂，只留下了简单、不具有吸引力且替代用途有限的结构，只有大型固定起重机的一部分可能作为历史遗迹进行保护（但未来用途也很有限），否则只能期待该遗产上可能出现新的工程活动予以带活。

纽卡斯尔地区的部分工业建筑具有临时性质且设计不佳，例如，用于金属加工的大型棚式结构——并非真正的建筑，它们通常只是逃避恶劣天气的避难所，因此，改造及再利用不太实际。但其中也有许多工厂和仓库，一些源自于19世纪，一些历史短些，主要聚集在河流沿岸的某些地点并具有充分的重要性和吸引力，能够改造作新用途。这些建筑不是曼彻斯特的大磨坊，也不是拥有大量适于不同用途空间的西约克郡，更不是在曼彻斯特或是利物浦可以看到的那种有着精致装饰的建筑群或是用石材打造的仓库，而是各种体量较小且更现代的工业建筑，通常用砖块建造，装饰有限，具有本地城镇景观特色。它们主要集中于纽卡斯尔中部及河流附近，部分位于旧城周围，在这些区域中工业替代了原来的居住区。河流往下区域也有工业建筑的聚集，最初以港口为基础；此外，在另外一条流入泰恩河被称为Ouseburn的小溪周围也有此类工业建筑分布。上述区域都成为纽卡斯尔旧工业建筑重建和再利用的重点地区。

20世纪70、80年代，尽管许多老工业建筑已被清空且年久失修，它们因具有单纯的房产价值很低而可以很容易地被加以利用，但从国家层面来说，几乎没有重新利用老工业建筑的例子，尤其是用于文化或创意产业方面的先例。部分拥有大规模工业用途的区域被整理并进行新的开发，这在一定程度上减少了原有的工业化标志；然而，纽卡斯尔的许多地区，一些小型建筑以及更多的历史工业建筑无人问津、任其破败，仅有小部分被一些小公司所利用。

生活剧场公司就是其中一个较早的例子，它于1973年成立，是一家面向社区的剧场公司（图3-1）。公司的重点在于打造新剧，这些剧目通常植根于当地劳动阶级的生活之上，主要在社区中进行表演。1982年生活剧场收购了位于纽卡斯尔码头区的一家旧仓库，分多个阶段对其进行重建，将其改造成永久的剧场基地，并且通过收购邻近仓库以及位于庭院后方的济贫院中的多个建筑来对其进行扩建。目前它拥有五个收录在册的二级建筑。鉴于剧场有限的财政资源及其对政府补助的依赖，开发过程中的几个阶段收到了来自地区艺术单位及欧洲区域发展基金的资金补助。生活剧场开发之初，该城市区域许多19世纪的仓库还未被占用，开发商也并无太大兴趣——之前的规划方案还打算拆除它们

图3-1 生活剧场——位于院中及后方经改造的仓库及济贫院

图3-2 建于原先仓库的探索博物馆

并替代以新的办公建筑。确实,许多这样的建筑已经败落,其中部分是因为当时不佳的经济环境无力处理而得以保留。

随着20世纪晚期的到来,工业博物馆通常以老工业建筑的形式涌现,之后流行的将艺术博物馆置于旧工业建筑的大趋势,推动部分旧建筑不断改作博物馆。在纽卡斯尔,位于城市中心边缘地区,原先面积较为庞大的仓库中已建立起涵盖科学、工业和社会历史的博物馆群(图3-2)。重新利用存在维护成本及结构问题较小的建筑设施作为博物馆,这是地方政府的一项举措。

当时,其他一些以艺术及创意产业为基础的小型组织也收购了一些老工业厂房,并重新翻修。位于盖茨黑德的设计工厂便是一个将老工业建筑翻新成创意产业孕育中心的早期案例。它是一个相对近代的工厂建筑,为混凝土建成的双层结构,而非现今更为普遍的钢架结构。20世纪90年代,这座建筑由支持新产业的非营利性组织东北项目(Project North East)收购并翻新,改造成一些拥有共用空间、针对新型设计公司的小单元。东北项目持续在设计工厂附近建设新的空间单元,并将该区的许多其他建筑改造成其他形式的孕育器。其中最突出的就是,对位于纽卡斯尔中心靠近主要火车站的一些旧办公空间加以改造,供信息通信技术及传媒公司使用,为该区推动以信息通信技术为基础的小产业集群发展做出了重大贡献。

近年来,将仓库改造成住房的情况也很流行。纽卡斯尔码头区周围就存在几个这样的例子。图

图3-3 码头区仓库改造成公寓

3-3展示了一片被改造成公寓的河滨区仓库,图中右侧的建筑为原仓库,左边为复制品,是原旧建筑被烧毁后重新复建的。这些旧仓库在原使用者关闭工厂或搬离该城市后,已空置或部分废弃了多年。这项改造最初的资金来源于政府城市发展公司的赠款,公司本身在重建遗产周围的土地及公共空间以吸引私人开发商方面也进行了大量投资。更近期的改造则完全由私人注资,因为该区高昂的房地产价格足以完全收回开发成本。

(3)纽卡斯尔的文化创意产业

由于英格兰东北部以重工业基地以及强烈的工人阶级文化著称,20世纪大部分时间该区在文化活动方面并没有太大声誉。伦敦的英国文化名流们对该国北部文化向来不屑一顾,纽卡斯尔这样的城市在整个国家内都被认为是肮脏的工业中心并且毫无吸引力。这些观点并不一定有事实依据,而且纽卡斯尔这样的城市实际上拥有丰富的建筑和文化机构遗产,尽管这些遗产相比于伦敦在资金投入以及开发上均相差很远。但显然,仍有必要投资该城市的文化设施,并将创意产业作为城市复兴的一部分来刺激其发展。

从某种程度上来说,20世纪60、70年代,对于将工业城市作为文化输出来源的兴趣有所复苏,其中一部分原因来自流行音乐和电视媒体的推动,但20世纪70年代后期的去工业化对北方城市的形象产生了严重的负面影响。

地区艺术机构,例如位于纽卡斯尔的北方艺术(Northern Arts),在推动所有文化部门的基层活动及创造小规模资本投资方面发挥了重要作用。20世纪90年代初的一项刺激东北部视听产业的特殊举措,回应了电视广播的自由化及国内主要广播频道内容外包的发展趋势。但20世纪90年代,北方艺术的领导层清楚认识到艺术需要大量资本投资——他们通过制定资本报告确定了一系列项目,包括一家当代画廊和一家新音乐厅的建设计划,这不仅仅是一组新的标志性建筑,它们同小规模的地方艺术组织共同成为综合文化战略的一部分。因此,北方艺术在对改造旧建筑的小型艺术团体加以支持的同时,也不断为大型场馆寻求国家资金(千禧基金)和欧洲资金(欧洲区域发展基金)的帮助,这两种途径在以下案例中会有论及。

(4)案例研究一:波罗的海工厂

波罗的海工厂是一家位于泰恩河南岸的盖茨黑德,直接面对纽卡斯尔码头区的大型标志性面粉厂。它是一座相对现代的建筑,始建于第二次世界大战前,虽然在20世纪30年代就完成了设计,但直到1950年才完成建设,并直到1981年才投入运营。它是泰恩河畔许多大型面粉厂之一,也是目前仅存的一家。该厂最初由五座建筑构成,其中四座已被拆除,只有大谷仓由于其规模及拆除成本而保留了下来。工厂关闭后,由于其20世纪30年代设计的装饰艺术的突出地位,曾引发社会有关如何处理该建筑的大量讨论。这个工厂多年未被利用,吸引了一群三趾海鸥将其当做悬崖筑建巢区,成为世界上唯一的在城市中的三趾鸥筑巢区。

1991年,北方艺术针对该区起草了一份资本投资战略,论述了"泰恩河畔中部"繁荣当代视觉艺术的核心利好条件。这意味着接下来一年,纽卡斯尔和盖茨黑德议会将该报告中描绘的"把波罗的海工厂改造为当代艺术中心"变为现实。除了波罗的海工厂,另一个替代选址是位于纽卡斯尔码头区的CWS,但建筑存在天花板高度较低且已列入受保护建筑的问题制约——波罗的海工厂未被保护名录收录且根本没有楼层。然而,波罗的海工厂的问题是其内部包含140个混凝土制成的垂直贮藏塔,所以,任何形式的改造都必须移除建筑的整个中心部分,只留下外墙。1994年,针对这个建筑进行改造

的建筑竞赛得以举行,来自埃利斯·威廉姆斯建筑师事务所(Ellis Williams)的多米尼克·威廉姆斯(Dominic Williams)赢得了比赛,这为地方政府向全国筹资渠道申请拨款提供了依据。1996年,艺术委员会收到了一份3800万英镑的改造建设竞标报价,同年,泰恩河畔举行了全国性的活动——东北部视觉艺术年:WANE。与该报价同一时间提交的,还有一份有关盖茨黑德的格雷姆北部天使雕塑的公告。该雕塑高20米,翼展54米,展示了盖茨黑德对当代公共艺术的投入(BALTIC,2002)。通过从艺术委员会国家彩票基金筹得3350万英镑,加上从欧洲区域发展基金及其他地方渠道筹得的资金,凑足了改造所需的4570万英镑成本资金。2002年,项目竣工并对外开放(BALTIC,2002),它带动了周边地区的大规模开发,包括在当地高职院校迁移后的原址上建成多栋公寓楼、酒店和一个商业园区。

从很多方面来说,波罗的海当代艺术中心在重新利用工业遗产,为文化部门建造大型标志性新设施上是很成功的,但它只是一个单一例子,无法为所有城市提供通用经验(图3-4)。

首先,它并不是保护工业遗产的优良示范。最初建造的建筑是一系列由吸引人的砖块外墙包覆的高耸谷仓。新建筑美观且拥有精彩的展示空间,但它很大程度上介于新旧之间,并且建筑事实上不是很古老且还未被收录(即使被收录,不进行大规模内部拆除也无法进行替代利用,而大规模内部拆除必然将完全清除其原始用途迹象)。

其次,借助建筑的可利用性及其标志性外观和位置,结合艺术资金投资开展当地重要艺术活动(活动在浩大的基层艺术运动基础上开展起来)——这意味着,当盖茨黑德的当代艺术赞助引起更为普遍的关注时,地方政府作为主要机构要能

图3-4 波罗的海当代艺术中心和新住房开发

它通过惊人的艺术展成功地吸引来游客,但随着时间推移游客数量不断变化,中心时常会被财政困境所困扰——中心通常不收入场费而仅是依靠捐款;它也没有什么永久性藏品,而是依赖于吸引知名展览的到来。当然,它仍然是该城市重要的旅游景点之一,但这主要是由于建筑和从建筑中所能欣赏到的河流及对岸的景观,而非其建筑内部的展览。该建筑拥有一座通向纽卡斯尔码头区的独特人行桥,这也是其吸引游客及当地参观者的重点所在,使得波罗的海艺术中心能够成为承办许多其他类型活动的地点。最重要的是,项目提升了该地区当代艺术的形象及地区的国际形象,它显著提升了文化发展,是创意专业人士对该城市感兴趣的许多重要文化设施之一,间接地促进了其他的工程改造活动,以便接纳城市不断增长的创意产业的数量。

(5)案例研究二:Ouseburn溪谷

与波罗的海艺术中心直接相对的是纽卡斯尔的东码头区,20世纪90年代泰恩威尔发展局(中央政府支持机构)提出了一项大型重建计划,该计划清除了多数工业废地,但保留了一个大型仓库CWS,目前已将其改造成高档酒店。计划十分成功,但却代表着与过去的重大决裂。在东码头区的下游端有一条小溪,名为"Ouseburn",它由狭窄的河谷流入泰恩河,流域地区曾是18、19世纪的早期工业区。在东码头区以新办公楼和公寓的形式进行复兴时,有人担心这种模式会持续发展至Ouseburn溪谷,导致该区历史和人文环境的丧失。然而,实际上溪谷的发展步伐很慢,活动更注重老工业建筑的重建,更倾向于面向社区,将重点放在了文化创意产业活动上。

Ouseburn的一个基层社区团体在这个过程中发挥着关键作用,即Ouseburn信托机构。最初,为

够应时而上,为项目寻求国家及地方资金支持。除了利用不同类型的老工业遗产作为临时展示空间,目前正在进行的一些更为广泛的艺术战略已经纳入项目进程中。

尽管改造建筑通常是用来举行巡回展览,但也有些艺术家在建筑中创造出了新的作品,其中最有名的例子是安东尼·戈姆利(Anthony Gormley)依据当地居民的实际形象在建筑内创造出的钢铁铸成的人物。这个建筑成为地方当代艺术家的关注焦点,他们与学校一起承办了许多外展工作,并得到慈善组织及信托机构的大量支持。中心与当地大学、图书馆及其他向当地艺术家及公众开放的设施之间建立起了良好的合作伙伴关系。

该中心在运营上的成功原因十分复杂。起初,

了防止东码头区的再开发一直延伸至Ouseburn溪谷，一个社区团体应时而生，它将来自当地教会、艺术领域、遗产爱好者以及地方居民和企业的代表聚集到一起。之后，这个团队发展成为Ouseburn信托机构，它旨在寻求能够保留大部分溪谷历史感的一种替代开发模式，以促进适当的建筑再利用，在建设空白土地的同时尽可能保留现有的用途和多样化活动。信托机构为开展活动成功地筹集到了公共资金，收购了许多建筑物，对它们进行修缮并改造成住房、车间及办公室，但更重要的影响在于它将该地区的规划政策转向了保护及混合开发。直至现在，该信托机构仍对溪谷的发展、遗产活动的协调以及小型房地产投资组合的管理等有着持续的影响。

溪谷早期的一个改造案例（最佳建筑之一）是克卢尼（Cluny）仓库建筑（图3-5）。该建筑建于1848年，包括由石头及砖块砌成的厂房和仓库，依据当地知名建筑师约翰·多布森（John Dobson）的设计而建造。这里原本用作生产亚麻和帆布的工厂曾先后被改造成面粉厂和克卢尼品牌旗下的威士忌酒窖。1982年，当时空置着的建筑被一名文化企业家所收购，将其顶层改作为Bruvvers戏剧公司的办公场所，其他楼层出租给艺术家。之后，建筑的底层被改造成酒吧和音乐表演场所。

紧挨着该仓库的建筑是莱姆（Lime）街30号，另一个19世纪的仓库建筑。这个仓库建于1872年，用于储存面粉。在20世纪的大部分时间里，该仓库被包括啤酒厂在内的各种小企业所占据，但20世纪70年代被荒废，1982年为工人革命党所收购，计划将其改造成年轻人的教育中心。此后，它又于1988年被出售给工会印刷服务机构（TUPS），该机构重建了建筑，将它用作原矿工的训练基地，并出版了系列工人运动及社会历史方面的相关文献。2000年，它被儿童图书中心获得，该图书中心希望将其用于存放图书。之后，建筑被收购并改造成博物馆及针对儿童写作的教育中心，也即现在所称的"七个故事"博物馆（双关语，因为该建筑正好有七层）。

在建筑改造过程中，尽管需要符合博物馆的环境控制要求及适合儿童参观的安全要求，客户及建筑师希望建筑的改造能够保留其原始特色。因此，改造过程十分谨慎并原封不动地保留了大部分的内部布局，采用恢复而非替换的方法来处理窗户和内部木材。为方便建筑内部活动，项目在建筑正面增加了一座现代的外置塔，并额外建造了一座长廊（http://www.sevenstories.org.uk/news/history-and-heritage）。该项目作为标志性的文化开发的

图3-5 克卢尼仓库（上图左侧建筑为"七个故事"博物馆）

又一案例，其改造成本适当（仅为450万英镑），是一项地方举措以及当地作家和国际作家造就的特色作品。尽管该中心的资金成本来自于公共补助金，但必须强调的是它并非是公有的，而是一个独立的非营利性组织。

Ouseburn周边有许多工业遗产被文化企业家收购。波林·默里（Pauline Murry）就是这样一个例子，她是20世纪70年代后期的女性朋克歌手，自1984年起运营起一家位于该溪谷地区的乐队排练室——北极星工作室。直至最近，这个工作室才迁往溪谷之外的一个老学校食堂，在那里她增加了工作室的数量，并新添了一个录音棚。

现在，溪谷涉及多种类型的活动，包括城市农场、多个骑马棚、艺术工作室、版画工作室、现场音乐表演酒吧、咖啡厅、翻新的运输事务所内的一家新高档酒店，以及越来越多的住宅开发，包括一些学生宿舍。除此之外，这里还保留着一些较陈旧的工业及其他活动，包括金属废料回收厂、汽车维修厂、出租劳斯莱斯汽车的公司及其他小型的传统制造业。Ouseburn溪谷边缘地区还曾设有饼干工厂，后被用作仓库。之后，其在破败的条件下被一名当地企业家收购，改造成当代艺术的大型商业画廊。据说，它是英国该类商业画廊中最大的一家，里面还容纳有一家餐馆。

紧邻Ouseburn溪谷周边是一些原先工业建筑的大型综合设施，被称为"霍尔兹园"。其最初为19世纪的梅林陶器公司（曾是世界最大的陶器企业之一），之后被霍尔兹（Hoult）家族收购。陶器业务关闭后，霍尔兹家族将原建筑用于运输及搬运业务，许多建筑变为仓储功能。这个综合设施的形式为一系列用于制造和仓储的大型旧建筑，建筑安置在一个院子周围。院子还有一座小建筑及用于管理工作时间的钟塔，如今已改造为服务周边商业的小咖啡馆。

家族第四代接班人，查尔斯·霍尔兹，依靠他在伦敦地区的销售网络及公共关系创立了自己的事业，他的企业拥有约400名左右的员工并得以上市。然而，查尔斯之后被挤出了该行业，并回到纽卡斯尔代替其有心脏病的父亲经营家族生意。尽管当时由于当地电视台将部分制作活动外包，促使该综合设施中的部分区域为一些传媒公司所用，但整体上，其父亲的生意还是集中在仓储上。查尔斯意识到一个利用其营销经验和人脉将该建筑重新定位成创意产业枢纽的机会已经到来，并在六年前开始以此为目的对部分建筑进行重新开发。

与此相关的项目之一就是在庭院内创造一系列壁画，查尔斯同一家当代艺术画廊进行了现场合作，委托他们完成出自国家级艺术家之手的壁画绘制工作。综合体在进行彻底改造之后，地方的企业数量及就业人数受此影响也开始增加。目前这里有大约100家企业，雇用着450—500名员工，其中来自创意、营销或数字行业的员工占了65%—70%。霍尔兹将搬运生意转手，不再开展该业务。随着建筑被改造成办公用途，场址原有的仓储用途逐渐减少，新的功能包括可供公司灵活租用为排练、表演或宴会的活动场地。目前，场址入口处的主要建筑正在进行修葺，将创造出1500平方米可容纳150—200个就业岗位的新空间。

之后，Ouseburn的发展很大程度上有赖于地方举措。为防止拆迁、保护工业遗产及其用途多样性，当地一家社区信托机构得以设置并专注于这项工作。不同的独立艺术机构及企业家可以收购和改造工业建筑，将其用于文化创意产业。社区信托机构成为所有新举措的牵头者。公共部门除了负责将当地政府所拥有的已经关停的学校改造成孵化器之外，其工作很大程度上就是为地方企业提供补助金以及通过规划系统地支持遗产保护，而非亲自进行项目开发或管理。

3.2.6 结论

尽管纽卡斯尔不像曼彻斯特或布拉德福德（Bradford）那样聚集着大规模、高质量且被收录为保护遗产的旧工业建筑，但仍然拥有少量以19世纪工业建筑为主、设计合理又兼具地方历史意义的特殊工业园区。其中有许多由于20世纪80年代初期的经济衰退而空置，又因为当地房地产市场疲软和需求低迷而开发缓慢。因此，这些建筑中有很多留存下来且已荒废，直到经济再度复苏，以及人们对保护这类建筑的认识开始发生改变。早期为数不多的案例的开发者往往是小型独立组织，他们出于发展文化创意产业的目标（这些目标是更广泛的文化策略的组成部分）而进行旧建筑的维护和改建。这成为更具雄心的文化策略的基石，新的文化策略包括一些大型的公共资助的建筑改造，波罗的海当代艺术中心就是其中之一———虽然还不能称得上是工业建筑保护的理想范例，但不失为工业建筑再利用的标志性范例。较近期的改造区域有Ouseburn溪谷和斯蒂芬森工业园，标志着创意产业成为纽卡斯尔工业建筑里迅速发展的一个产业。在这样一个普遍的市场条件下，开发商对于私营部门计划改造古老工业建筑的方案越来越感兴趣。

纽卡斯尔的例子表明了在历史或突发条件下，地区或城市战略对于推动文化创意产业发展的重要性。英国特殊的经济发展史为其留下了众多的老工业建筑，其中许多用砖块和石头建成，它们多数已经在经历最新一轮重建前改作了其他用途。文化与创意产业是当前旧建筑开发的一种特殊形式，与电子或生物技术制造不同的是，其需求简单，非常适合于较古老的工业建筑。在纽卡斯尔的案例中，小型独立艺术机构和大型公共项目的混合恰好在私营部门进入工业建筑改造市场的情况下刺激了需求，这与以更广泛的公共部门投资刺激商业房地产价值和投资的情况不同。

参考文献

[1] BAILEY C, MILES S,STARK P. Culture-led urban regeneration and the revitalisation of identities in Newcastle, Gateshead and the north east of England, International Journal of Cultural Policy, 2004.10(1), pp. 47–66.

[2] BALTIC. BALTIC: The Art Factory. The Building of BALTIC, the Centre for Contemporary Art, Gateshead. Gateshead:BALTIC, 2002.

[3] CHARLES D, BENNEWORTH P. Situating the North East in the European space economy, in Tomaney, J. and Ward, N. (eds.) A Region in Transition: North East England at the millennium. Aldershot: Ashgate,2001.

[4] COMUNIAN R. Rethinking the Creative City: The Role of Complexity, Networks and Interactions in the Urban Creative Economy, Urban Studies,2001. 48, 1157-1179.

[5] DONNACHIE I, HEWITT GR. Historic New Lanark: The Dale and Owen Industrial Community Since 1785. Edinburgh:Edinburgh University Press, 1993.

[6] EDWARDS J A, LLURDÉS I COIT J C. Mines and quarries: industrial heritage tourism, Annals of Tourism Research, 1996.23, 341-363.

[7] EVANS G, SHAW P. The contribution of culture to regeneration in UK: a review of evidence. London:DCMS, 2004.

[8] FLORIDA R. The Rise of the Creative Class. New York: Basic Books,2002.

[9] GREENHALF J. Salt and Silver: A Story of Hope. Bradford:Bradford |Libraries, 1998.

[10] HUNTER M. Preserving the Past: The Rise of Heritage in Modern Britain. Stroud, Gloucestershire:Alan Sutton Publishing Ltd.,1996.

[11] LANDRY C. The Creative City: A Toolkit for Urban Innovators. London: Earthscan Publications,2000.

[12] MCCLELLAND A, PEEL D, HAYES L, C-M,MONTGOMERY I. A values-based approach to heritage planning: raising awareness of the dark

side of destruction and conservation,Town Planning review,2013. 84, 583-603.

[13] MONTGOMERY J. Beware 'the creative class': creativity and wealth creation revisited, Local Economy, 20(4),2005, pp. 337–343.

[14] MORGAN A, SMITH K,YELLOWLEY T. Lost Industries of the Tyne. Newcastle upon Tyne:Tyne bridge Publishing, 2013.

[15] Newcastle City Council. Lower Ouseburn Valley Conservation Area Character Statement, Newcastle City Council,2005.

[16] PARK H Y. .Heritage Tourism, Routledge,2013.

[17] PARKINSON M. Urban regeneration and development corporations: Liverpool style, Local Economy, 1998.3:2, 109-118.

[18] POLLARD J. Manufacturing culture in Birmingham's Jewelry Quarter, in Power, D. and Scott, A.J. Cultural Industries and the Production of Culture. London:Routledge, 2004.

[19] PURDUE A W. Newcastle: The Biography. Stroud:Amberley, 2011.

[20] STAMP G. The art of keeping one jump ahead: conservation societies in the twentieth century, In Hunter, M. (1996) Preserving the Past: The Rise of Heritage in Modern Britain. Stroud, Gloucestershire:Alan Sutton Publishing Ltd., 1996.

[21] STRATTON M, ed. Industrial buildings: conservation and regeneration.London: E & FN Spon, 2000.

[22] STRATTON, M. Open-air and industrial museums: windows on to a lost world or graveyards for unloved buildings? In Hunter, M. (1996) Preserving the Past: The Rise of Heritage in Modern Britain. Stroud, Gloucestershire:Alan Sutton Publishing Ltd., 1996.

3.3 维也纳 / Vienna

创意空间与城市开发

卡劳斯·欧文迈耶（Klaus Overmeyer）
鲁多夫·斯彻文斯（Rudolf Scheuvens）
维罗妮卡·雷兹博克（Veronika Ratzenböck） 著
吕瑛英 译

Vienna: Creative Spaces and Urban Development

在欧洲，从工业经济社会向以服务业与信息为导向社会的不断发展导致了一种情况，即公民的创造力发挥着越来越重要的作用。艺术、文化和创意的表现不仅带动着地方定位和身份认同，也构成了政治参与的重要基础。不仅如此，同样重要的是，它们也为创新、就业和竞争力的提升奠定了基础。在社会经济持续变化的时代背景下，上述这些功能正变得越来越重要。城市中文化和经济的创造力是城市转型过程中的重要驱动力，正是创意和更新驱动了"未来之城"。事实上，城市生产和城市空间之间的新型关系正在重塑，经过几十年的职能分化，生产、贸易、产地和文化的相互促进关系正在复兴。"城市制造"，即城市内的生产，已经成为城市经济发展和城市复兴的重要因素。

这样的过程正在维也纳这座城市进行着，几乎所有的文化领域都是它的传统强项（图3-6）。维也纳是一座人口不断增长的城市，未来的一个挑战就是到2030年人口预期将增长15%。越来越多的居民不仅会带来文化上的多样性，也将带来生活方式的多元化。维也纳除了在高雅文化和古典音乐方面的历史优势，新生代的创意工作者们带来了他们自己的关于创新艺术、文化、经济和社会的想法以及项目和产品，他们需要并将创建出遍布整个城市的创意空间。

创意者、公司或其它机构在文化创意产业、文化、城市产品和临时项目的结合等方面努力着。传统关于工作和生活空间的观念正在发生变化，尤其在推进创意作用的大背景下。因此，由于不同利益之间的竞争，现有空间资源的使用压力正在上升。

这些内容也造成了维也纳城市发展面临的挑

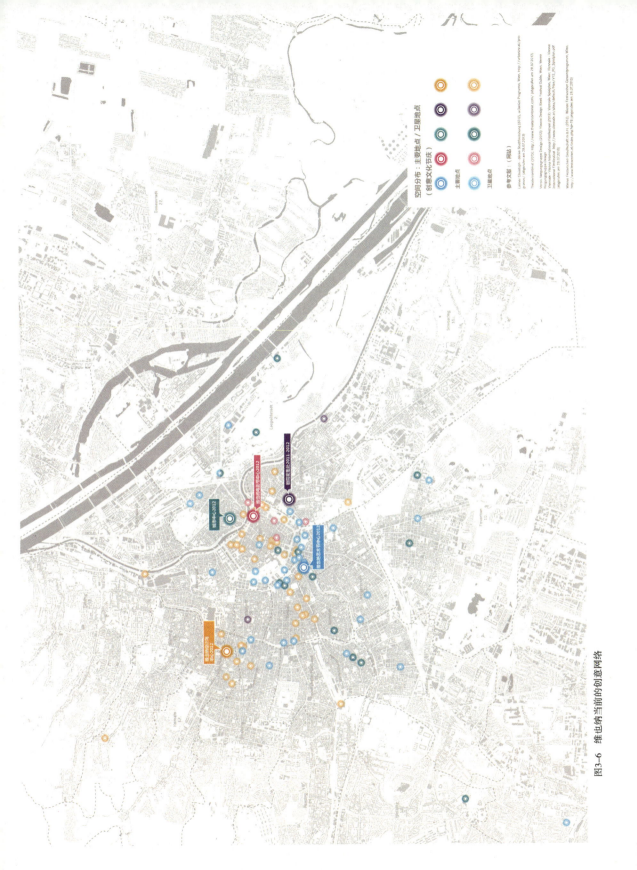

图3-6 维也纳当前的创意网络

战，城市需要同时对可利用资源和人才进行统筹，形成利于财富与经验积累的城市结构。这两方面要求也适用于城市中不同的创意类型，城市的场所空间正在规避城市规划的影响，以一种非常微妙的样式回应干预。本节开展的研究正是基于这种思考，旨在探讨维也纳创意性空间使用的潜力，并根据引导性战略的激励标准来制定规则。研究的核心问题是：创意角色和城市空间之间的关系是什么？城市规划如何能影响和激发空间的创意性使用在不同城区的发展？其中存在的一个普遍问题是缺乏对维也纳城市创意性使用的综合统计数据和定量分析。针对此，本研究使用了基于定量和访谈的研究方法，主要分析方法包括：访谈、研讨会、案例研究和创意使用的空间定位。分析提出了城市政策制定的更高层级的选择方案，并提出了城市干预的具体行动领域。

3.3.1 维也纳城市空间的创意使用：多纬度、混合与自组织

城市空间被创造性使用的领域十分广泛。无论是在艺术文化还是创意产业中，都有对应的临时创意空间，它们开发利用了城市中先前未被利用的很多空间资源。在经济方面，维也纳创意产业有着非常细小的结构单位，其中70%由个体创业者组成。虽然规模结构小，但该领域在过去多年中已经变得重要，在促进区域就业和创造价值方面做出了相当大的贡献。除了传统办公和"家庭办公室"，维也纳合作娴熟的创意者中流行的工作形式还包括"创意工厂"（同一屋檐下的多个办公室）和"合作工作空间"（共享办公室）。

维也纳是奥地利的艺术和文化中心。文化基础设施不只是旅游业卖点，也是城市高品质生活体验的核心因素之一。相对于依托高补贴的服务于古典音乐和高雅文化的那些机构来说，多维度的当代青年群体文化日益确立了他们的地位。自下而上的项目和自组织的文化活动经常成为地方名片，成为为市民提供文化产品服务的独特场所。对于创意产业和文化机构，维也纳城市中的很多空间都非常适合于它们需要的临时用途。不管出于概念宣传（比如艺术媒介的使用，如"弹出店"），还是城市干预（促进城市空置空间和本地空间资源利用的讨论）或是简单的空间缺乏的原因，以前被忽视的空间正被用于满足各种临时功能，这些临时利用持续的时间从几天至数年不等。可见，由于维也纳在人口增长和空间资源上的压力，临时性的创意使用在近年来得到了越来越多的关注。

空间的创意使用不仅仅是职业创作途径，或是从属于创意文化产业的相关业务。在维也纳，混合和多功能的空间使用与传统利用模式有着根本性区别。办公空间、生活空间、零售场所都在寻求工作和生活相互关联的新模式。创意空间利用不仅在结构上十分细化，在资源使用方面也高度多样化——后者表现在一些恶劣的工作条件上，且以非典型就业和新型创业为特点。通过观察可以发现，特定的创意空间利用正在不断发展，这个领域具备很高的动量，而自拨款和自组织是其重要因素及特点。

3.3.2 空间表现

维也纳不同类型的创意空间使用，强化了内城区（维也纳环形带以内）目前的形象，该地区被看作是创意文化活动的热点场所（图3-7）。创意产业及永久性或临时性的艺术及文化相关活动均偏好内城。创意轴线从中央的博物馆区延伸到第七区即传统的纺织生产区，西部环形带两侧的区域有几个创意工作空间，也聚集了许多专门从事艺术和文化的小机构。在多瑙河另一边的新热点地区是

图3-7 维也纳的创意空间分析

Karmeliterviertel，它以艺术院校的室外空间、共同工作空间和各种本地文化活动节等临时活动为特色。

然而，创意使用城市空间的活动模式正被城市边界所限制，这些边界并非是实体的，而是一种心理障碍。这种限制仅在几个地点被慢慢打破，例如靠近Ottakring, Rudolfsheim-Fünfhaus和Meidling的几处地点，而外多瑙地区（"超越多瑙河"，如第21区和第22区）仍是盲区——对于创意企业家们而言，还有其他一些城区也是如此。创意参与者们对于正在开发的新建区域持有广泛的怀疑，因为它们没有提供创意行动的活动场所。

3.3.3 城市开发中的创意潜力

分析表明，创意行动实质上有助于维也纳各区的发展，特别在是活动高度密集的区域：它们基于空间，可以促进不同群体的混合、从社交角度激活都市特性、培育充满活力的街道生活、创造临时的公共领域，并引领特定类型产品、服务和空间需求的增长。同时，它们使文化生产和消费的供给得以翻倍。由于其普遍吸引力和对基层要素的利用，创意空间使用连接了周边的公共空间并吸引着更多的观众进入各个城区。

城市空间的创意使用经常能创造出短距离的城市交流机会，它们设计前卫，并试验了将工作与居住结合起来的城市经济新模式。在此过程中，它们从城市经济、社会和文化制度等方面探索和挖掘着充满活力的城市潜力。因此，创意环境开始成为城市更新的重要手段，与其他众多积极要素产生着紧密的联系。

这样的城市更新与"绅士化"（gentrification）常常携手而来，而绅士化可能早晚会威胁到创意活动自身的地位。在维也纳，创意使用对空间有着一些具体要求：一方面，势在必行的是创意空间使用需要嵌入本地特定的城市和社会结构中；另一方面，创意空间使用受制于循环因果关系，因此本地环境的支持也很重要。创意聚集会导致进一步的类似集中或更多的创意空间使用。不过，对于文化艺术的干预可以超越这一规则，可以通过一些刻意的开发来利用维也纳城区中的"空白点"。创意空间使用的其他重要影响因素包括可达性及存在可灵活利用的历史空间等。

3.3.4 城市开发的政策制定者的方向

从城市开发的角度来看，对创意空间使用的分析应将创意空间作为一个未来的城市实验室进行培育。这涉及多方面，例如公共空间的多功能用途、共享生活空间的创新形式、用户驱动的项目开发、通过材料和空间的再利用以提高本地资源的循环使用并强化经济等。欧洲城市以非常不同的方式对待创意空间的潜力，其开发模式也是多维度的。但在维也纳，我们看到了文化机构、创意经济和城市开发之间各种合作元素的普遍缺乏。直到最近，城市工作的重点还只是资助已建立的文化机构和作为重要经济因子的特定创意产业上；而产业、政府、社会之间增加合作的必要性，以及确定实验场所的必需性，到目前为止一直被城市决策者们所忽略。为了使未来的城市发展能更好地开发利用创意的潜力，我们提出了以下的城市发展目标建议：

（1）从关注到实施。创意无法通过计划来产生，人们必须承认，对创造力和空间创意性使用的干预通常只能产生间接影响。只有通过更加谨慎的公共干预策略的制定，才能给这类实验性空间带来更多的发展机会，这就离不开对文化的实质性推动和行动上的赋权。

（2）从住宅到"混合城市"。如何从规划和实施的角度促进创意空间使用？"混合城市"理念普遍适用于这里提及的关于创意使用的所有情况。它指的是城市要认同共存、合并与包容，并在社会文化经济的日常城市生活中积极地相互作用。与此相关的空间项目应便于投资和转让，它们作为催化剂可以保护文化的多样性与差异化。

（3）从责任到实现合作。城市决策者、管理者所在的不同部门之间应增加合作，推进以"实施"为核心的城市发展实践。对跨学科的创意空间使用的推广也会因此变得更加坚实。

根据"实施"和"混合城市"概念，几个城市发展的行动区域可以被确定：

（1）分配和有效开发

混合城市需要一定的政治框架，它支持低壁垒的空间分配，从而创造出支持混合使用的文化土壤。从城市发展政策来看，这要求建立起基于用户需求选择的城市发展议程，而不是以投机为动机的营销策略，也即规划应体现出更高的社会责任意识，实现开放的创意空间政策。

当谈及创意空间的可用性和经济的可负担性时，供给和需求之间尚存在巨大的鸿沟。在城市改造过程中，无论是由于用途到期或者转型而导致的空置现象总是反复发生，使得旧建筑或旧用地需要不断谋求新的用途。通常，对建筑首层的再利用格外重要，而对空置的公共地产，如医院、军营、行政楼和教育机构这类空间的利用也十分重要。这些建筑常常受制于区划的限制，面临着居住和商业等用途之间的竞争压力。经验表明，如维也纳这样的城市，它对创意空间的需求十分巨大并总是无法得到满足。因此有必要放松和开放对空置建筑的使用，以促进更加创新的城市更新模式。在开发过程中，必须要让潜在用户能够看到发展和实现他们自身想法的可能性。

对混合和创意使用的促进，可作为资助城区或独立片区再开发的融资标准，甚至在处理更小的项目时也如此。这种对空间的资助计划并不意味着场地的位置可以决定一切，而是必须考量创意和混合用途为片区发展所做的贡献。这样做延伸了地区重建办公室的责任范围，资助战略不仅有助于满足共享空间的需求，并有助于综合利用创意用户的潜力来发展城市区域。此外，基于空间模式的资助涵盖了基础资金和启动激励机制，并可以在必要时做出资助计划的调整，其间的各种障碍可以通过透明的沟通方式和使用条款来消除。

（2）通信与网络

致力于推进创意行动的战略部门需要提供基于市政管理的空间可用性数据和事实的清晰条款。这样的空间潜力信息必须是清楚可见的，并积极主动地提供给所有潜在参与者。同样，改造规则以及开放的城市开发行动空间都需以透明的方式为社会共享。要实现程度得当的管控上的开放，依靠城市更新办公室的现行能力很有帮助，未来还可以继续增大这种能力，以加强城市更新办公室在房地产开发和市政管理方面的作用。

除了上述各点，还可以设立关于空置建筑的创意使用服务平台，利用此功能开启对空置空间长、中、短期的使用，以增强现存的创意空间潜力。该平台应可以为多人使用，支持现有的用户群，使他们更好地发挥自己的潜能。服务的核心在于建立信任以及提供基本的法律标准。

（3）减少条款限制

在提升创意使用和功能混合的背景下，松动和变通现有法律框架是促进创新和混合用途的一个重要行动领域。但是，这些法规和规范标准往往会受到联邦立法机构的制约，因此不能在市级层面加以改变。鉴于这些情况，更重要的是创造性地探索存在于现有规范和规定中的自由解释空间。一些有效的例子是：

①在现存的合法关系下创立实验区和特区。例如利用监管建设禁令，将一些特定空间排除于强制性土地用途的限制之外，从而开放给新的开发用途。划定和配置一些相对"自由"的开发区域，其使用形式允许是多样化的，从而成为混合城市开发的组成部分。

②已建立的区划，如单纯住宅区、单纯商业区、功能缩减为停车的街道空间，以及单纯步行空间等，通常会阻碍创意导向的空间开发；而共享用途则总是直接或间接地被土地利用规范和建筑法规排除在外。但是，既然空间的产生首先是一个社交和协作的过程，那么对共享空间的推广必须成为扶持创意和混合使用的重点。城市开发的工具和程序应该鼓励这种共享空间的开发。

③对维也纳人口增长地区的空间开发需要扩展基础设施以保证其可行性。在这种情况下，开发和实验一种新型的、具有后石化能源时代的流动性的系统可能是有帮助的——城市开发中的众多创意参与者正为之而努力。其中，开发公共交通系统是城市开发决策者们重要的工作和干预领域。

3.3.5 空间潜力

在各种可作为创意使用的转型空间当中，废弃的工商业空间、空置地产、经营场所和集市尤其受欢迎。大多数这种空间的过时是经济结构调整、文

图3-8 原天然气厂Leopoldau地区的创意空间

化价值转移和法律框架变化的结果。按规定，其使用必须通过规划、政治干预、经济考虑和长期的城市发展领域中经常引起争议的一些方式来解决。原天然气厂Leopoldau位于多瑙河畔最突出的维也纳开发区域中，尽管离市中心较远，并与城市环境的通达性较差，Leopoldau仍然是非常积极的潜在创意者中意的利用对象——这与创意者通常偏好内城的情形相反，Leopoldau因其拥有的空间潜力已获得了广泛的社会关注（图3-8）。

Leopoldau的合作开发方式使得创意使用、居民、商业区和娱乐活动之间有机会互相作用。研究结果表明，为了能够成功地整合创意使用，规划过程中的一些重要先决条件必须得到满足，它们是：

- 建立灵活可控的结构，并明确界定责任
- 在交易过程中平衡存量保留与价值创造
- 建立起连续的利用和参与模式
- 小心处理现有的建成空间，应对它们的优势和不足

3.3.6 维也纳2025年城市发展规划中的创意空间

维也纳是一个文化中心。城市空间的创意使用可以帮助城市维持其在全球备受推崇的形象。维也纳市目前正在制定到2025年的城市发展规划，其中明确了战略发展和促进维也纳创意空间的一些要点，用以指导政策决策和城市规划工作。这些要点提示了维也纳创意空间的潜在位置，以及如何在城市扩张中进行开发或保护。

（1）维也纳的文化中心地位得益于创意空间使用的巨大贡献。维也纳的多面性和青年文化景象，使其日渐成为实力机构为培育古典音乐和高雅文化而进行扶持的对象。根植于广泛的艺术文化和创意经济活动的创意与混合使用，激发出了不同城市区域的多样性。通过本地居民之间的合作与责任共担，生动的公共空间和混合功能被激发出来。

（2）维也纳的创意产业在区域价值提升和就业方面扮演着重要角色。维也纳创意产业有着非常精细的构成尺度，70%的企业由个体企业家经营。虽然结构规模小，但创意产业在促进区域就业和创造价值方面做出了相当大的贡献。它每年产生3.8亿欧元的产值，使维也纳的企业总产值增加了5%以上。创意经济已经在财政贡献方面超越了维也纳众多的高利润领域，如旅游或建筑行业。

（3）创意空间使用往往具有混合性质。在许

多情况下，创意空间使用需要打破现有的功能要求，利用那些原来划定为办公和居住的场所进行多用途改造。因创意形成的混合和多用途空间，与传统的办公、居住、零售空间的利用模式有根本的不同，因为它们寻求新的方式以共同容纳商务、办公和生活。在经过几十年的城市职能分化之后，这些动作却再次引发了生产、贸易、生活与文化之间的密切混合，尽管这往往只是临时性的混合。

（4）创意使用对空间有特定的要求。按照常规，创意使用在地理位置上偏好城市中心。事实上，目前它们大多数都位于维也纳内城环带以内。良好的可达性和与其他创意参与者的互动都是产生这种位置偏好的重要原因。然而，那些开放、灵活、可供多种形式利用，最重要的是经济上负担得起的工作空间，在需求和供给之间还有差距。因此，创意个体们越来越多地被迫迁移到外城区，在那里他们可以找到满足自身要求的空间。另一个位置选择的重要因素来自本地环境，创意企业的集聚可以帮助吸引更多创意企业家的到来。

（5）创意空间的使用使其周边土地价值提升。在过去几年里，城市生产已经失去了与周边城市片区的通达性。通过创意空间的使用，这些关系正在复兴和演进：生产、贸易、居住、文化越来越多地进行着功能混合和互相强化，创意使用带来的各种增值已经成为城市发展的重要经济动力。创意空间使用是推进市区和居民区的社会文化发展的催化剂。

（6）创意空间必须作为维也纳区域经济政策制定和发展的重点。到目前为止，维也纳资金优先投放的重点是文化机构和作为重要城市经济因子的创意产业。与其他城市如阿姆斯特丹和格拉斯哥（Glasgow）的比较表明，对于利用和开发创意空间使用的潜力，不同城市可以有截然不同的方法。

这进一步证明了，不同城市在政治框架内的相关战略和活动执行中存在一些重要差异。维也纳在将创意使用嵌入主要城市区域方面仍有巨大的潜力可挖，这些城市地区的发展关系着城市经济和区位的目标及战略（包括文化政治目标），并且它们需要城市开发的光顾。

（7）维也纳的开发区域具有特殊潜力。维也纳拥有许多本身带有一定环境氛围特色的特殊空间，非常适合创意使用。这样的空间可以在市中心的重要文化机构附近找到，也可以在环带周围找到，这些空间的历史可追溯至19世纪后期的区域城市背景。创意使用可能发生的实际地点是以前的购物街、废弃的商业建筑或者过时的办公楼，这些场所可追溯至20世纪60、70年代。由于它们特殊的环境氛围，这些场所不止一次地被空间先锋们利用起来。可以说，所有上述类型的场所，它们曾经的使用方式已经终结；他们的未来必须通过规划、政治干预、经济考虑和城市发展领域中的协商手段加以解决。但是，只有在传统的自上而下的规划实践可以开放这些空间，允许创造性的灵活使用时，上述空间才能真正转型成为创意城区或创意使用的潜在场所。

（8）创意使用要求发挥文化的作用。空间潜力的多样性需要差异化的规划方法来实现。干预必须与更高层级的城市整体发展概念相关联，同时它必须在更小规模的层级小心执行：参与者不是用条例来束缚他们，参与也不是操纵，而是要激励和促进自下而上的文化和企业的加入，连接生活和工作环境，建立勇敢探索标新立异的创意策略与方法的活跃的新管理方法。

（9）推动创意混合使用有赖于城市中的跨部门合作。创意使用被视为城市经济新模式发展的滋生土壤和先决条件。增加城市决策者和管理者之间的跨部门协作有助于以实施为重点的城市开发实践。对跨领域行动的创意使用的推进也将因此更加牢固地锚定在本地。反之，严格的分部门的思维有碍于创意使用的推广，并妨碍城市空间的创意开发。

（10）建立服务平台以支持创意使用。空间供给与需求之间的显著差距导致在普通的房地产市场上很难寻找和租赁到可作为创意使用的房产。对社会或经济创新项目来说尤其如此。为了防止这种努力被边缘化，建议成立一个服务平台来促进空置房产的创意使用。该服务结构的核心在于建立信任，并在寻找空间的创意企业家和房地产拥有者之间进行调解。此服务结构应该管理与基本法律标准有关的报价和结算。

在开放的、不确定的规划和决策系统中，创新的管控结构的发展已经成为维也纳城市开发的重要组成部分。在这方面，公平地说，市政管理者和政治决策者都不能回避权利分享，特别是当涉及规划能力和解释主权时。事实上，这是政治和社会目标可以被有效实现的唯一途径。为了便于在城市的特别地点建立创意空间，启动和促进它们的发展有时候仅仅是一个政治意愿的问题。在这种情况下，从规划转向项目是必要的：城市发展规划本身很少具备开启社会参与的力量。每项通过城市开发来执行的有效策略，都同时需要形象表征和能及时实现的成功。使创意空间用户信服并让他们参与到开发当中还需要大量的宣传工作，这也需要新的方向来指导发现、接近和激活人们参与的策略。

（注：本节是城市创意产业促进平台"出发，维也纳"所委托的项目成果的总结。项目执行于2014年，除作者以外，项目合作人员还包括斯里·福里奇（Siri Frech），来自柏林的卢克·克努德勒（Luc Knödler），来自维也纳的安娜·斯德格里奇（Anja Steglich）和克斯尼那·科夫（Xenia Kopf）。）

参考文献

[1] Bureau Broedplaatsen.Arbeiten an der Basis der kreativen Stadt Amsterdam und Umgebung. Programm Brutstätten 2008-2012, 2008.

[2] CAMAGNI R. Innovation Networks - Spacial perspectives. London:Belhaven Press, 1991.

[3] CREATIVES METROPOLES, How to support creative industries-good practices from european cities, http://www.creativemetropoles.eu/uploads/files/CMportfolioWEBversion. pdf.

[4] EBERT R, KUNZMANN K R, LANGE B. Kreativwirtschaftspolitik in Metropolen. Detmold:Rohn, 2012.

[5] FLEW T. The Creative Industries. Culture and Policy. London:sage, 2012.

[6] FLORIDA, R. Cities and the Creative Class. London: Routledge, 2005.

[7] FLORIDA R.The rise of the creative class: And How It's Transforming Work, Leisure, Community and Everyday Life. New York, 2004.

[8] FREY O. Die amalgame Stadt. Orte.Netze. Wiesbaden: Milieus, 2009.

[9] FREY O, VERLIC M,SENGELIN P-M. Perspektive Leerstand. Erster Teil einer dreiteiligen Studie zum Themengebiet Leerstandsnutzung. Zwischennutzungen und Freiräume, 0. J. 2010.

[10] GORDON I. Internationalisation and Urban Competition, Urban Studies, vol. 36,1999.

[11] GORDON , MCCANN. Industrial Clusters: Complexes, Agglomeration and/or Social Networks?,Urban Studies, vol. 37/3, 2000, S. 513-532.

[12] HARVEY D. Rebellische Städte, Edition Suhrkamp. Berlin 2013.

[13] TÖDTLING F. Industrial Clusters and Cluster Policies in Austrian Regions, Cluster Policies - Cluster Development? Edited by Age Mariussen, Stockholm 2001 (Nordregio Report 2001:2) http://www.nordregio.se/Global/Publications/ Publications%202ooi/R20oi_2/Roio2_p59.pdf.

[14] TRETTER E.The Cultures of Capitalism: Glasgow and the Monopoly of Culture; Antipode, vol. 41/1, S. 111-132, Jan 2009.

[15] UBS Global Wealth Management: Prices and Earnings- a comparison of purschasing power around the globe. http://www.ubs.com/global/ en/wealth_management/wealth_manage- ment_research/prices_earnings.html.

[16] Urban Catalyst Internationaler Erfahrungsaustausch Kreative Quartiere, Durchführung und Dokumentation eines internationalen Erfahrungsaustausches über Kreative Quartiere im Auftrag des Referates für Stadtplanung und Bauordnung, München 2013.

[17] Urban Catalyststudio: Kreative Milieus und offene Räume in Hamburg,Studie imAuftrag der Freien und Hansestadt Hamburg, Behörde für Stadtentwicklung und Umwelt, 2010.

[18] Urban Catalyststudio: Kreative Milieus und offene Räume in Hamburg, Studie im.

[19] Auftrag der Freien und Hansestadt Hamburg, Behörde für Stadtentwicklung und Umwelt, 2010.

[20] VAN DER BORG J, RUSSO A P. (European Institute for Comparative Urban Research EURICUR, Erasmus University Rotterdam): Case Study of Vienna, in: The impacts of Culture on the Economic Development of Cities, 2005.

[21] VAN DER BORG, J, RUSSO A P (European Institute for Comparative Urban Research EURICUR, Erasmus University Rotterdam): Case Study of Vienna, in: The impacts of Culture on the Economic Development of Cities, 2005.

[22] ZUKIN S. Naked city. The death and life of authentic urban places. Oxford,2011.

[23] ZUKIN S. The cultures of cities. Malden, 2008.

3.4 布达佩斯 / Budapest

创意城市再开发

爱哲迪·塔玛斯（Egedy, Tamás）
史密斯·梅林·凯博士（Smith, Melanie Kay） 著
陈恺 译

Budapest: Creative Urban Redevelopment

3.4.1 引言

创意城市或创意街区发展的轨迹通常都经过有组织的规划，它的发展动力可能来自反复推敲的国家政策或当地政府推行的政策，也可能来自创意产业相关从业人员、企业和民间组织组成的基层机构。由于创意城市的发展存在阶段性，且常常存在变数（变好或变坏都有可能），所以创意是一个动态且持续演进的过程。不过，创意街区同时也存在很多稳定、相同的特点，例如拥有创意产业及互联网、艺术家和创意人才、新的生活方式和次文化（Marques, Richards, 2014）等。起初，许多创意城市地区都是城市中最贫穷的区域，因为租金便宜，所以学生、艺术家、少数民族和奉行非传统生活方式的人才会选择在此生存。

列斐伏尔（Lefebvre）的社会空间理论（1974）和索亚（Soja）的第三空间理论（1996）表明城市发展应关注当地人日常的生活，并帮助他们找到在塑造和创造空间的过程中自己所扮演的角色。依据这两个理论，通过艺术、文学和节日形式的文化手段（列斐伏尔）或是文化政策（索亚），市民可以超越一些限制和约束来发挥其智慧。佛罗里达（Florida, 2002）也坚持认为城市不仅要有"商业环境"而且要有"人的环境"。创造以人为本的环境，一方面要创造充满活力的环境，发展体验经济，并提出解决不平等、零容忍和安全问题的办法；另一方面，也离不开社区建设和市民活动的参与。桑德科克（Sandercock, 1998）强调，一些很激进的规划案例大多由个人、机构或组织发起，他们挑战了现有的权利结构。这些新生案例不仅有赖于对社区生活方式的熟悉，且更多依靠的是

新颖的文化政治素养。这些素养的形成以集体和共识为基础，也基于对社会价值的充分挖掘和投入、对大众和公民权利的关心，以及善于听取不同声音（如少数民族）的能力。

佛罗里达（Florida, 2005: 39）强调发展创意城市重点在于保持多样性，"更加开放且多样的环境更有机会吸引大量有天赋的创意人才，这类人才将推动革新和进步。"从最近世界上的城市发展中可以发现，决策者、规划者和游客越来越关注边缘文化和民族文化，因此诸如种族文化景观、民族节日和同性恋区受到越来越多的推广。在精细化的规划与管理背景下，肖（Shaw）诠释了文化创意旅游业和游客经济如何帮助少数民族企业家成为城市发展的积极推动力。随着创意街区的发展，温和的政策方式可能更为恰当，例如，一方面为创意企业家提供网络化的条件，展示并售卖他们的作品；另一方面，为他们创造和游客交流的机会。

像布达佩斯这样位于欧洲中东部的城市，它们所处的情况和那些西欧城市完全不同。在诸如布达佩斯、华沙（Warsaw）、克拉克夫（Kracow）和布拉迪斯拉发（Bratislava）这样的欧洲中东部城市中，当地政府正在经历权力下放的政治过渡和变革期，其角色相较从前已经发生翻天覆地的变化。日渐增长的地方自治权常常导致地区之间、地方政府和城市政府之间的冲突。在地区层面，获取建设许可必需的详细规划已提前制定好，并全然不顾全市范围的战略规划制定。此外，由于大众对当地问题和民情普遍缺乏政治敏感度，所以，城市更新的社会维度向后社会主义城市水平发展的步伐十分缓慢（Keresztély, Scott, 2012）。但从好的方面来看，在后社会主义城市中，曾波及欧洲西部许多城市的士绅化和住户更替现象已经得到遏制（Wiest, 2012）。与西欧城市相比，像布达佩斯这样的城市仍保持着较高的住房拥有水平，这有赖于公共住宅以极低的价格出售给原住民的公房私有化政策（Kovács etc., 2013）。然而，许多东欧国家在从强势的整体规划转变为一种十分势微的新规划模式，并带有对国家权威表现出高度的不信任（Kauko, 2012）。

3.4.2 布达佩斯的城市规划及政策

布达佩斯作为匈牙利的首都，拥有170万人口，是欧洲中东部地区最大的大都市区之一。匈牙利的第二大城市——德布勒森（Debrecen），只有大约20.5万人。布达佩斯是创新和现代技术的门户，同时是大多创意活动的中心（图3-9）。这座城市共划分有23个区，在经济、社会、文化职能特点上都各有不同。每个行政区都拥有着各自的资源，并且推选出独立的机构负责管理。这些行政区的当局在许多方面享有着高度的自治权，诸如实施社会住房政策、启动重建方案、起草规范条例等（Kovács etc., 2013）。市政府和地区政府之间的责任分工和资源分配，则一直受到政治紧张局势和政治纠纷的影响，破碎的政治、行政、财务体系也使规划更具挑战性。布达佩斯的旧城虽然成形于前社会主义时期，但被社会主义政权和当地共产党忽视了四十余年，如今在物质生活和社会地位方面都变得破败不堪（Földi, 2006）。城市发展带来的负面影响主要体现在以下几个方面：高度分散且官僚主义的地方政府系统，内城大范围的空间衰落现象，对低技术社会群体的排斥，以及最近与日剧减的安全保障。与欧洲同一地区的其他国家一样，对外国人抱有的负面态度和对其他文化的不包容是匈牙利现存的严重问题（Bontje etc., 2011）。

作为全面推动城市发展的工具，城市更新的概念已被慢慢纳入匈牙利的政策系统之中。关于城市更新比较常见的解释是：一项更多关注于物质更新

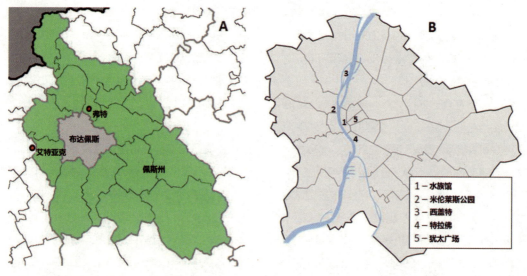

图3-9 布达佩斯的创意街区

的复杂概念。迄今为止,有关文化和其他非物质层面的城市更新概念还不明确,社会复兴的概念也只是刚刚提出(Keresztély, Scott, 2012: 1118)。在布达佩斯的内城,城市更新的水平和机会很大程度上取决于地区的地方政策(Földi, 2006)。在经历了20世纪90年代前期的过渡后,布达佩斯有关城市更新的法律和规划框架已无迹可寻(Egedy, 2010),新兴的地方政府缺少必要的资源去承受翻修重建的代价,私营机构对居住建筑的更新也没有太大的兴趣。自20世纪90年代中期,城市更新的法律、规划和经济体系才又开始逐渐制定。1996年,布达佩斯的市政机构已经准备好要实行由政府推动的城市更新项目,但是阻力在于当时"规划"的概念并不普及(Kauko, 2012)。克里斯特利(Keresztély)和斯科特(Scott)表示许多布达佩斯的中心区在持续衰败,这归结于缺少有效的城市更新政策,无论是政治决策制定还是资金分配方面,城市更新都没有被放在优先考虑的位置上(2012)。因此,新的投资和更新项目只有很少的

资金可供使用。

2000年后,私营部门对一些位于内城中心的再开发项目开始表现出更大的兴趣(Kovács etc., 2013)。步入2003年,布达佩斯市政机构通过了布达佩斯城市发展战略,这是政府出台的第一部官方战略文件,其中纳入了城市更新相关的计划性原则以及可持续城市和社会发展等观点。为了加入欧盟,政府在2004年之前继续逐步推进全面城市更新准则的制定,并提出社会层面的城市更新概念。2007年开始,欧盟结构基金将2007—2013年这一阶段的城市发展主要事项确定为社会层面的城市更新。根据这一目标,政府应该在当地居民的参与下实现物质环境的逐步改善(至少在理论层面应该这样)。

2008年金融危机爆发之前,布达佩斯城市更新项目中的个人投资资产总量增长十分迅猛。然而,2002—2010年这段时期("消失的八年")的匈牙利却饱受批判,不仅因其错失发展机会,更因经济和社会的倒退发展(Kauko, 2012)。"特别在

2002—2010年，匈牙利的城市政策和规划事务简直就是一场灾难（Kauko, 2012：10）"，且"有观察表明，布达佩斯存在一个受腐败侵蚀的'在野政权'（Kauko, 2012: 15）"。1990—2005年间，一些缺乏协调、不尽合理且有欠考虑的城市建设活动在布达佩斯展开，例如对建筑低效的、不全面的保护，尚存争议的"科技园区"建设和"文化功能"项目建设，这些都导致了大量的财富损失和机会错失（Barta, 2006）。在地方这一政府层级中，腐败与冲突始终是常见现象，只有当利益存在时，大部分的再开发活动才会出现。此时，规划实际并不存在，或者说，只是作为意识形态而存在。匈牙利的整个规划系统远不健全，在土地利用调控的具体手段和环境政策方面存在很多模糊不清的地方——在实践中，规划原则并未得到必要的遵守。此外，各部门之间的联系也少之又少（Kauko, 2012），不仅部门之间缺乏合作，布达佩斯的地方当局也大多着眼于短期政策，以寻求投资的快速回报（Keresztél, 2007）。

近年来，布达佩斯进行了为数不多的自下而上的治理变革，但许多原本的精英阶层仍然手握实权，自上而下的专制决策机构仍然存在。民间社会和社区组织在城市更新政策中的作用十分有限，正式的公开讨论也非常少。在布达佩斯的城市治理工作中，一方面，固有的专家理论与不透明的决策过程之间充斥着明显的矛盾；另一方面，旨在倡导可持续发展、社会包容和改善邻里生活的民间社会机构，相较于其他力量已经开始有所提升（Keresztély, Scott, 2012）。"布达佩斯的案例表明，参与过程常常停留在战略文件层面，或只是得到表面的鼓励，这降低了自下而上的治理过程对城市发展的影响。然而，我们有理由相信（或至少希望）城市环境中不断涌现的新的角色，他们能够代表群体利益，包括那些在转型过程中受负面影响的群体的利益（Keresztély, Scott, 2012: 1112）。"

20世纪90年代以来，布达佩斯市议会一直遵循相对消极的文化政策，未将各行政区置于文化战略的重要位置上。要制定自主的文化政策，必须寻求文化与城市发展或社会政策的结合。新千年开始，由国家主导干预的大型文化标志项目开始在布达佩斯出现。2005年市议会从文化的视角制定出布达佩斯中期发展战略。同年，在Ferencváros第九区（即"Tűzraktár"）的一个大型废弃工业建筑里，第一个自下而上的文化中心建成，旨在推动民间、社会、教育、艺术和城市功能的融合。但是，后来由于利益冲突，项目建设原有的社会目的化为泡影。克里斯特利（Keresztély, 2007: 115）从中得出结论："在布达、佩斯这座城市，不存在具有社会敏感性的文化复兴。"

20世纪90年代后，布达佩斯的移民除了来自邻国的匈牙利人、其他外籍人员和中国人以外，相对来说新的移民并不很多，但还是出现了新型的多元文化。布达佩斯拥有欧洲共同经济体国家中最大的中国社区之一，他们更愿意在非旅游热点的区域生活并从事商业活动（Irimiás, 2012）。布达佩斯主要的社会矛盾来自对罗姆人社区（Roma）在空间和社会层面的排斥，尽管这类社区在20世纪90年代初期就已经引入了文化和教育项目。大部分罗姆人社区集中在布达佩斯中心的历史街区，这些街区正经历着城市衰退与社会冲突等多重问题（Keresztély, 2007）。此外，布达佩斯还有着中欧和东欧最大规模且蓬勃发展的犹太社区（Gruber, 2008）。所以，同众多中欧和东欧国家一样，匈牙利面临的最大的挑战是新兴民族、文化的不相容以及人才的流失。

总体上，匈牙利采取的是高度集中的决策机

制,意味着国家层面制定的战略和政策有很大的影响力。同时,下级行政机构一直存在资金缺乏的财政问题,因此决策的实施依靠来自更高层次的战略和政策,通过垄断的、自上而下的方式来实现。实际上,为了得到微薄的但是仅有的来自欧盟的资源支持,国家层面制定的政策必须坚持欧盟的标准,然而区域和地方战略和政策则遵照国家指令以筹集资金。

3.4.3 布达佩斯的创意产业与文化生活

布达佩斯是全国最具创意性的城市。创意产业的主要分支包括新产品的零售业、建筑和工程、商业和广告影视。特别是电影业,在过去的十年里经历了非常迅速的发展,并在布达佩斯的大都市区范围内展现出了特别的活力。克尔达（Korda）工作室、位于艾特亚克（Etyek）的弗利帕尔（Filmpar）、位于佛特（Fót）和布达佩斯的匈牙利电影工作室,以及新兴的罗利（Raleigh）工作室都吸引了众多著名的制片人,许多美国大片选择在布达佩斯进行拍摄。在布达佩斯的产业聚集区,这里的动画工作室在过去的几年中制造了众多闻名世界的动画片,其中不乏荣获奥斯卡奖提名的动画影片。

文化生活和文化环境是布达佩斯创意经济中最重要的优势之一,以至于在过去十年中,综合文化中心在布达佩斯的文化生活中发挥着越来越重要的作用,最具代表性的例子就是落成于2005年的艺术宫,包括了路德维希（Ludwig）当代艺术博物馆、国家舞蹈剧院以及国家交响乐音乐厅。此外,米丽纳尔斯（Millenaris）公园是整个中欧地区经过精心有序设计的突出的代表地段。米丽纳尔斯公园地处布达佩斯一侧的第二区,集教育、科学、文化、娱乐功能于一体。布达佩斯还承办了一些国际瞩目的城市发展项目,如建立"水族馆"俱乐部,在市中心举办创意展览、音乐会和演出。如今,文化消费需求主要集中在布达城堡和英雄广场之间。游客可以沿着一条笔直的名为"文化大道"的道路,体验其道路两侧最有趣的博物馆、咖啡馆、餐厅、剧院、教堂和公园。

音乐是布达佩斯文化演出中的重要特色。城市内超过30个场馆可作为古典音乐的演出场地。同样,当代音乐在匈牙利也备受推崇,尤其是爵士乐的演出。最热门的演出场地当数A38船———艘经过改造的乌克兰载石船,这里上演着匈牙利风格或是爵士、民族音乐以及其他音乐会。另外,斯季格特（Sziget）岛音乐节的举办,使布达佩斯成为全欧洲年轻人心中最具吸引力的城市。自1993年以来,斯季格特岛音乐节成长为欧洲最大的音乐节,2014年带来了415,000人次的客流。除了音乐之外,斯季格特岛音乐节还为戏剧、舞蹈、电影以及民间协会的展示、展览、艺术和手工艺等提供了展示机会。

最近,现代舞的风靡首先来自文化中心——特拉夫（Trafó）当代艺术之家。创立于1998年的特拉夫当代艺术之家始终贯彻着在欧洲创立多功能艺术中心的概念。私人文化机构的出现,明显提高了布达佩斯当代工艺美术水平和艺术市场的重要性,例如：MEO,创建于2001年的布达佩斯的第一个私人当代艺术博物馆；APA-Atelier Pro Arts,一家拥有6间为艺术家和KoGart开放的小型工作室的画廊,也是2004年开放的一家私人现代艺术博物馆。在布达佩斯,工艺美术,尤其是现代和当代艺术的重要性正与日俱增。而最重要的国际机构,当属饱藏美国和欧洲流行艺术作品,珍藏中欧和东欧国家作品的路德维希博物馆。

布达佩斯的时尚领域中最出名的活动是时装研

讨会，活动涉及时装、化妆、美发、电影和时装社会学，以及国际流行时尚庆典和布达佩斯时尚之夜。自2009年以来，独特的时尚之街正式启动并不断发展。21家剧院构成了布达佩斯戏剧生活的核心，这些剧院带来了永久的合作商以及演出剧目。然而，这些剧院的运营和维护成本几乎用掉了布达佩斯市所有的文化预算。如今，布达佩斯拥有70多家独立剧院、85个博物馆、大约60个画廊和50个展馆，以及21个多厅影院和传统影院，这些都丰富了布达佩斯的文化生活。越来越多的游客被这种多功能和丰富的文化生活所吸引而慕名来此。自21世纪初，人们开始对城市非主流的创意区域产生兴趣，而且不仅是传统文化遗产和建筑所在区域，其中最热门的地区是第六区、第七区，当中还包含有犹太区。

3.4.4 犹太历史街区中创意环境的演变

犹太街区位于布达佩斯最古老的街区之中。这个街区坐落于安德拉什（Andrassy）大街旁，这条大街正是布达佩斯世界遗产名录的核心代表之一，彰显了19世纪珍贵的建筑传统。18世纪晚期建成的第一批剧场中的一座就坐落在这附近。1859年，当时欧洲最大的犹太教堂，目前世界第二大的非正统派别的犹太教堂建于多哈尼（Dohany）街。这座庞大的建筑自19世纪下半叶矗立在此，体现着新艺术运动的风格（图3-10）。此外，街区内的住宅楼群、一个礼拜浴场、犹太商店、餐馆和工作坊也彰显了这种风格。此处还汇聚有许多独特的建筑类型，如甬道、住宅和厂房建筑。然而，由于地块规模相对较小，这个街区的另一特点便是绿色空间缺乏和高密度的居住。大量犹太人定居在这里，使街区成为欧洲最大的犹太人社区之一。这片区域以其独特的空间和社会结构，逐渐成为这座城市最有活力的街区。正如19世纪匈牙利当代著名作家卡尔曼·米克扎斯（Kálmán Mikszáth）所言："从一开始，这里就已经成为夜生活的中心。这里熙熙攘攘、充满活力、喧嚣吵闹"。（Zátori, Smith, 2014）

图3-10 犹太街区的老建筑体现出的新艺术运动风格（照片来源：T. Egedy摄）

"二战"期间，犹太教堂附近出现了犹太聚居区。大批犹太人因恶劣的环境而死于此处，更多的人则是被驱逐出境。虽然时至今日，有许多犹太居民居住在城市的其他地方，但是三座仍在使用的犹太教堂以及犹太博物馆、几个犹太餐馆和咖啡厅仍聚集在这里。

历史悠久的犹太区显而易见且遗憾地证实了城市管理的支离破碎（Keresztély, 2007）。东欧剧变之前，这里是城市中最受忽视的区域之一，许多建筑变为废墟，甚至处于濒临倒塌的状态。紧随其后的是宽松放任的城市政策，为私人投资者提供了巨大的商机，特别是城市更新领域。而地方政府的财政丑闻直接导致第七区的市长遭到逮捕（Kauko, 2012）。当地议会则在没有与当地居民协商的情况下，批准了对文化遗产建筑物的拆除行动，建筑环境与邻里的社会风貌由此开始发生显著改变。一个名为ÓVÁS（或VETO）的民间组织随之成立，旨在抗议政府政策，并要求联合国教科文组织进行专业援助。2002年，犹太街区被列入世界遗产的备选名单，地区环境因此得到了重新评估。通过当地自下而上的倡议，国家文化遗产办公室宣布犹太街区成为具有纪念意义的历史街区，并在2005年将官方认证并实施保护的名胜古迹数目增加到了51幢建筑。第七区的社会人口学特征具有四个基本特征（Földi, 2006: 223）：人口老龄化，老年丧偶率高；与20世纪初相比，社会地位不断下降；犹太人人口减少，罗姆人人口增加；不同居民群体没有明显的居住隔离。由于年轻人的到来以及艺术家、学生和独立的外籍人士在这里以相对较低的价格租房和购房（Keresztély, 2007），加之不断增加的新咖啡馆、餐馆、画廊等，使该地区的社会人口结构不断发生变化。

自21世纪初，许多废弃的建筑物得到重新改造，所谓的"废墟酒吧"伴随2002年Szimpla花园的出现而兴起（图3-11）。这些主要分布在布达佩斯第六区和第七区的废墟酒吧，常坐落于被人忽视的废弃建筑里，是城市的文化环境和娱乐的独特代表。废墟酒吧在某种程度上代表了布达佩斯多功能的独立文化中心理念：一是因为它们的存在是暂时的；二是因为它们传递着反抗城市价值被毁坏的信

图3-11 Szimpla花园，2002年布达佩斯第一家在废墟上开张的酒馆
（照片来源：T. Egedy摄）

息。特别是在一开始，酒吧吸引了众多知识分子、学生和艺术家的光临。这些酒吧不只供应饮料和小吃，也不仅是年轻人聚会的重要场所，更会举办各类文化艺术活动，如放映电影、音乐会、大银幕活动，甚至是农贸市场，并通过艺术家独特、创新的方式加以设计和装饰。因此，酒吧成为众多活动，包括社区活动在内的文化焦点。然而，21世纪初期，废墟酒吧受到了来自诸多因素的生存威胁。酒吧产生的噪音引发了投诉，第七区的市长办公室未能让几年前开放的场所进行续租。许多经营者试图通过说明废墟酒吧实际上是文化机构，而不是仅仅组织文化活动、展览、音乐会和电影院的酒吧，从而抵抗政府的关闭命令（Lugosi, etc., 2010）。

总之，这个犹太人片区已经逐渐成为城市的"创意中心"或"创意心脏"，也可称为聚会街区，因为该片区有数量众多的建筑遗迹、餐馆、酒吧、设计商店、画廊和节日活动。在片区间的步行距离范围内，分布着大约220处建筑遗迹、180间餐厅、31个废墟酒吧、25家旅馆、15个画廊，以及22个设计商店（Zátori, Smith, 2014）。同时，该片区是VAM设计中心的故乡，分布着一个新近修复的庭院（Gozsdu Udvar），里面包含许多餐厅和一个星期日艺术和工艺品市场，该区还容纳有一些艺术工作坊、展览空间和小剧场。多斯（Tóth），卡斯泽（Keszei）和多尔（Dúll, 2014）对亚文化的企业家，如时装设计师和零售商在此"安家"的原因进行了研究。研究表明主要因素包括人才的集中以及当地的美学和文化意义，他们依恋此处的场地和环境，欣赏这里富有启发性且独特的创意氛围。同时这里地处城市中心，交通便利，深受当地居民和游客的喜欢，而且这里的租金相对来说也很便宜。

另一个独特的当地创意就是防火墙绘画。很多建筑物拆除后留下的空置地块上仍有许多空空如也的墙壁，布达佩斯也因为这种墙的数量之庞大而被称为"防火墙的城市"。这些墙空置多年，有时甚至是几十年。直到2010年左右，一个关注重新利用这些空墙的新运动出现了。当地的画家们开始在该地区进行绘画创作，得益于此举，这些老旧破败的防火墙们脱胎换骨成为艺术作品，这些绘画也成为令人着迷的热门游览景点（图3-12）。

图3-12 犹太街区的防火墙绘画
（照片来源：T. Egedy摄）

应当强调的是，这些主动的行动大多来自艺术和文化团体、艺术家、社区中心、民间团体、多样的旅游经营者以及小型企业的企业家，如餐馆老板、酒吧老板、商店店主等，而不是由地方或国家政府推行。但是作为主要街道之一的横跨两个区的基拉尤特卡（Király utca）街道，被布达佩斯市政府选为2011—2016年的五年期内优先发展的项目区域。这个项目的主要目标之一旨在汇集包括地方政府在内的众多利益相关者，将该地区建设得更加宜居且令人赏心悦目。但是目前看来，这里的许多建筑依然破败不堪，一些街道受到忽视，许多地区都需要更加妥善的清理。

3.4.5 结论

东欧与西欧城市在经济和政治发展方面存在不同，但这并不妨碍各自的创新举措发展。事实上，草根、民间和以社区为基础的创意和亚文化的日渐强烈的尝试，实际上是反对自上而下的保守政策的运动。对于以布达佩斯为例的首都城市更是如此，相较于其他城市、城镇或乡村地区，布达佩斯已经成为匈牙利创意活动的重要枢纽。布达佩斯是匈牙利"最有创意的城市"，创意产业与知识密集型行业在全社会行业中所占的企业、员工和收入比率最高。文化经济也是布达佩斯最重要的支柱。布达佩斯是该国旅游业的门户，和其他旅游目的地一起吸引了数目庞大的外国游客。此外，延续的权力集中和自上而下的管理方式意味着公民和社会运动的力量相对有限，且难以获得较多的政治和财政支持。由于知识密集的行业可以更容易地吸引私人投资，因而更有可能蓬勃发展。

不同生活方式的追求者，充满艺术气息的创意人士期待这样一个"栖息地"，在那里他们能全身心投入他们的创作，并且周围都是志同道合的人。

但是，他们当中的许多人不得不在城市未经更新的区域里寻求租金便宜的住所，布达佩斯也不例外。学生、背包客和其他游客蜂拥而至，寻求此地集中且独特的娱乐设施、民族风味食品和有点波西米亚气息的环境氛围。理想情况下，这样的空间不应变得中产阶级化，否则当地的居民将因为价格因素而搬离，整个地区也会变得和其他地方一样，失去其对创意人才和游客的吸引力。近年来，许多专家开始注意到，这些区域内出现了商业化以及商业中产阶级化的趋势。虽然中产阶级化在东欧似乎并没有像在西欧城市那样普遍，但是对于像布达佩斯的犹太区街区这样的地方，这种趋势是十分危险的。来自政府和其他方面（如投资者和私人发展商，尤其是那些专注于房地产的投资者）的过多干预可能为这类地区，至少在创新和旅游领域敲响丧钟。这种情况在第六区和第七区已经发生，幸亏民间团体的压力和联合国教科文组织的支持，才得以部分制止。

布达佩斯文化经济的主角不仅是大型的文化机构，更是越来越多的由相关中小型企业组成的网络体系。就像在其他形式的经济中扮演的角色一样，市场（如专业的组织者和支持者）以及民间参与的重要性可能超过国家管理者，它们尽管缺少集中的支持却仍能深刻地影响行业。但是，公共（州、市和地方政府）资金仍在文化创意产业的财政中发挥着最为重要的力量，同时在匈牙利和布达佩斯，民间资本也以赞助或公私合作的形式在文化创意产业财政中起着越来越重要的作用。基于支持文化创意产业的私人资金，各种基金会的组建开始出现，但是这些基金会的兴趣和活动通常限于某一文化领域。在匈牙利和布达佩斯，政策制定的过程一直保持着高度集中的传统，对于地方经济的发展，他们实际上并不积极主动甚至很少支持。负责行政管理的决策者不能有效推动文化创意产业的发展,无法提高布达佩斯的有效竞争力。其中犹太街区就是一个代表案例,该案例研究显示,犹太街区在过去曾经饱受各种威胁,包括物质上的衰败、缺乏基本的更新来改善生活质量、文物建筑的毁坏等。曾有一段时间,当地方政府考虑要关闭废墟酒吧和其他娱乐场所。然而,市民运动的出现,与世界文化遗产组织和建筑保护名录一道对建筑遗产进行了有效的保护。自此,受当地人和游客喜爱的废墟酒馆得到推行,防火墙绘画、餐馆数目的增多以及节日庆典等文化活动,都表明了该地区的创业、创意和旅游产业正在蓬勃发展。或许可以认为,其中大多数的行为正符合了以社区为中心的文化规划模式的理念,这也与城市文化地理学家列斐伏尔(1974)、索亚(1996)和桑德科克(1998)的"第三空间"思想相契合。尽管存在如上所述的众多挑战,对于布达佩斯的公民和创意的未来而言,这仍是在正确的方向上迈出的重要一步。

参考文献

[1] AKÇALIA E, KORKUT U. ' Urban transformation in Istanbul and Budapest: Neoliberal governmentality in the EU's semi-periphery and its limits', 2015.Political Geography 46, pp. 76-88.

[2] APPADURAI A. 'Disjuncture and difference in the global cultural economy'. . BENYON J, DUNKERLEY D,eds .Globalisation: The Reader, 2000.pp. 93-100.

[3] BARTA GY, BELUSZKY P, CZIRFUSZ M, GYŐRI R, KUKELY GY. 'Rehabilitating the Brownfield zones of Budapest' Centre for Regional Studies of Hungarian Academy of Sciences,2006. Discussion papers No. 51, Pecs.

[4] BONTJE M, MUSTERD S, KOVÁCS Z, MURIE A. 'Pathways Toward European Creative-Knowledge City-Regions', Urban Geography,2011. 32:1, pp. 80-104.

[5] DE CERTEAU M. The Practice of Everyday Life. California: University of California Press,2002.

[6] EGEDY T. 'Current strategies and socioeconomic implications of urban regeneration in Hungary', Open House International,2010. 35(4), pp. 29–38.

[7] FLORIDA R. Cities and the Creative Class, London: Routledge,2005.

[8] FÖLDI Z. 'Neighbourhood dynamics in inner-Budapest: a realist approach. Netherlands',Geographical Studies No. 350, Faculty of Geosciences, University of Utrecht,2006.

[9] GRUBER R E. Letter from Budapest: Reclaiming a Heritage, The New Leader,2008. January/February, pp. 11-13.

[10] HAMNETT C. Unequal City: London in the Global Arena. London: Routledge,2003.

[11] HABERMAS J. The structural transformation of the public sphere. Cambridge: Polity Press,1989.

[12] IRIMIÁS A. 'The Chinese diaspora in Budapest: a new potential for tourism', Tourism Review, Vol. 67,2012. Issue 1, pp. 23 - 33.

[13] KAUKO T. 'An Institutional Analysis of Property Development, Good Governance and Urban Sustainability', European Planning Studies,2012. Vol.20, No.12, December, pp. 1-19.

[14] KERESZTÉLY K. 'Cultural Policies and Urban Rehabilitation in Budapest', in Svob-Dokic, N. (ed.) Cultural transition in Southeastern Europe : the creative city - crossing visions and new realities in the region, Zagreb, Institute for International Relations,2007. Culturelink Joint Publication Series 11, p.104.

[15] KERESZTÉLY K, SCOTT J. W. 'Urban Regeneration in the Post-Socialist Context: Budapest and the Search for a Social Dimension', European Planning Studies ,2012. Vol. 20, No. 7, July.

[16] KOVÁCS Z, WIESSNER R, ZISCHNER R. 'Urban Renewal in the Inner City of Budapest: Gentrification from a Postsocialist Perspective', 2013.50(1), pp. 22–38, January.

[17] LEFÈBVRE H. The Production of Space. Oxford: Blackwell,1974.

[18] LENGYEL B, SÁGVÁRI B. 'Creative Occupations and Regional Development in Hungary: Mobility of Talent in a One-centred Transition Economy', European Planning Studies,2011. Vol. 19, No. 12, December.

[19] LUGOSI P, BELL D, LUGOSI K. 'Hospitality, Culture and Regeneration: Urban Decay, Entrepreneurship and the 'Ruin' Bars of Budapest', Urban Studies, 2010.47 (14), 3079-3101.

[20] MAITLAND R. 'Cultural Tourism and the Development of New Tourism Areas in London' in G. Richards (ed.) Cultural Tourism: Global and Local Perspectives New York: Haworth Press, 2007.pp. 113-128.

[21] MAITLAND R, NEWMAN P. World Tourism Cities: developing tourism off the beaten track. London: Routledge,2009.

[22] MARQUES L, RICHARDS G, eds. Creative Districts Around the World, Breda: NTV,2014.

[23] PALONEN E. 'Millennial politics of architecture: myths and nationhood in Budapest', Nationalities Papers, 2013.Vol. 41, No. 4, pp. 536–551.

[24] PAPPALEPORE I, MAITLAND R, SMITH A. 'Prosuming creative urban areas. Evidence from East London', Annals of Tourism Research 44,2014. pp. 227–240.

[25] RICHARDS R,WILSON J. 'The Creative Turn in Regeneration: Creative Spaces, Spectacles and Tourism in Cities' in Smith, M. K. (ed.) Tourism, Culture and Regeneration. Wallingford: CABI,2007. pp. 12-24.

[26] RICHARDS G. 'Creativity and tourism: The state of the art', Annals of Tourism Research, 2011.38 (4), pp.1225–1253.

[27] RICHARDS G. 'Tourism development trajectories: From culture to creativity?' in M. K. Smith and G. Richards (eds.) Routledge Handbook of Cultural Tourism (pp. 297-303). London: Routledge,2012.

[28] SANDERCOCK L. Towards Cosmopolis. Chichester: John Wiley,1998.

[29] SHAW S. 'Ethnoscapes as Cultural Attractions in Canadian "World Cities"' in Smith, M. K. (ed.) Tourism, Culture and Regeneration. Wallingford: CABI,2007. pp. 49-58.

[30] SOJA E W. Thirdspace: Journeys to Los Angeles and Other Real-and-Imagined Places. Malden: Blackwell,1996.

[31] SOJA E W. Postmetropolis: Critical Studies of Cities and Regions. Malden: Blackwell,2000.

[32] TÓTH A, KESZEI B,DÚLL A. From Jewish Quarter into a creative district. In L. Marques and G. Richards (eds.) Creative Districts around the World (pp.111-118). Breda: NHTV,2014.

[33] WIEST K. Comparative Debates in Post-Socialist Urban Studies, Urban Geography,2012. 33:6, pp. 829-849,

[34] ZATORI A, SMITH M K. 'The Creative Heart of Budapest', in L. Marques and G. Richards (eds.) Creative Districts around the World (pp.105-110). Breda: NHTV,2014. pp. 105-110.

3.5 多伦多 / Toronto
创意城市实践与休闲娱乐区再开发

塞巴斯蒂安·达钦（Sébastien Darchen） 著
曹哲静 译

Toronto: Creative City Practice and Redevelopment in the Entertainment District

3.5.1 多伦多：全球城市与创意城市

多伦多因其庞大的人口和经济规模被称为"加拿大的全球城市"。多伦多是加拿大众多国际国内公司所在地（Bourne，2011），也是世界上最多元化的城市之一，例如斯卡堡集（Scarborough）和北约克（North York）近郊地区中超过一半的人口是明显的少数族裔（Wang and Zhong，2013）。

过去20年里，多伦多的政治结构面临着重大的重组，包括原多伦多地方政权的融合，以及随之而来的安大略省（Province of Ontario）服务业联盟和税收的重新调整。1995年，新选举的保守党政府在哈雷斯（Mike Harris）的领导下推动了这次重组。保守党派追求的共识平台（Common Sense platform）体现的是新自由主义的政策议程，包括对市场的极度依赖、减少政府调控、私人化和权力下放等。

在多伦多的案例中，创意城市策略与多伦多自20世纪90年代以来作为全球竞争力城市的新定位密切关联（Boudreau，2009；Grundy, Boudreau, 2008；Keil, Boudreau, 2010）。根据勒格拉斯（Le Galès，2003）、凯尔和布德罗（Keil, Boudreau; 2010）的观点，多伦多的创意城市策略是指：在缺少有效的大都市区行政机构的背景下，通过制定城市政策引导集体行动来打造创意城市。因此，凯尔和布德罗（Keil, Boudreau; 2010）将多伦多创意城市策略的发展与新的政府治理模式联系到了一起——这种治理隐喻着一种社会变革，即创意阶层被视为是城市人口中独具想象力和创造力的一类，并在这个过程中延续着大都市区城市政策的新自由主义重构。多伦多的创意城市运动受到佛罗里达（Richard Florida）关于城市经济中创意阶层理论的影响——佛罗里达自2007年开始担任多伦多大学罗特曼管理学院马丁繁荣研究所的主任。正如布德罗（Boudreau, 2009: 183）等人所说，佛罗里达的到来证实了"竞争力策略的聚焦点已由试图招揽客户的商人，变成了时尚高技派的波西米亚艺术家"。

吸引人才是当下的主流创意话题，正如《创意城市的文化规划》（Cultural Plan for the Creative City, City of Toronto; 2003: 1）提到的："创意城市及其居民对城市经济影响重大，并会就人才和投资开展竞争——且主要都是为了人才"。显而易见，多伦多创意城市建设最重要的目标是吸引人才，使城市在国家和国际上富有竞争力（2011年3月22日访谈）。

从规划视角来看，多伦多的市中心为有意吸引创意阶层工人和嬉皮士的开发商们提供了机会。市中心始终是多伦多的经济中心，劳动者数量占多伦多的44%。这里的一些旧工业区因为公寓住宅的开发而得以优化，有助于将市中心转变成宜居之地（Lehrer, Wieditz, 2009），但家庭单元数量缺乏和公寓质量低下依然存在（Preville, 2012）。下文将介绍的这个案例，重在阐述商业改善区（BIAs）在城市更新中是如何运用新自由主义政策的。

3.5.2 多伦多娱乐区的再开发：创意城市原则下的总体规划

工作岗位的有限性使多伦多在城市再开发策略中格外重视创意理念，以期实现发展的新突破。卡塔噶等人（Catungal, 2009）研究了城乡转型中一些创意城市议程的影响，结果常常是艺术家被驱散，相关策略被批判为是"缺少真正的政治和经济多元性的城市实验"（Catungal, 2009: 1110）。其他案例研究则表明，创意城市概念对于城市形态的影响重大（Atkinson, Easthope, 2009; Catungal, 2009; Evans, 2009）。总体来看，创意城市策略通常与政府管理转型相关联，可以塑造出保障公私合作和加强城市安全的地区品牌。阿特金斯和埃斯特普（Atkinson, Easthope; 2009）观察了澳大利亚创意城市策略的实施情况，却发现那里的创意城市策略导致了公共空间控制的加强以及公众行动和社区投资的降低。

接下来，我们将分析多伦多一个地方商业改善区的更新案例，看它如何运用创意城市理论使得具有战略地位的市中心实现可行的改造和更新，它很好地展现了有限公共资金下商业改善区在激活公共空间中的作用。这个地方在变成娱乐区之前被多伦多称为"俱乐部岛"（图3-13），其发展过程与坎波和布伦特（Campo, Brent, 2008）描述的娱乐带（EZs）自发发展的过程特点十分类似。娱乐带是与娱乐区相联系的但未经规划的区域，在缺少大规模设计和规划的情况下常以自下而上的模式发展形成。坎波和布伦特（Campo, Brent, 2008: 309）运用福柯（Foucault）的"异托邦（heterotopias）"理念来描述娱乐带，"和北美其他地区的经验一样，这些地区的特征由休闲产业相关的规则、制度、社会共识所决定。"娱乐带由于鲜有居民居住（多伦多娱乐区则不然），导致社会关注的缺失，加重了该地区的过度娱乐化乃至吵闹社会行为的发生，干扰了城市其他地区的正常运转（Campo, Brent, 2008）。

2000—2006年，"俱乐部岛"的大型夜店发展迅猛，数量上大致有60家到100家具有经营执照的夜店，峰值时期光顾人口总量达到6万。该地区区划法律的缺失和居住人口的稀少使它十分适合大量夜店的发展。由于金·斯帕蒂纳（King-Spadina）居委会（KSRA）和当地议会（将在访谈中详述）

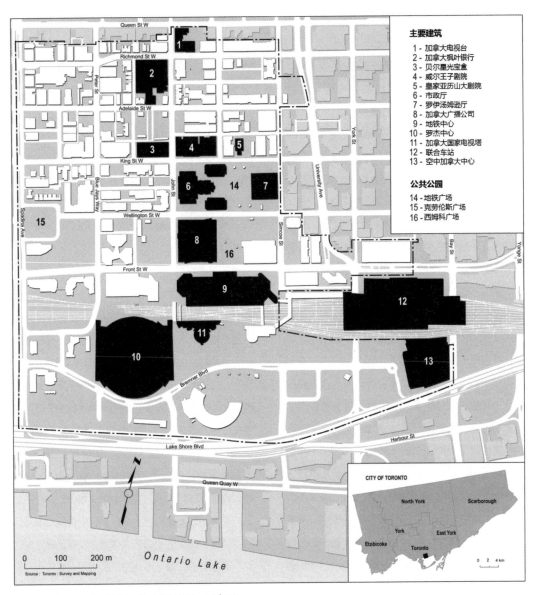

图3-13 多伦多娱乐区的周边环境（资料来源：UQÀM）

采取的遏制行动，如今这里只剩下30家夜店。多伦多开发娱乐区之前，曾在20世纪90年代初期经历了制造业的衰退和经济萧条。那时，这个地区已不适合作为制造业区继续生产，多伦多于1996年制定了新的土地利用规划，以此作为应对策略来促进当地发展。新的土地利用规划将该地区规划为"再投资区"，享有高弹性的土地利用性质和灵活的城市更新政策（多伦多，2006）。1996年4月，在前市长芭芭拉·霍尔（Barbara Hall）的领导下，多伦多城市议会通过了新的官方规划和法律修订的区划条例，鼓励对金·斯帕蒂纳区域进行再投资和城市更新（Urban Development Services, 2002：2）。与此同时，城市对该地区的建筑形式进行了保护，土地用途限定的取消有助于促进土地的兼容开发和中央工业区的复兴。多伦多的金·帕里门特和金·斯帕蒂纳地区由于1996年采取的规划策略，刺激和引发了大量地区内的投资，促使这些地区逐步转变为充满活力且包含了公寓、商业、休闲、剩余工业等多元功能的混合区。现今，这里面临的新挑战之一是如何满足多元的商业活动和居住的土地需求，通过鼓励居住用途开发限制该地区大量夜店的进驻。因此，议会设定其主要发展目标是持续鼓励和支持混合用途的邻里开发（2009年10月15日访谈）。

多伦多娱乐区BIA的地区总体规划维持了强有力的"规划合作"形式。城市职员参与到规划发展中，并和BIA及"规划合作"机构合作——"规划合作"机构在2005年纳入多伦多政府，主要负责对金·斯帕蒂纳地区第二版规划进行综合审查。总体规划在2009年5月完成，聚焦于强化建成形态和公共领域（Planning Partnership, 2009）。多伦多娱乐区总体规划的编制历时8个月，分三阶段运行：第一阶段在2008年12月启动，这阶段关注地区背景、场地分析、利益相关者咨询，综合了解该地区的问题和机遇；第二阶段是战略设想、与利益相关者和公众沟通，制定远期指导战略（Planning Partnership, 2009）；第三阶段是实际建造和物质规划设计。BIA董事会领导、BIA成员和居委会、开发商、阿达姆·沃汗（Adam Vaughan）议员、多伦多城市公职人员等组成一个咨询委员会，对整个过程进行监督。

具体来看，总体规划的目标包括以下内容（Planning Partnership, 2009: 2)：（1）提供透明和可预测的开发指标和设计规范；（2）地区重要价值的保护；（3）区域激活发展战略；（4）提升地区关注度（形象建设）。从我们的相关访谈中可以看出，创意城市原则对于这版总体规划的概念形成产生了影响重大。该地区的复兴围绕约翰大街（John Street）及其周边地区的再设计，试图将它们打造为多伦多市中心的文化引擎。规划提出的连接多伦多文化复兴项目（安大略皇家博物馆、安大略艺术馆、皇家音乐厅等）的文化走廊开发，可追溯到早期创意城市中的文化规划（*Cultural Plan for the Creative City*, City of Toronto; 2003）（图3-14）。

在总体规划指引下，BIA希望开发像欧洲一样（罗马公共广场和街道的成功案例）的自发性街道，形成24小时都充满活力的公共空间："我们希望约翰大街将成为人们无论何时都乐于享受的地方，我们称为'行人优先权'（2009年10月2日访谈）。"为此，BIA和"规划合作"鼓励深入人心的"休闲之地"的开发（来自公共会议的录音），强化了将约翰大街打造成地区标志和人们聚集使用各种商业文化设施的"大街"的意愿。改造的主要目标是参照芝加哥的密歇根大道、纽约时代广场，创建促进地区经济发展的重点地段，并在功能上"希望实现多种内容的融合，包括有意义的永久艺术装置、自发的动态艺术体验，也可以是艺术活动、屏幕上的视频、灯光秀、条幅策划或其他多种多样的形式"（2009年10月2日的访谈）。

由于缺少足够的资金，多伦多政府并未积极投资公共事业领域。总体规划将改变这种现状，通过投资促进约翰大街成为更加步行友好化的地区。数据显示（公众会议），42%居住在多伦多娱乐区的人们会步行着去工作。政府组织了线上评选，公众被邀请选出TIFF建筑（多伦多节庆活动中的永久建筑）周围的最佳公共空间设计方案（2013John

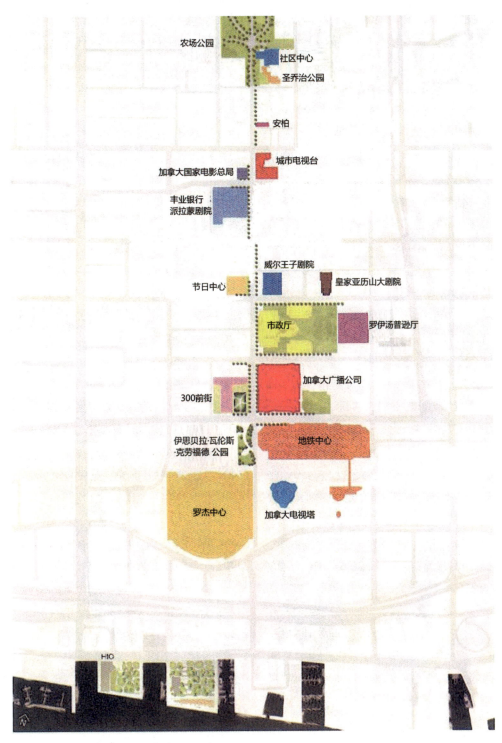

图3-14　文化引擎（资料来源：BIA娱乐区；2014）

street概念竞赛举办网站http://www.torontoed.com/），最终"城市舞厅"方案获胜，其设计概念是：为邻里和参观者提供丰富多彩的多功能空外空间，充分改造未利用的角落空间，连接不同方向上的人流并创造供人们停留的特殊空间（Toronto Entertainment District Master Plan，2011）。

街区的再设计和场所再塑造将引发该区域的经济复兴。总体规划在推进城市复兴中，促进了地区经济、吸引力和旅游业的提升，改善了街道景观、开敞空间、生活与步行环境、地区活力、空间连续性和标识度（Toronto Entertainment District Master Plan，2011）。通过访谈，我们进一步深化了对经济复兴目标的理解，这与以约翰大街再设计提升旅游吸引力来促进商业活动开发的目标相呼应："安大略省的旅游产品必须和旅游者相关并对其有吸引力，能吸引回头客，我们的景点也需要四季兼顾并满足旅游者的需求。当约翰大街转变为充满艺术和文化气息的景观大道，它就成了将艺术、滨水海岸与美术馆动态地联系起来的永久通道——一条可以不断自我成长的大道，并作为区域脊梁连接众多的重要文化景观。"（2009年10月2日访谈）

这正如BIA执行总裁所说的那样，总体规划的目标是促进地区商业机会的发展："我们现在正在进行的商业项目让我们从经济、不同长度周期的影响角度进行建设思考，但我们的首位需求是刺激地方和省域的经济发展，吸引当地居民和外来游客。可以看到，由于街道改造引发外来者的不断进入加剧了这个建设过程。一旦决定改造这条街，就会在此迅速吸引进来许多零售业，如咖啡店、有吸引力的餐厅和更多的美术馆等"（2009年10月2日访谈）。

我们研究确定的另一目标是通过设计来创造一个更具吸引力的城市环境，留住该区域的技术工人和年轻电影制造者。尽管总体规划没有明确提及该目标，但当地议会却十分支持。多伦多娱乐区已经开始在曾经的旧仓库中举办高科技活动，地区设计的提升保证了这些经济活动的持续进行。

3.5.3 治理：BIS主导的更新过程

1970年改造的多伦多西布洛尔村社区，是加拿大最早运用政策干预的商业改善区（BIAs）建设（Houstoun, 2003: 68）。这种模式被霍特和格帕·阿格（Hoyt, Gopal-Agge, 2007: 946）定义为"私人主导的公共约束管理形式"，这种形式在一定地理边界范围内提升和补充公共服务，并通过对当地资产所有者和公司的强制评估，产生和增加了公共税收。在安大略省230个商业改善区（BIAs）中，多伦多大约有39个（Houstoun, 2003）。2007年，加拿大有347个商业改善区（BIAs），美国有404个商业改善区，澳大利亚、日本、新西兰、南非和一些欧洲国家也有大量与之结构类似的商业改善区（BIDs）（Isakov, 2007）。这种模式在不同地方的法规背景下因地制宜地被采用。BIA资金主要来自强制评估的资产税，其他的主要途径还包括免税财产的捐赠和上级政府的资金支持（补助金）（Hoyt, Gopal-Agge, 2007）。BIA的运转可以依靠非营利机构、政府官员和公共非营利机构来开展服务（Mitchell, 2001: 116）。对于美国、澳大利亚、新西兰、日本和南非来说，商业改善区也即商业提升街区（Business Improvement Districts, BIDs），通过半独立的机构负责运营。依据米切尔（Mitchell）的研究（针对404个不同尺度和类型的城市样本），BIDs提供的最常见的服务依次是消费市场和城市安全。许多BIDs也被纳入政策建议体系，并作为"商业社区、城市政府和其他地方利益相关者的连接体"（Mitchell, 2001: 120）。在多伦多，商业改善区（BIA）是区域内商业财产所有者和承租者共享的综合体，他们和城市政府一起，创造了具有活力、竞争力和安全性的商业地区，以此吸引店主、餐厅顾客、旅游者和新的企业"（City of Toronto，2011）。

在资金方面，一旦BIA成员和城市议会通过并批准了预算，资金就可以向BIA区域内的商业和工业财产征税的方式获得（City of Toronto，2011）。税收的计算基于商业、工业财产的评估价值，按照一定比例收取。一旦城市对此征税，资金将归BIA管理；多伦多政府还通过街景改造项目提供了一定的补助资金（50/50），来支撑街景美化工程（City of Toronto，2011）。

然而，我们的研究发现BIA的愿景和当地议会采取的措施之间存在矛盾。BIA试图将该区域转变为国际旅游度假地，当地议会致力于将其发展为基于土地混合利用和多样商业活动的完善社区。一名当地议员就此提到：我们要建造适合家庭居住并支付得起的住房，在该地区满足工人的住房需求，而不是挤满单身汉的高楼大厦。经济活动的多样性很关键，譬如巴黎或者其他大城市，他们的规划都是基于土地混合利用，而不只是建设一个服务于外来者的巴黎（2009年10月15号访谈）。

如前所述，BIA董事会领导、BIA成员与居委会、开发商、阿达姆·沃汗议员、多伦多城市公职人员构成了咨询委员会，来监督物质规划设计的阶段工作。在访谈中，我们看到委员会运转良好："……这些偶然形成的关系和时间安排，导致了密切的工作关系。咨询委员会的每一次会议都至少邀请一名来自经验相对丰富的城市规划机构的代表参加，这是一件好事"（2009年9月23日访谈）。尽管BIA主要由企业人士构成，"规划合作"机构建议他们在规划过程中深入居住社区开展工作，以加强总体规划过程的法律性和设计本身的可信度。总体规划的概念形成阶段强调应降低该区域大量夜店的聚集，尽管期间不同党派（居委会、BIA成员、当地议会）之间达成了共识，但社区参与程度却依然很低。来自BIA自身对此的看法引导了舆论走向：他们将这归结于多伦多政府在实施愿景过程中缺少公共资金支持——"一方面，BIA的工作效果卓越，具有强大的话语权并带来了资金收益，但是其关注点很明确与制度相关，所以仍存在BIA愿望和社区愿望之间的平衡问题需要解决……"（2009年11月3号访谈）。

引导该项目的利益相关者同样提到，如何得到当地居民的支持与参与是行进过程中的挑战之一。项目分析表明，这可能是由于当地居民有很多是年轻的专业化人群（比如高知工人）所致，他们的流动性很强，几年后可能搬离此地，对该地的转变也不感兴趣。开发过程中的每一个阶段都提供了公共反馈和参与的机会。BIA还为促进利益相关者之间的知识传递提供了新颖的工具，即线上问卷调查，调查总共收到了700份反馈。然而，公共参与的新技术并没有在决策阶段运用于公共参与中，总体规划中城市更新策略的确定和当地关键参与者的利益高度相关，因此一些访谈者明确指出，更新策略需要更多地考虑当地社区的声音。他们说道：该地区已经开始作为俱乐部云集的标志地区，BIA考虑地区文化资产并筹资改善极度贫困地区的公共项目是好事情，但是在这个过程中，他们考虑最多的是操纵者的声音，即房地产和文化机构；然而，他们有义务考虑更多的社区声音（2009年11月3日访谈）。

虽然当地议会赞成总体规划设定的目标，但是他们对于更新该如何推进始终持有自己的见解。制定总体规划目标的过程中，BIA的声音占据主导，因此，权力安排接受的是一定程度限制下的公共参与，如果我们参考埃斯坦（Arnstein, 1969）提出的公共参与的阶梯，这种公共参与的级别应介于"信息"和"咨询"之间。

3.5.4 案例评价

实施制定的总体规划需要大约3000万美元（每级政府提供1000万美元），因此总体规划需要产生出大量超过BIA能提供的开发资金。正如已经提到的，总体规划希望开发一个基于混合土地利用和经济活动多样性的、比BIA之前提出的构想更可持续的邻里，因此BIA的愿景和当地议会的策略之间仍存在一定的矛盾。经济复兴的目标依赖于"起促进作用的艺术和文化将引领该地区的复兴"的假设（创意城市的部分概念），从我们的研究来看，哪怕这一愿景仅仅反映出部分特殊利益相关者的利益，TIFF建筑周围新型公共空间的创意中心开发仍然可强化多伦多作为全球城市的标志性。在多伦多，创意城市概念被用作融合经济复兴、社区参与和场所塑造等多种元素的灵活框架，以保障行动的合法化，促进和提升地区的居住、工作和游憩功能。沃德（Ward, 2006：70）指出当地BIA在制定地区名片时所起的作用，反映了在实现具有高端商业机遇潜能的多伦多市中心的战略中，BIA从"管理治理"到"企业治理"的职能转变。与此同时，由于提供给城市再开发、城市更新和公共空间改善过程中的公共资金有限，总体规划便成了吸引投资者来该地投资市场的一种工具。到目前为止，这个项目尚未完成，有效资金的缺乏一定程度上阻碍了地区的再开发。娱乐区中，约翰大街的重新设计和建设在2015年竣工（Toronto Entertainment District BIA, 2014）。

3.5.5 经验总结

创意城市概念有助于实施"自下而上"的城市更新过程（如Artscap完成的多伦多"古酿酒厂区"的工业建筑适应性再利用：http://torontoartscape.org/our-projects），或者公共资金投入的大规模旗舰类更新项目（如蒙特利尔的卡特尔·德斯景观Quartier des Spectacles项目，参考Darchen and Tremblay, 2013）。由于娱乐区BIA野心过大，未能吸引到预期那样强劲的开发商兴趣来进行地区投资。事实上，通过建立共识和像蒙特利尔一样的社区组织参与，创意城市的原则才能最好地被实现。在多伦多的案例中，BIA利用创意城市项目来满足特定利益相关者的利益，这与我们设想的恰恰相反，当地艺术家和活跃的社区组织未能参与其中。BIA希望利用创意城市促进地区新身份的建立，即地区从"酒吧岛"变成有名的国际旅游地，创意城市概念被用来强化具有高度房地产开发潜能的市中心的形象。对用于公共资金有限的该地区，为了激活公共空间，BIA的策略是运用创意城市理念来吸引开发商的进入——这与公共资金支持的大规模旗舰类更新项目（如蒙特利尔的卡特尔·德斯景观项目）相反，前者的过程更依赖于私人资金。

参考文献

[1] ARNSTEIN SR. A ladder of citizen participation, Journal of the American Institute of Planners, 1969.35 (4), pp. 216-224.

[2] ATKINSON R, EASTHOPE H. The consequences of the creative class: The pursuit of creativity strategies in Australia's cities, International Journal of Urban and Regional Research, 2009.33 (1), pp. 64-79.

[3] BOUDREAU J-A, KEIL R, YOUNG D. Changing Toronto: Governing Urban Neo-Liberalism (Toronto: University of Toronto Press), 2009.

[4] CAMPO D, BRENT R. The entertainment zone:

unplanned nightlife and the revitalization of the American downtown, *Journal of Urban Design*, 2008. 13 (3), pp. 291-315.

[5] CATUNGAL J-P, LESLIE D, HII Y. Geography of displacement in the creative city, Urban Studies,2009. (46) 5/6, pp. 1095-1114.

[6] City of Toronto. *John Street Environmental Assessment & Corridor Improvements,* 2011. http://www.toronto.ca/civic-engagement/council-briefing/pdf/1-3-19.pdf.

[7] *King-Spadina Secondary Plan Review* .Toronto: Prepared by The Planning Partnership, 2006.

[8] City of Toronto, Cultural Division. *Cultural Plan for the Creative City,* 2003.

[9] Toronto: Urban Development Services. *Regeneration in the Kings: Directions and Emerging Trends,* 2002.

[10] DARCHEN S,TREMBLAY D-G. The local governance of culture-led regeneration projects: A comparison between Montreal and Toronto. Urban Research & Practice, 2013. 6 (2): 140-157.

[11] EVANS G. Creative cities, creative spaces and urban policy, Urban Studies, 2009. 46 (5/6): 1003-1040.

[12] GRUNDY J, BOUDREAU J-A. Living with culture creative citizenship practices in Toronto, *Citizenship Studies*, 2008.12 (2): 347-363.

[13] HOUSTOUN O. LEVY PR. *Business Improvement Districts* .Washington, D.C: Urban Land Institute,2003.

[14] HOYT L, GOPAL-AGGE D. The business improvement district model: A balance review of contemporary debates, *Geography Compass*,2007. 1 (4): 946-958.

[15] ISAKOV A. *Business Improvement Areas in British Columbia*, Masters Thesis. Vancouver: Simon Fraser University,2007.

[16] KEIL R, BOUDREAU J-A. Le concept de la ville créative : La création réelle ou imaginaire d'une forme d'action politique dominante, *Pôle Sud*, 2010. 32:165-178.

[17] LE GALÈS P.. *Le retour des villes européennes : sociétés urbaines, mondialisation, gouvernement et gouvernance*, Presses de Sciences Po, Paris,2003.

[18] LEHRER U, WIEDIETZ T. Gentrification and the loss of employment lands: Toronto Studio's district, *Critical Planning*,2009. 16: 138-160.

[19] MITCHELL J. Business improvement districts and the 'new' revitalization of Downtowns, *Economic Development Quarterly*, 2001 (15) 2:115-123.

[20] Planning Partnership .*Toronto Entertainment District. Master Plan*.Toronto: Planning Partnership, 2009.

[21] PREVILLE P. Faulty Towers: Who's to Blame for Condoland's Falling Glass, Leaky Walls and Multi-million Dollar Lawsuits. *Toronto Life,* July 2012: http://www.torontolife.com/informer/features/2012/07/24/faulty-towers/.

[22] Toronto Entertainment District BIA.. *John Street Cultural Corridor.ACCESSED AT* October 14th 2014. http://www.torontoed.com/files/plans_reports/05.01.14_JohnStreetCulturalCorridor.pdf.

[23] *Master Plan*,2011. http://www.torontoed.com/master_plan/introduction.

[24] WANG S, ZHONG J. Delineating Ethnoburbs in Metropolitan Toronto. CERIS Working Paper, 2013.No. 100.

[25] WARD K. Policies in motions, urban management and state restructuring: The trans-local expansion of business improvement districts, international Journal of Urban and Regional Research, 2006. 30 (1): 54-75.

Interviews and recording of public meeting

1. President, King-Spadina Residents' Association, September 23rd, 2009.
2. Executive Director of the Toronto Entertainment District BIA, October 2 2009.
3. Planner and Designer (project lead), Planning Partnership, October 9th 2009.
4. Councillor of Ward 20, City of Toronto, October 15th 2009.
5. Planner and member of the Wellington Place Neighborhood Association, November 3rd 2009.
6. Manager of Cultural Affairs, Economic Development, Culture & Tourism, City of Toronto, March 22nd 2011.
7. Senior Policy Advisor, Economic and Cultural Policy Unit, Economic Development, Culture & Tourism Division, City of Toronto, April 14th 2011.
8. Recording of the public meeting on John Street, Metro Hall, November 16th 2009.

3.6 马尔默 / Malmö

通过文化再生城市

利亚·吉拉尔（Lia Ghilard）著

祝贺 译

Malmö: Regenerating Cities Through Culture

20世纪90年代千禧年的流行语，如网络社会、体验经济、创意城市与创意阶层，在"新经济"环境下都被用于定义新的生产和消费模式（Biancchini 1990; Bianchini, Parkinson 1994; Castells, 1998; Florida 2002, 2004; Laundry 2003）；同时，城市将新的关注点集中到了经济和文化之间的相互作用，以及媒体和新技术之间的交叉应用上（Amin, Thrift, 1994）。城市政策影响的不仅仅是销售商品或提供服务，而是促进全球的城市调动其旅游业、零售贸易、建筑、活动管理、娱乐和文化遗迹产业等，来生产和销售城市的"文化体验"（Pine, Gilmore,1998）。

在新兴的经济时代，连二线城市都倾向于用这种方式来进行革新。从本质上讲，这些城市越是面对更多的外部竞争，它们采取的行动愈是平稳，以期利用好其内部资源。在这种情况下，动态的城市政策将成为城市形象的组成部分，也是经济符号的催化剂（Verwijnen, 1999）。旅游和文化发展在城市形象塑造过程中发挥着重要作用，并为城市景观的美化和新城市特征的创造提供了主要依据。

在欧洲和其他大多数西方国家，从重工业到以生产和消费为主的后工业模式的转变，促使城市在景观上充斥着大量废弃的棕地和建筑，这些杂乱的景象迫切需要通过新的途径加以重新利用。因此许多城市，如毕尔巴鄂、格拉斯哥、都柏林、利物浦、马赛和安特卫普等，均出现了以文化为主导而再生城市的报道。

最近的全球经济衰退和欧元区危机激化了关于竞争政策的相关争论，涉及不同地区对国家竞争力的贡献问题。首都和非首都城市间关于经济贡献的争论备受关注（例如一些远离首都的二线城市，他们的经济发展和社会绩效至关重要地影响着国民经济的表现），辩论的焦点在于各国把投资集中于首都还是分散在更广泛的城市中会更好一些。此外，房地产和金融服务业的衰退，加剧了一些国家对需要重新平衡其经济发展的讨论，并质疑了经济活动开展的方式。这种担忧引起了欧洲全境的政策回应，这里的二线城市通过革新政策实现了大范围的复兴，文化之都的经济也获得复苏。

然而，这种为改造二线城市而调动文化产业的过程也并不是没有纰漏：在某些情况下，对文化项目的投资承诺一般都是短期的；在另一些情况下，对人为创造的文化园区的投资也由于房地产业的侵蚀而不得不终止，尽管这些简单粗糙的空间创意能使这些园区（或城市）变得独特。

当然，特别是比起那些简单使用标志文化作为催化剂的文化工程来，成功而又持久的城市再生案例也不在少数，这些项目如果缺乏领导力、长远的视野以及协调的工作则会失去控制。事实上，可能就是这种"文化之地"——当地的生活、工作、休闲体验和社区独特的社会模式，以及富有远见的领导力——提供了必要的动力，随着时间的推移可以支撑更大的城市变革。文化策划人会努力使文化产业更切合当地经济发展，但从人类学的角度来看，他们也可能因此而忽略地方独特的文化构成，也即地方习惯、记忆、历史、惯例、技能、创造力和治理框架等。换句话说，它们很可能是当地的自然文化资源要素，在更新过程中需要以整体的方式去激活和处理。

英国文化规划师格雷姆·埃文斯认为文化和更新之间存在三种类型的联系：以文化为主导的更新、文化更新、文化和更新（Evans，2001）。在第一种情况下，文化是作为更新的催化剂或推动力，例如，基于建筑的倡议和品牌重塑战略；在第二种情况下，文化活动被充分整合到规划和发展中；第三种情况指的是尽管文化活动尚未完全纳入规划和其他战略领域，但对更新仍作出了相应的贡献。在本节中，我想研究第二类更新的例子。我特别想看看，在瑞典，马尔默和哥德堡这两个二线城市的文化更新，是否已经能够利用现有的治理机制与综合性文化规划将文化嵌入到长期的更新计划中去。

马尔默拥有30万居民，是瑞典的第三大城市和南部商业中心。马尔默是一个不断进步的城市，它拥有对未来的强大信念以及越来越多高素质的员工队伍。自从20世纪80年代这座城市被贴上工人阶级之城的标签之后，高新技术和知识密集型产业正在不断取代陈旧、传统的产业结构。今天的马尔默是一个真正的世界性城市（28%的居民在国外出生），当地居民使用的语言超过一百种。同时它还具有相对年轻的人口结构，50%的人口年龄在35岁以下。

在瑞典，所有老工业城市都在试图复苏新的城市功能，马尔默似乎比其他城市做得更好。从13世纪起，马尔默的发展起源于鲱鱼贸易；到了繁华的丹麦时期和因纺织工业与造船业扩张而取得大发展的19世纪，马尔默形成了不怕冒险的城市精神，并为自己取得的成就而自豪，是一个对外部影响持有开放态度的城市。

瑞典把与经济和城市发展相关的事项都会下放给市这一级来处理。在马尔默，一直以来，地方政府都非常乐意起带头作用，因为市议会影响和决定着约40%的城市区域。比起其他地方，地方政府对预算也有更大的控制权（约2/3的收入来自地方的财政税收，占到所征税收的28%，相较其他瑞典城市占比第一）。马尔默的市属房屋公司拥有超过两万间房子,这已经成为自20世纪50年代以来主要的空间创新力量。另外,1999年因哥本哈根相关政策导致的对厄勒地区(Öresund region)的整合,加上过去15年对其他重要基建的投资,均使这个城市成长为了欧洲最先进的二线区域中心。

那么,这种转变是怎么产生的呢?

20世纪80年代造船业和纺织工业的衰败,以及随后20世纪90年代瑞典经济的衰退,使马尔默比这个国家的任何城市的处境都要艰难,在20世纪90年代中期的三年里,马尔默有27000个工作岗位消失。之后,新当选的市长(埃利马尔·瑞普,是国际公认的可持续发展领域的专家)声明,马尔默渴望加入到新厄勒地区的哥本哈根中去,同时城市也需要更加大胆地思考其未来。

2000年,作为对瑞普声明的响应,马尔默草拟了一份有远见的综合计划并且颁布了一系列文件,涵盖了未来十年城市的可持续发展和气候变化战略。马尔默规划的核心是对位于西部海港区的荒废区域进行的重建工程,目标是将马尔默转变为21世纪的知识中心和生态城市。

随后在城市规划师的领导下,若干个项目被同时实施来实现这一愿景。同期举办的还有涉及多方利益相关者的圆桌会议。由公民、企业、建筑公司和国家相关政府部门主导的合作和负责的规划工作室成功地完成了项目的各个部分。市级部门之间实现了项目协作,并成功搭建了内部信息库。值得注意的是,在1996年提出的区域改革文件中,明确了要下放那些有关经济和城市事项的权力。改革的结果是马尔默划分成10个城区,每个城区都有自己的议会和行政部门,这样带来的更精简的政府拥有了能更加快速、灵活地响应当地需求的能力。

这种灵活的新的文化准备不仅建立起混合的伙伴关系(包括民营发展公司、大学、商业领袖、居民协会和文化官员等),还实施了更新项目,例如由明星建筑师卡拉特拉瓦设计的190米高、54层的标志性旋转大厦;主持了大型文化项目开发,例如建立MINC高科技初创企业孵化器和针对本地设计公司的关键机制;以及在西部港湾建立大学城(全新的专门于新媒体和通信的大学校园)。这三个主要的革新项目与建造500个生态可持续住宅区的计划同时完成,这些住宅区被商业出租或出售给在本地从事创造性工作的使用者。

2004年,市议会批准了一份政策文件,该文件引入了一个四年行动纲领,即把可持续发展城市设想置于一个基于增长、福利模型的框架之内——这个模型自20世纪50年代以来已经很大程度塑造了瑞典社会。纲要题目是"为所有的繁荣:两份承诺"。"两份承诺"在这里指的是城市要保证所有居民的福利需求,以及让马尔默发展成为一个有吸引力的城市以刺激经济增长(Möller,2010)。

同时,城市营销团队MINT(由几个市政委员会组成的协会,分别负责市场营销、信息、商业和旅游业,但不包括文化)做了一份题为"找准马尔默的定位"的报告,并得到市政委员会的批准。报告概述了责任策略,包括增加马尔默对投资者的吸引力,将马尔默变成新厄勒地区最好的工作和生活场所等。报告还高调地提出了许多倡议,以让马尔默变成该地区的"活动城市"。有趣的是,在这份市场营销报告中,既没有明确提及文化也没有指明文化会在致力实现这一愿景中所起的作用(Möller,2010)。所以在同一年,城市的文化部门联合一些文化机构,例如马尔默歌剧、马尔默交响乐团、斯科地区(Dance Theatre of region Skåne)舞蹈剧院和马尔默大剧院等,共同起草了首个关于马尔默的统一的文化构想。

瑞典的文化政策大体上与其他北欧国家一样,

都深深植根于社会民主的福利模式之中。一直以来，文化政策的目标都被纳入更广泛的社会福利议程里（Lindeborg, Lindkvist, 2013）。因此，公众对艺术家的支持最终被视为是一种维持民主原则的工具，倡导公众获取文化资源，以及给公民提供参与文化生活的机会。马尔默的文化愿景不仅说明了加强文化部门在该市地位的必要性，而且明确了文化必须被看作是包含在可持续发展议程中的第四大支柱，同时指出文化的生命力是维持一个社会公平、有环保责任和经济活力的健康和可持续发展社会的关键。

西部港湾成功改造的建筑以及旋转大厦可以被视为是新马尔默的象征。2007年至2009年，城市经历了一系列对文化建筑和文化活动方案的投资。由此带动的建设还包括马尔默竞技场和重建的现代艺术博物馆。虽然这些场地最初设想的大多都是举行曲棍球比赛（当时马尔默队在这项运动中做得很好），但之后，竞技场已经逐步成为室内田径比赛和流行音乐会等活动的中心（2013年5月，该场地成功地主办了欧洲电视网歌唱大赛）。

关于这个竞技场的故事很有趣，因为尽管马尔默是瑞典的第三大人口城市，但由于缺乏合适的室内场所，它经常会错过举办大型音乐会和音乐赛事的机会。在1999年启动城市隧道项目时（在哥本哈根和马尔默中央车站以及厄勒大桥之间运行的17公里长的铁路），这个城市就开始计划在城市中心南部的赫列旺开辟一个新的活力区域。于是，政府决定立足于隧道项目，设立一个新的车站来促进新城区的发展（新车站在2010年开始运营）。此后，政府又支持建造了竞技场，这曾经是并且现在也是新发展规划的核心组成部分。

2005年以来，在其转型阶段，马尔默议程提出的一个主要观点是使马尔默的文化、体育和休闲对于普通人、马尔默的公民以及对那些打算外出旅游的人更具吸引力。这个想法需要通过各部门的协同合作来实现人们的期望，并要欢迎各级单位的参与，同时考虑城市不同的文化特征、不同的生活方式以及居民的不同品味。

这就是为什么2009年，现代艺术博物馆得以在现有建筑基址上正式开放的原因。20世纪80年代，艺术收藏家和商人弗雷德里克·鲁斯在同一栋大楼里开设了一家私人博物馆。直到2006年，由于创始人的破产，博物馆才停止运营。然而3年之后，这个博物馆以现代艺术博物馆（斯德哥尔摩）的一个分支的形式重新开放，这给博物馆带来了全新的动力和未来。那时新市长约翰·彼得尼尔森正决定离开斯德哥尔摩，他认为马尔默的博物馆对于城市而言是一个完全不同的设施配置，这将产生前卫和激进的艺术作品，而不是更加没有活力的、保守的都会。随着博物馆的名声越来越大（也得益于引进一个有国际声誉的有远见的馆长），如今它已经是欧洲现代和当代艺术博物馆的领导者，具有很高的国际地位。这个博物馆仍然是国有现代美术馆的一部分，并得到了城市和地区的支持（斯科讷），但展览和活动的主要赞助商是E.ON能源公司。

最近，马尔默的城市和社会转型得到了大量的国际关注。2009年，该市荣获联合国卷轴荣誉奖，以表彰其实现可持续化所采用的创新和全面的方法。2010年，奥古斯滕新（Augustenborg）的绿化郊区获"联合国世界人居奖"，以表彰其使这一带变成更有机、更经济和社会可持续的居住区所做出的努力。2010年，马尔默还参加了上海世博会，被邀请与来自世界各地的30个其他城市一起介绍他们实现城市可持续发展的方法。今天，这个城市的目标是到2030年，实现真正由可再生能源提供动力。利用其能源的有效供应、节能建筑物和住宅、地表和废物管理系统，以及交通拥堵的大幅减少，西部海港也已转变为可持续的城市环境典范。那里的旧产业已被新企业、新媒体、创意公司、可再生能源和环境工程所取代。此外，马尔默大学现在是该国第九大高等教育机构，大约有24,000名学生在这里学习。

城市变化的脚步不会停止。2015年夏季，这座城市以"马尔默生活"的名义举办了盛大音乐会，并建造了一个国会建筑群。这个建筑群将包含一个可以容纳1500名代表的国会设施、一个拥有超过400间客房的酒店和一个拥有1600个座位的音乐厅（由挪威建筑师斯诺塔建造，他因建造了奥斯陆歌剧院而闻名）。这些设施位于马尔默中心区域，毗邻国内和国际旅行要道，如哥本哈根机场等。

这些文化的和城市变化带来的好处已经扩展至整个厄勒地区。过去十年间，这些地区见证了显著的增长和发展。得益于广受欢迎的电视连续剧《桥》（描绘了两名来自马尔默和哥本哈根的侦探一起办案的故事）和根据犯罪小说改编的亨宁·曼凯尔的电影（讲述了一个典型瑞典侦探沃兰德的事情），该地区发展至今，已经拥有了享誉全球的文化产业。每天，大约有50,000人穿过那座电视剧讲述过的"桥"，并且厄勒地区拥有北欧最集中的受过高等教育的人群，这里聚集了世界级的创新产业集群。

1993年以来，厄勒地区委员会（Öresund Committee）一直是瑞典的斯科（Skåne）与丹麦的西兰岛（Zealand）之间建立的政治与区域合作的官方平台。该委员会是一个有政治利益的组织和游说平台，主要用于加强区域的跨界合作，促进厄勒区在瑞典和丹麦，以及在欧盟和布鲁塞尔国家议会中的利益。文化是厄勒委员会区域发展战略中的四个主要议题之一，目的是确保该地区的居民都能意识到文化资源的可利用性，委员会还支持了许多联合文化项目的开展。

马尔默的成功基于一系列因素的结合，包括：富有远见的领导者、创新综合的城市和文化战略、稳定获得独特筹资的机会、教育方案，以及可以保证并执行对当地社区的承诺的多方利益相关者。至关重要的是，瑞典将权力下放给市政一级的决策模型，允许这些城市直接执行那些可以满足他们社区需求的独特的设计项目，同时也可以获得必要的资金和政治支持以发展这些项目。

参考文献

[1] AMIN A, THRIFT N. 'Living in the Global', inAMIN A, THRIFT N,eds., *Globalization, Institutions and Regional Development in Europe*. Oxford: Oxford University Press, 1994.

[2] BIANCHINI F. 'Urban renaissance? The arts and the urban regeneration process', in MacGregor, S. and Pimlott, B. Clarendon:*Tackling the Inner Cities* Oxford,1990.

[3] BIANCHINI F,PARKINSON M, eds., *Cultural Policy and Urban Regeneration: The West European Experience*. Manchester University Press,1994.

[4] City of Gothenburg, *Rivercity Gothenburg Vision*, 2012.

[5] City of Gothenburg, *Strategy of Cultural Policy*, version 1.0, 1999.

[6] City of Gothenburg, *The Cultural Programme for the City of Gothenburg*, version 2.0, 2014.

[7] City of Malmö, *Consideration on Handlingsplan Välfärd för alla – det dubbla åtagandet*. Department of Culture, 2005.

[8] City of Malmö, *Culture and Arts in Malmö – Visions, Aims and Strategic Programmes*. Department of Culture, 2009.

[9] EVANS G. *Cultural Planning: An Urban Renaissance?* London: Routledge, 2001.

[10] *Facts about Malmö*. City of Malmö, 1998.

[11] FLORIDA R. The Rise of the Creative Class. New York: Basic Books, 2002.

[12] FLORIDA R. Cities and the Creative Class. New York:

Routledge, 2004.

[13] *From Crisis to Growth? A Report on labour market and employment issues in Malmö*. Malmö City and County Labour Board of Scania, 1999.

[14] JANSSON A. 'Re-Encoding the Spectacle, Urban Fatefulness and Mediated Stigmatisation in the City of Tomorrow'. Paper delivered at ACSIS, Norrköping 25 May 2004.

[15] KELLY K. *New Rules for the New Economy: 10 Radical Strategies for a Connected World*, London: Fourth Estate, 1998.

[16] LANDRY C . The Creative City: A Toolkit for Urban Innovators. London:Earthscan,2003.

[17] LINDEBORG L, LINDKVIST L. *The Value of Arts and Culture for Regional Development: A Scandinavian Perspective*. London and New York: Taylor and Francis, 2013.

[18] MÖLLER P. 'Cultural Policy & the City-Brand: Tensions between Implicit and Explicit Cultural Policy in Malmö, Sweden'. Paper delivered at ICCPR, Jyväskylä, Finland, 24 August 2004.

[19] *Our New Region. Vår nya region. Vores nye region*. Copenhagen and Malmö: City of Copenhagen and City of Malmö, 1999.

[20] PINE J,GILMORE J H. *The Experience Economy: Work is Theatre and Every Business a Stage*, Boston: Harvard Business School Press, 1999.

[21] URBACT Programme. *Implementation of 25 National Studies on Integrated Urban Development Policies in Each Member State and Future Member State of the EU*, 2005.

[22] VERWIJNEN J, LEHTOVUORI P.eds. *Creative Cities: Cultural Industries, Urban Development and the Information Society*, University of Art and Design, Helsinki, 1999.

结语

城市发展与更新中的创意产业未来
Future of Creative Industries in Urban Development and Regeneration

克劳斯·昆兹曼（Klaus R. Kunzmann） 著

祝贺 译

未来的文化与创意产业将会如何？这一新兴经济部门是否可以成为地方经济中可持续的重要组成部分，是否对于城市竞争力的维护不可或缺，是否能为来自世界各地的新生代市民提供就业岗位，是否能保持地方的宜居性？创意与文化产业能否继续获得城市规划者与管理者的关注，能否引起经济发展部门与政策建议者的综合兴趣？文化管理者、旅游业顾问、活动管理者和市场机构，能否持续将提升创意与文化产业作为促进城市文化发展的重要策略？他们能否始终将文化与创意产业认作是营销成功投资的关键因素？

这些问题并没有明确的答案，但是可预见的是，过去20年中出现的创意产业热潮在未来十年里还会继续存在，尽管现在政策狂热宣传的创意产业中的部分经济活动将会消失，理性将会回归。"理性"意味着文化创意产业会被视为是地方经济中的一个组成；但这同时也意味着，很多期待创意产业对城市经济与发展政策产生"神奇"作用的愿望可能会落空。不过，有一点将是不变的：在一个教育水平不断提高的城市中，更好的技能、更强的文化多样性和全球性都离不开美的事物和产品的支持，比如音乐、电影和艺术品，这使娱乐和消遣所需要的资源不会枯竭。可以断定，文化创意产业将在很大程度上保住其在城市与区域发展中新赢得的地位。社会、经济与技术的发展将对未来城市和区域中的文化创意产业造成一定影响，人们在后工业时代以及多民族社会中对艺术与文化的品位也会对未来文化创意产业的发展产生影响。

全球化的进程将会不断延续，开放的双向市场和日益激烈的国际竞争将持续为地方和区域的文化创意产业生产者带来压力。趋同和内生经济发展的提升并不能保护地方与区域市场，而可能使特定商品和服务的进出口减缓。综观全球，在欧洲这个拥有高价值文化产品与服务的市场区域内，低收入国家正扮演着越来越强的竞争者角色，他们将大城市地区的人群定为目标客户。英美公司主导着全球娱乐产业领域，现在亚洲公司也正在不断崛起，以试图征服欧洲市场。在美术、电影和音乐产业领域中，这样的趋势均在上演，建筑、视觉艺术等领域也是一样。具体到中国，其游戏、App等领域因为有着一系列诸如"华为"这样的企业而蕴含着巨大的创意潜力。

那么，文化与创意产业的未来是否取决于投资者的持续关注？它们是否还依赖于空间和经济的发展态势？这类未来趋势可以通过观察欧洲和美国的情况得到反映：新城市经济的兴起与工业生产的重塑（工业4.0）；文化创意产业在大城市地区的进一步聚集；后工业社会里手工艺的复兴；文化产品与文化服务在消费与生产上的进一步融合（推测）；创意职业的演变；再城市化与城市中心紧凑化（紧凑型城市）；城市更新取代城市扩张；大城市核心的乐园化和电子购物的演变；教育、培训与终生学习……这些趋势早晚将对中国的城市与经济发展产生影响。

① **新城市经济的兴起与工业生产的重塑（工业4.0）**。文化创意产业是全世界范围内"新城市经济"中关键的重要组成部分。这种新城市经济与地方经济的传统职能存在很大的不同。它混合了产品与服务，很大程度上依托于新的智能技术和城市中心智能基础设施形成的高效率网络。在"再工业化"或是"工业4.0"的口号下，先进制造业的空间选择将再次返回城市中心。新城市经济受新智能技术的驱动，一些新的小型地方企业正在城市中心寻找空间载体，并积极挖掘那些持续稳定、质量水平更高的劳动力的新价值。小型化的运营规模和对周边无干扰的生产模式（噪声和污染方面）强化了它们与城市的融合。文化创意产业是新城市经济的先锋。城市中心区的街区氛围越来越倾向为创意企业所需的工作与生活空间创造条件。瞄准特定经济中的特定组成部分，创意工作者结合城市经济发展的相关政策，通过共同使用空间条款、资本投资、信息平台、网络和簇群化策略等，共同推进新经济的发展。当致力于城市中心在社会与经济上的平衡发展时，公共部门领导的城市更新政策对于提升新城市经济十分有益。在欧洲，这样的政策还旨在强化不同民族企业的相互融合，并通过提升城市中各功能区的混合使用来巩固国家中出现的国际化社会——除非不同私人开发者间存在分歧。

② **文化创意产业在大城市地区的进一步聚集**。文化创意产业近年来的惊人发展，说明了地方经济中的这个组分正在很多大城市中的不同区位聚集。各文创产业簇群提升了其在经济领域中的形象，不仅吸引来了顾客，还加强了企业和公司间的组织合作。通常，生产近似产品的文化创意企业会寻找相近的位置，它们喜欢在创新文化基础设施附近或是特定的城市街区与地点中聚集——这种区位的偏好被称为"黏着性"。"黏着性"使交流与交易更加便捷，不同价值链与簇群更加清晰可辨，这些经济集群一般都是可持续的。文化创意产业簇群是空间节点，也是城市区域内吸引初创企业与新进外来人员的磁铁。尽管简单的电子交流方式对于该产业仍旧重要，但在簇群内部，备受赞誉的面对面交流不断发生。事实上，真正吸引游客的是文化创业产业簇群中的物质环境，它们是城市活动与休闲文化的繁荣发展之地。它们符合市场的逻辑与利益相关者的理性，它们所具有的独特主题将在未来以非同寻常的方式促进和塑造城市。

③ **后工业社会里手工艺的复兴**。有证据表明，现在的工作面临着越来越大的专业压力。员工们正在经历日益增加的时间压力，并丧失他们针对工作的个体自由。于是最近十年，许多年轻人开始探寻手工制作一些创意产品，其结果就是对于传统手工艺的复兴——融合了艺术与工艺。文化创意产业中这种对手工艺的再开发可见于木器工艺、乐器制

作、珠宝和设计工艺等多个领域。在这些创意手工艺中，人们看到了实现自我创意的可能性，它让人们可以找寻到更好的生活与工作之间的平衡，一种介于专业与个人生活之间的平衡，哪怕这类工作带来的收入要比被雇用来的低。创意手工业者们寻找可以支付得起的实践场所——通常是那些被房地产市场所忽略的地方——这些被共同运营的公共或者私人工作坊现在被称为"公共工作空间"。它们的客户主要来自高收入人群，这部分人期望能买到具有特殊艺术性和与众不同的产品。这种对手工艺的新兴趣反映了更高的教育政策需求，它致力于将大学教育与实际工作相结合。举例来说，在德国，政策制定者与年轻一代对双向教育表现出越来越浓厚的兴趣，大学教育与在私人企业中的实际培训已经紧密联系起来。这样的融合使企业与学生双方都能获益。学生在学习过程中得到企业的资助，同时他们毕业后，企业也能较容易地从中得到高素质的员工。

④ 文化产品与文化服务在消费与生产上的进一步融合。观察显示，在很多大城市文化产品与文化服务在消费与生产上进一步融合。消费者时常成为文化产品与服务的生产者，而生产者也常是消费者。这样的趋势是市民教育背景提升造成的，同时也是创意工作阶层的时间概念转变造成的，它将引领出更大规模的创意生产者群体的诞生。城市社会中这种新兴交易模式所带来的经济影响目前尚不能确定，但可以肯定的是，这种趋势将使文化创意产业向着高端与边缘呈现出两极分化，且这种交换模式将会越来越流行。目前为止没有证据表明文化创意产业市场的增长将达到饱和的极限。只要经济持续增长，市民受教育水平不断提高，对生活水准的期望就会不断提高，这反过来将稳定对于文化创意产业的产品与服务的需求，以及对娱乐与休闲供给的需要。不仅如此，企业与机构也离不开文化创意产业服务带来的广泛的信息、交流、市场、活动以及建筑与设计服务。

⑤ 创意职业的演变。创意经济取决于生产者与服务提供者之间存在的大量竞争。今天，地方的文化创意产业已经极度两极化。在政治上被广泛接受的双边市场经济中，这种少数主导企业与中小型企业和自雇用创意企业之间的两极分化在未来几十年中仍将继续。基于这种竞争氛围，不断自我探索的创意企业正在蓬勃发展，而许多传统文化产业的收入则慢慢减少。多数创意工作者生活在没有保障、没有永久雇用的状态中。在未来，许多艺术家与音乐家将被迫寻找第二份工作以增加创意职业以外的额外收入。他们会去寻找诸如酒店业、公共或私人管理、政府工作，以及增长很快的物流业所提供的工作。这种广泛存在的第二职业经济，在未来将塑造新经济中的文化创意经济部分。但是，即便是这样危险的就业情况，还是不能阻止年轻人在未来从事创意活动。除了日益激烈的竞争和不确定的职业前景，他们期望可以跻身于少数成功的创意产业企业家之列（有时被称作文化企业家）。一些人希望可以从政策中获益或得到帮助，通过政策规定来让公共领域为所有在籍市民提供相关资助（Grundeinkommen）——这一提议已经在瑞士和德国得到讨论，目的在于减少社会安全的管理和运营成本。这有助于城市为后工业社会做好准备，在后工业社会机器人将承担制造业（工业4.0）中的生产性劳动，工人将从制造业的流水线中解放出来，去寻找更满意的更具创造性的职业。

⑥ 再城市化与城市中心紧凑化（紧凑型城市）。全球化进程带来的结果是技术不断创新、社会价值系统持续改变、人和工作岗位在多中心城市地区聚集。文化创意产业将从密集的城市和吸引人

的都市化环境中获益。在城市聚集集群中，文化创意产业可以更加繁荣地发展，这里存在的供给链和年轻城市居民在文化产品与服务上的购买力是重要的推力。这些居民厌倦了住在郊区，每天被迫长距离的折返于工作地与居住地之间的生活；他们偏好居住在建筑密度较高的城市中心，即使那里的居住支出要比郊区大得多。只有当居住和工作的功能界限被逐渐打破，城市中心才能真正成为生动的多用途空间。文化创意产业中电子技术、媒体产品和服务的比例已经有了长足的增长。文化创意产业中生活与工作的不断数字化并不是出于偶然，技术将改变产品与消费的特征与定位，新型的智能人机技术将使居民和年轻创客在同一公共工作空间中联动，商店业主和其他市民在市中心共同工作和生活，工作与娱乐在演进中的紧凑型城市中并存。

⑦ **城市更新取代城市扩张**。通常文化创意产业在城市更新策略中扮演了重要的角色，它们引发更新过程，在有限的时间段内利用空置的构筑物用于其他用途，并作为旅游环境的重要基础被众多城市所欢迎。欧洲的经验告诉我们，从人口统计角度来看，一旦城市扩张与郊区化开始减速，城市更新策略对于地方政府就成为一项关键政策挑战。更新政策需要有明确的过程与方向以应对地方挑战，这就需要对本地的经济、社会、文化环境和城市发展物质纬度具备完整的知识。在可预见的未来，城市更新政策在中国将获得国家、省和地方政府的更多政治支持。

⑧ **日益加重的社会、经济和空间分化**。近年来，无论处于什么人生阶段，人们的偏好转向了城市生活。但是这样的偏好将进一步加重大城市地区在社会与经济上的两极分化，可以支付得起的住房将变得弥足珍贵。越来越虚弱的公共部门将无力介入市场：房地产垄断和业主将操纵本地的住房与工作空间市场；在城市中心具有吸引力的地区，难以控制的绅士化进程将取代低收入城市生活；小型商业业主与创意企业将不得不探求城市外围的其他地区。除非仁慈的基金会能介入并资助和提供艺术家、音乐家、文化创意企业生产活动所需的空间，否则他们只能从城市中心移出，尽管他们已为复兴衰落的城市中心区贡献良多。这同时取决于城市中心近郊的中小城镇是否可能成为文化创意企业理想的落户地点。长远来看，城市中的文化生活将长期活跃于高收入、保守但具有时代精神的消费者与边缘化的城市居民这二者之间，文化与创意产业将通过完全不同的方式同时为二者服务。

⑨ **大城市核心的乐园化和电子购物的演变**。新智能电子技术重新定义了购物的形式（电子购物），这将重塑大城市的核心。这些城市核心正越来越多地变成产品购物的展示场所，购物模式正在改变。这样的改变迫使时尚企业对其市中心的奥特莱斯店铺进行改造，使它们兼具购物与娱乐两种功能从而更具吸引力，可以承担得起这种变化的只有国际化或者本地高档的品牌店铺，他们与主流文化创意企业签订合同，让创意帮助他们将传统功能的店铺转型为购物与娱乐的体验空间。这种趋势将迫使城市政府调整城市建设政策，并将更多的注意力投向城市中心的美化工作中去。其结果是城市中心的乐园化、博物馆化现象的涌现。城市将采取新的政策与策略，诸如重建已遭损毁的历史建筑和街区、设计绿色交通主导的公共空间、试行吸引人的标志性建筑与新颖的城市理念、创新城市中心的娱乐活动，以此吸引消费者和游客。房地产开发商以及特定文化创意产业的完整产业链将从这样的趋势和政策中获益。传统的链接城市核心与外部地区的商业街将逐步转变，转变成底层空间具有混合使用功能的新地区。这些底层空间将用来承载商店、文

化创意产业的公共工作空间、烹饪体验、物流、手工业等多样化的混合功能，同时上层仍将保留那些平价公寓，为在底部楼层工作的文化创意企业的员工所使用——这是一种以新的创意内容对传统商业房屋进行的复兴。

⑩ **教育、培训和终生学习**。教育与培训对于文化创意产业像对其他经济成分一样十分重要。通常城市区域中的终身教育项目发生在可以便捷到达并进行面对面教授的课堂上。城市中艺术、设计、音乐、公司和学院所在的邻里也得益于大学的吸引和推动。大学专注的新信息与媒体交流将得到年轻一代的关注。大学作为一个学习的地方，对于一部分人来说是特别为人所偏好的街区空间。新技术对于创意工作的不断渗透，使永久性培训变得不可替代，其结果是大量从事文化创意产业的公共与私人机构将不断成长。另外通过大学和艺术、电影学院所提供的各种计划，毕业生得以进入创意产业市场，市场中的公司也可以更好的选择员工。

总结起来，在全世界范围内，市场导向的经济与城市战略将继续主导城市政策，但公共部门提升文化的能力与意愿将持续减弱，其结果是公共部门建设文化基础设施与支持文化活动与事件的途径将更少。公共部门将不再像以前那样慷慨地给予私人部门经济上的援助，因此城市中的文化生活将越来越多需要依靠区域媒体、文化基金和商业捐助者的支持。尽管少数国际性或国家性的标志性文化项目还可以期许城市中的政治与社会支持，但一般性的文化提升将主要要依靠私人产业、基金会、市民社会以及独立的仁慈捐助者。显然，这会对地方的文化创意产业产生影响，同样也会对城市发展和城市更新产生影响。

整体上看，未来城市区域内的文化创意产业将会高度依赖于公共范畴、私人范畴和中介中的劳动力在社会与政治之间分化。这取决于哪一方将继续扩展在这一经济部门中的投入，从而在国家、区域和地方经济发展中的文化政策与城市发展策略制定中扮演重要的角色。此外，需要重点强调的是过去十年间地方与区域政策中的另一个领域——知识产业，已经兴起并覆盖了部分文化与创意产业的范畴。二者都在争取政府的支持和城市中心的优质区位空间。在全球化竞争中，知识产业将更多地吸引政治眼光，因为在大多数投资者眼中知识产业更具长远性，且消耗的投资更少，更具休闲与娱乐导向。可见，文化创意产业在城市发展与城市更新策略中要向知识产业靠拢，从而从二者的协同中获益。

作者简介

（按照作者在书中出现的先后顺序排列）

唐燕

博士，副教授，清华大学建筑学院。

2000年、2003年毕业于天津大学建筑学院，先后获工学学士与工学硕士学位；2007年于清华大学建筑学院获工学博士学位；2007—2008年受"德国洪堡基金会"资助，赴德国多特蒙德工业大学（TU Dortmund）空间规划学院从事博士后研究；2008年为柏林自由大学（Freie Universität Berlin）访问学者；2008年年底留校执教于清华大学建筑学院，并担任 China City Planning Review 杂志编委委员和责任编辑；2015年访学麻省理工学院。现为中国城市科学研究会生态城市研究专业委员会委员，国务院学位中心建筑学学科评议组秘书。

主要研究方向为城市设计、城市更新、区域治理等，已参加国家及省市级重点科研课题十余项，在国内外期刊、会议上发表学术论文80余篇，主持过德国洪堡基金、国家自然基金、"十二五"科技支撑计划（子项）、教育部人文社科基金等资助课题，曾获第一届中国城市规划学会"求是论坛"论文竞赛奖、第五届全国青年城市规划论文竞赛佳作奖、2016年金经昌中国城市规划优秀论文佳作奖，出版有《德国大都市地区的区域治理与协作》《城市设计运作的制度与制度环境》《创意城市实践：欧洲与亚洲的视角》等著作。

克劳斯·昆兹曼（Klaus R. Kunzmann）

博士，教授（退休），多特蒙德工业大学。

1967年毕业于慕尼黑工业大学（TU München）建筑学院，1971年于维也纳工业大学（TU Wien）获博士学位，1994年获纽卡索大学（University of Newcastle-upon-Tyne）荣誉博士学位。1974年被多特蒙德工业大学聘任为教授，并主管空间规划研究所至1993年。1993年至2006年（退休），担任欧洲空间规划学院的让·莫奈讲席教授；1987年至1990年，任欧洲规划院校联合会（AESOP）首任主席。克劳斯·昆兹曼是伦敦大学学院（University College London）、巴特莱特规划学院（Bartlett School of Planning）和台湾新竹中华大学名誉教授，也是英国皇家城镇规划学会（RPTI）荣誉会员，此外还作为客座教授在多所欧美高校及清华大学、东南大学等中国大学任教。

1990年代表北莱茵-威斯特法伦州经济部开展"创意经济对区域发展的潜力研究"以来，克劳斯·昆兹曼始终致力于创意城市的研究，已与他人就文化和创意对城市发展起到的作用合作出版了多本书籍。克劳斯·昆兹曼现居柏林，研究中国的经济增长对欧洲城市与区域发展的影响，并仍在坚持撰写关于欧洲国土规划、创意城市开发等方面的著作。

尤·阿尔特拉克（Uwe Altrock）

博士，教授，卡塞尔大学

尤·阿尔特拉克于1991年毕业于柏林工业大学城市与区域规划学院，并于2001年获得博士学位。2002年至2003年担任汉堡工业大学规划学院的客座教授。2003年至2006年担任科特布斯理工大学建筑与规划学院的助理教授。2006年至今，他是卡塞尔大学建筑·城市·景观学院从事城市更新与规划方向研究的正式教授。自2006年起，他一直致力于对中国南部特大型城市发展的研究。并就城市管理与规划的创新形式撰写了多部著作。与索尼娅·思孔博士（Dr. Sonia Schoon）合作，并于2014年通过荷兰多德雷赫特的Springer出版社，出版了《成熟的特大城市》（Maturing Megacities）一书。

卡尔·斯托克（Karl Stocker）

博士，教授，格拉茨应用科学大学

卡尔·斯托克博士于1981年在格拉茨的卡尔·弗朗岑斯大学取得历史和欧洲民族学博士学位。从1988年起，卡尔·斯托克博士在卡尔·弗朗岑斯大学任教授。在1996年至1997年，卡尔·斯托克教授在卡塞尔大学任教，讲学期间还曾任职于克雷姆斯大学、柏林艺术大学和其他多所著名高校。

从2004年起，卡尔·斯托克教授出任格拉茨应用科学大学展览设计与信息设计学习项目主管。他于1990年创办了 Bisdato Exhibition & Museum Design 并出任董事，期间兼任科研项目经理、展览主管和格拉茨的联合国教科文组织城市设计大使。2013年，《设计的力量：十一个联合国教科文组织城市之旅》被 Springer 出版于维也纳和纽约。

麦贤敏

博士，副研究员，副院长，西南民族大学城市规划与建筑学院。

2003年、2009年毕业于清华大学建筑学院，先后获建筑学学士与工学博士学位；2009—2011年受"日本学术振兴会"资助，赴日本名古屋大学交通与都市国际研究中心从事博士后研究；2011年起执教于西南民族大学城市规划与建筑学院。

主要研究方向为城市规划决策方法、民族村寨保护与发展等，在国内外期刊、会议上发表学术论文30余篇，主持过国家自然科学基金、国家外专局外国文教专家项目等资助课题，曾获第4届国际城市论坛（International Forum on Urbanism）最佳论文奖，出版《城市规划决策中不确定性的认知与应对》专著一部。

李永华

在读硕士，副主任规划师，成都市规划设计研究院。

2011年毕业于清华大学建筑学院，获建筑学学士学位，目前正在职攻读清华大学建筑学院城市规划工程硕士。

已参加各类型规划设计项目数十项，在国内各级期刊、会议上发表学术论文数篇。参与的《成都市天府新区总体城市设计》获2013年四川省优秀城乡规划设计二等奖。

曹勇

硕士，讲师，西南交通大学建筑与设计学院。

2005年毕业于清华大学建筑学院，获硕士学位。主要研究方向为德语国家现当代建筑及历史、现代木结构建筑、西南地区性建筑及民族建筑、乡土聚落及当代乡村建设等。在《建筑师》《建筑学报》《新建筑》《中国建筑教育》等杂志发表论文十余篇。

金世镛（Kim Sei-Yong）

博士，教授，高丽大学

1989年、1991年毕业于高丽大学（Korea University）建筑学院、首尔大学(Seoul National University)城市设计学院，先后获学士学位与硕士学位，并与2003年获哥伦比亚大学（Columbia University）城市设计学院的硕士学位；1997年于高丽大学建筑学院获工学博士学位；2012—2013年获"Fulbright Fellow"资助（Harvard University）。先后担任首尔研究院城市规划部研究员(1993-1994)、大真大学城市工学学院副教授(1994—2004)、建国大学建筑学院副教授 (2004—2006)、悉尼大学客座教授(2006)、高丽大学建筑学院教授(2006年至今)，并在高丽大学内担任建筑学院院长(2009—2012)、管理处长(2012—2014）等职位。目前为大韩建筑学会城市设计中心主管(2006年至今)、大韩国土城市规划学会理事(2006—现在)、韩国景观学会学术委员长(2005—现在)、韩国住宅学会理事(2006年至今)、韩国国土地理学会副会长(2004年至今)。主要研究方向为城市设计、城市再生、创意城市、低碳城市等，已参加韩国国家及市级重点科研课题70余项，在韩国国内外期刊、会议上发表学术论文140余篇，曾获大韩建筑学会论文奖、高丽大学石塔讲课奖、韩国城市设计学会学术发表优秀论文等，获奖达20余次，已与他们合作出版了包括《我们，社区营造》《城市的理解》《城市设计30年史》《韩国的城市设计》等在内的将近20部关于韩国城市设计、城市开发、社区营造等方面的专著。

魏寨宾

博士研究生，高丽大学

2009年、2012年毕业于东北林业大学园林学院、高丽大学建筑学院，先后获学士学位与硕士学位；2013年开始攻读高丽大学城市再生学院的博士学位。主要研究方向为城市再生、城市保护、城市设计等；曾就职于SAMOO Architects & Engineers（2012—2013）、BAUM Architects（2014年至今）；曾获韩国城市设计竞赛鼓励奖，在韩国国内外期刊、会议上发表学术论文10余篇，2016年获"韩国高丽大学城市再生导向下可持续社区人才培养BK21+"资助，在哈佛大学（Harvard University）与哥伦比亚大学（Columbia University）进行了短期学习，参与了韩国国内《长位~石串生活圈规划居民参与综合报告书》《钟岩~月谷生活圈规划居民参与综合报告书》《城北~东仙生活圈规划居民参与综合报告书》《吉音生活圈规划居民参与综合报告书》等报告书的编写。

保罗·塔度·雷特·阿拉特斯（Paulo Tadeu Leite Arantes）

博士，教授，维索萨联邦大学

1978年毕业于米纳斯吉拉斯联邦大学建筑与城市规划学院（School of Architecture and Urban Planning of the Federal University of Minas Gerais）。他是德国多特蒙德大学的城市与区域规划领域专家（1985），并分别于1991年与2001年在圣保罗大学建筑与城市学院（FAU-USP, São Paulo）获得硕士与博士学位。从1980年开始于维索萨联邦大学（Federal University of Viçosa）执教。2003—2008年担任维索萨联邦大学技术中心（Technology Centre of UFV）主任，同时从2006年到2008年担任米纳斯吉拉斯洲创新网络的副总裁。其现在是巴西创新和企业联盟（ANPROTEC，Brazilian Association of Innovation and Entrepreneurship）科学委员会主席。

安·马库森（Ann Markusen）

博士，教授，多伦多大学

安·马库森生于1946年，1968年于乔治城大学获得外事服务学士学位，1974年于密西根州立大学获得经济学博士学位。目前她已经执教过明尼苏达大学、罗格斯大学、西北大学、加州伯克利大学和科罗拉多大学。在2006年获得了阿隆索区域科学奖，并于1996年获得为表彰出色学术成就而成立的"艾萨德奖"。她曾担任北美区域科学学会主席，国际关系高级学会会员，以及美国科学发展协会（AAAS）科学、工程与公共政策协会主席。2005年其在美国加州大学洛杉矶分校（UCLA）担任过哈维·普罗夫教席教授；2010年于英国格拉斯哥艺术学院担任福布莱特奖学金卓越教席教授；2007年于康奈尔大学艺术学院担任A.D.怀特讲席教授，教授建筑与规划学；2015年于多伦多大学担任鲍斯菲尔德基金支持的卓越访问学者。她如今是洛克菲勒基金会贝拉吉奥学者和巴西福布莱特奖学金讲师。2014年，她的学术文章《创意城市：一部十年研究议程》发表在《城市事务期刊》未来城市特别研究专辑上。她的公司——马库森经济研究机构，已经在美国艺术基金项目的支持下对艺术家、艺术生态与创意环境创造进行了长达十年的开创性研究，引领了艺术院校、非营利组织和资助者在这一领域的工作。

安迪·C. 普拉特（Andy C. Pratt）

博士，教授，伦敦大学学院

1989年于埃克塞特大学获得博士学位。其后在考文垂大学和伦敦大学学院教授规划与本地经济发展课程；并从1992年至今在伦敦经济学院教授城市地理课程，同时创建了城市-文化-社会方向的理学硕士学位，并担任LSE城市研究中心主任。2009年他在伦敦国王学院被任命为英国第一个文化、媒体、创意产业部门的主席和创始教授。同时管理文化和创意产业方向的艺术硕士学位，并创建创意城市方向的艺术硕士学位。2013年他走上了现在的岗位——伦敦大学学院文化与创意产业中心主任。在过去的20年中他已经就伦敦和全球的文化经济进行了全方位的研究，并就这一主题出版了大量著作。其在联合国教科文组织以及联合国贸易和发展会议（UNCTAD）就这一领域的政策制定中起到了举足轻重的作用。他现在是"城市-文化-社会"杂志的主编，也是主流艺术与人类研究委员会对"文化经济中的知识交换：伦敦的创意工作"这一研究项目的主持者。2015年他被伦敦国王学院授予了文学博士学位。

黄鹤

博士，副教授，清华大学建筑学院

1998年毕业于清华大学建筑学院，获建筑学学士学位；2004年于清华大学建筑学院获得工学博士学位，专业方向为城市规划与设计；2005年入职清华大学建筑学院。2009年至2010年作为访问学者赴美国宾夕法尼亚大学设计学院交流。

主要研究方向为城市文化规划、城市设计等，北京市文化创意产业专家库成员。主持北京市文化创意产业与城市发展关系的系列研究，以主要骨干和专题负责人的身份参加国家及省部级重点科研十余项。在国内外期刊、会议上发表学术论文十余篇。出版专著《文化规划：基于文化资源的城市整体发展策略》与《盖塔·百年联合国——联合国特别纪念日博物馆构想》，参与《中国城市规划发展报告（2011—2012）》《城市科学学科发展报告（2007—2008）》等国内权威年度报告的编写。

胡舒扬

规划师，浙江省城乡规划设计研究院，硕士

2013年、2015年毕业于南京大学建筑与城市规划学院，先后获工学学士与工学硕士学位。2015年7月开始任职于浙江省城乡规划设计研究院规划三所。硕士期间主要研究方向为区域治理、创意产业集群等。已在城市规划学术期刊、会议上发表论文3篇。硕士学位论文《治理视角下的创意产业集群演化研究——以宜兴紫砂产业为例》是国家自然科学基金课题"基于流空间的城镇发展战略分析方法与规划理论研究"的重要案例研究之一。

罗震东

博士，副教授，南京大学建筑与城市规划学院

2000年、2002年毕业于南京大学城市与资源学系，获得学士、硕士学位；2005年毕业于同济大学建筑与城市规划学院，获得博士学位；2012年赴荷兰乌特勒支大学访学；2015—2016年赴美国北卡罗来纳大学教堂山分校访学。2006年起执教于南京大学建筑与城市规划学院，并担任南京大学区域规划研究中心副主任，为江苏省高校"青蓝工程"优秀青年骨干教师培养对象，国家注册规划师；同济大学高密度区域智能城镇化协同创新中心特聘研究员；中国城市规划学会城市总体规划学术委员会委员、乡村规划与建设学术委员会委员；China city planning review《国际城市规划》杂志编委；《城市规划》《人文地理》《长江流域资源与环境》《上海城市规划》等杂志特约审稿专家。

主要研究方向为城乡发展机制与战略、城乡规划理论与方法等。迄今出版学术著作6部，译著2部，在城乡规划专业主要学术期刊及会议上正式发表论文100余篇，曾获第四届全国青年城市规划论文竞赛二等奖。主持国家自然科学基金2项，参与1项，主持相关省、市重要规划研究课题50余项，主持项目多次获得国家、省级优秀城市规划设计奖。代表性研究与规划设计有《山东省城镇化发展战略研究》《湖北省城镇化与城镇发展战略规划研究》《武汉市新型城镇化规划》"美丽杭州"行动规划》《南京城市空间发展战略研究》等。

克里斯汀·巴里克（Christine Ballico）

博士，独立研究者，珀斯，澳大利亚

克里斯汀·巴里克是来自澳大利亚珀斯的独立研究者。她拥有通信学博士学历，第三产业与成人教育专业的研究生认证教育学历，以及新闻与大规模通信方向的商学学士学历。她的研究广泛考察了音乐产业与地方发展之间的关系，研究方向包括了诸如创意与

文化城市、商业与就业发展、流行音乐文化与相关政策、创意与文化簇群。克里斯汀的研究已经被展示在澳洲、加拿大、新西兰和葡萄牙的多个学术和产业会议上，同时还在多本精选的学术期刊上发表。

大卫·R. 查尔斯（David R. Charles）
博士，教授，林肯大学

大卫·R. 查尔斯拥有英国纽卡斯尔大学的艺术学士学位与地理学博士学位。从2002年至2009年间于本校商学院担任大卫·哥德曼讲席教授，进行商业创新方面的研究。随后他担任了澳大利亚科廷大学和格拉斯哥的斯特拉思克莱德大学的教授职务，同时他现在还是英国林肯大学商学院的代理院长。他的研究方向聚焦于区域层面的创新产业及其相关政策，大学及其影响以及创意创新产业对城市发展的影响。

卡劳斯·欧文迈耶（Klaus Overmeyer）
景观建筑师，教授，乌帕塔尔大学

他是柏林本土的城市与景观建筑设计师。他于2005年创建了城市催化剂工作室，并于2001年到2003年间在欧盟资助下进行了城市催化剂项目研究，旨在研究临时用途对城市复兴的潜力。通过一系列复杂的城市变化过程，城市催化剂工作室在多个国际项目中发展出了空间变形使用的新设计模型。城市发展与当代社会经济发展的交互驱动事务所探寻了不同的基于使用者的城市主义创新策略。城市催化剂工作室调查了维也纳、汉姆博格、卡塞尔和奥格斯博格四个城市中创意氛围对于城市发展的潜力。卡劳斯·欧文迈耶同时还是2003年国家景观建筑奖的获得者。从2010年起他担任了乌帕塔尔大学景观建筑学的教授。

鲁多夫·斯彻文斯（Rudolf Scheuvens）
教授，维也纳理工大学建筑与规划系主任

1991年毕业于多特蒙德工业大学区域规划系。分别于1993年和2015年与Kunibert Wachten在多特蒙德和维也纳创建了"scheuvens + wachten"和"raumposition"两个城市规划事务所，以解决城市与区域发展问题。从1994年到1999年间他是多特蒙德工业大学的科研助理。从2001年到2008年间他担任了应用科学大学汉诺威和奥尔登堡两地建筑学院的城市发展、城市规划与建筑历史两门课程的教授。从2009年开始他是本地规划部门的正教授，从2013年开始担任奥地利维也纳理工大学建筑与规划系主任。鲁多夫·斯彻文斯还是多个顾问委员会与评判委员会的成员，2007年成为德国城市与区域规划学会成员。

维罗妮卡·雷兹博克（Veronika Ratzenböck）
博士，创意产业专家

自1991年开始担任奥地利的文化应用研究机构（österreichische kulturdokumentation, internationales archiv für kulturanalysen）的主任。作为一名文化学家和现代史学家，她在文化以及欧洲文化政策、创意产业、城市文化政策、文化多样性的领域拥有多年的专业经验。

维罗妮卡·雷兹博克在本国和欧洲范围内担任了多个政府部门、国际组织以及基金会（比如欧洲议会）的文化政策顾问。她还是多个评判委员会（比如欧洲文化之都评选过程中成立的评判委员会）的一员；也是Manifesta的董事；还是欧洲现代艺术双年展的成员和欧盟OMC-Working集团文化与创意产业专家组的一份子。同时她还是多项出版物的作者或是编辑，比如《联盟与合作——维也纳的创意产业与部门，》(Alliances and Symbiosis - departure and the Creative Industries in Vienna, 2014)；《奥地利文化与创意产业的经济现状与需求》(The Financing Situation and Requirement of the Austrian Cultural and Creative Industries, 2014)；或是《区域发展的文化动力——奥地利的艺术与文化项目和欧盟的机构性资助》(The Creative Motor for Regional Development. Arts and Culture Projects and the EU Structural Funding in Austria, 2014)。

爱哲迪·塔玛斯（Egedy, Tamás）
博士，教授，布达佩斯商学院和应用科学大学

爱哲迪·塔玛斯生于1970年，1994年毕业于布达佩斯厄特沃什·罗兰大学。到1998年他作为研究

助理工作于罗兰大学,并任职于匈牙利科学学术委员会。爱哲迪·塔玛斯作为高级研究人员任职于匈牙利科学学术委员会的地球科学部门和天文学研究中心的地理部门。他于2002年获得厄特沃什·罗兰大学的博士学位,并于2010年定居于此。他的研究领域主要在于城市更新与东欧国家的高密度居住区研究。在过去的十年里,他还对匈牙利和布达佩斯的创意经济趋势和未来进行跨学科研究。他已经监督管理了多个国家级研究项目并对多个国际项目做出了贡献(NEHOM, GREENKEYS, ACRE)。他是匈牙利地理专业核心期刊——《匈牙利地理公告和回顾》(Hungarian Geographical Bulletin and Hungarian Geographical Review)的编辑。爱哲迪·塔玛斯还是布达佩斯商学院和应用科学大学的荣誉教授,以及维也纳大学的客座教授。

史密斯·梅林·凯(Smith, Melanie Kay)
博士,助理教授,匈牙利布达佩斯交通大学

史密斯·梅林·凯博士生于1970年,是匈牙利布达佩斯交通大学旅游、休闲和服务业部门的助理教授,她专注于文化旅游和健康旅游方面的研究。她1993年毕业于牛津大学语言专业,1996年获得分类旅游管理专业硕士学位,2009年于伦敦格林尼治大学获得文化导向城市更新方向的博士学位。她在伦敦和布达佩斯对于旅游业的学术研究已经持续了15年之久。作为本科和硕士学位的负责人,已经负责了大量课程的发展和组织工作,并主持或主管了多个学术会议与活动,发表了60余篇学术文章。被各种国际会议邀请作为主旨演讲者,并承担多个国家和组织的顾问工作,包括欧洲贸易委员会(ETC)和联合国世界旅游组织(UNWTO)。她在过去的七年里还是旅游与休闲教育协会主席(ATLAS),该组织拥有75个国家会员。

塞巴斯蒂安·达钦(Sébastien Darchen)
博士,独立研究者

塞巴斯蒂安·达钦博士于2011年加入GPEM学院(昆士兰大学),该校于2009—2011年与环境研究系(多伦多约克大学)合并。在此之前,也就是2007年至2009年,他作为一位隶属于加拿大研究协会的博士后研究员研究知识经济对于社会组织的挑战(Teluq-UQAM, Montreal)。达钦博士于2008年在INRS-UCS(蒙特利尔)获得城市研究博士学位。他的主要研究领域在于运用澳大利亚、美国和法国的城市作为案例分析城市的恢复治理。与此类似,他对于全球化和比较城市化有着浓厚的研究兴趣。另一项研究重点侧重于澳大利亚城市的创意产业的本土化模式。他的论文发表于很多国际高级别杂志,例如:《城市》《城市地理》与《国际化规划研究》。

利亚·吉拉尔(Lia Ghilardi)
社会学家,独立研究者

利亚·吉拉尔是Noema的创始人兼董事,该组织是一家致力于传播地区测绘与战略文化规划项目的英国机构。作为国际上公认的文化城市景观开发的领导者,利亚拥有超过二十年与公民领袖、城市网络、居民社会、房地产开发和文化组织共事合作,提供创新型解决方案应对当代区域建设挑战的经验。

作为一位城市社会学家,截至2013年前,利亚一直是伦敦市长文化与发展顾问团的成员。在伦敦城市大学,她主讲作为文化政策与管理MA的部分课程——文化规划,超过十年时间。

利亚作为一名网络富于影响力的思想家,专业人士和决策者的学会——城市化学会的成员,始终致力于使城镇人口过上更加美好的生活。她同时也是RSA的院士——一个著名的支持社会有原则的繁荣发展和释放人类潜能的英国组织。她就文化规划和文化在城市恢复中的作用经常发表论文。2013年,她参与了由清华大学出版社出版的《创意城市实践:欧洲与亚洲的视角》(唐燕与昆兹曼编著)一书的编译工作。

译者简介

（按照译者在书中出现的先后顺序排列）

唐婧娴
清华大学建筑学院博士研究生

周文竹
东南大学建筑学院副教授

陶岸君
东南大学讲师

吕瑛英
哈佛大学设计学院博士研究生

祝贺
清华大学建筑学院硕士研究生

曹哲静
清华大学建筑学院硕士研究生

杨东
清华大学建筑学院硕士研究生

陈恺
清华大学建筑学院硕士研究生